Nueve meses de espera

Dra. Josefina Ruiz Vega

Con la colaboración de la
Dra. Mª Concepción Díez Rubio

Ser Padres

Nueve meses de espera

La guía definitiva del embarazo, el parto y el postparto

Dra. Josefina Ruiz Vega

Con la colaboración de la
Dra. Mª Concepción Díez Rubio

temas'de hoy.

Primera edición: enero de 2000
Segunda edición: marzo de 2000
Tercera edición: octubre de 2000
Cuarta edición: junio de 2001
Quinta edición: diciembre de 2001
Sexta edición: junio de 2002
Séptima edición: marzo de 2003

Colección Ser Padres/Temas de Hoy

Paseo de Recoletos, 4. 28001 Madrid
www.temasdehoy.es
Diseño de colección: Tau
Fotografía de cubierta: Enrique Jiménez
Ilustraciones de interior: Francisco Luis Frontán
ISBN: 84-7880-836-1
Depósito legal: M. 9.558-2003
Compuesto en J. A. Diseño Editorial, S. L.
Impreso en Lavel, S. A.
Printed in Spain–Impreso en España

Nueve meses de espera

A mis hijos Beatriz y Juan Antonio,
y a mi nieta Marta.

Josefina

Para Javier, Claudia, Julia, Federico,
Nicoló y Marcello.

Mª Concepción

Agradecimientos

Quiero agradecer a mis compañeros su ayuda inestimable en la revisión de las partes que, según su especialidad, les he solicitado:

Dr. José Luis Leal Monedero (angiólogo y cirujano cardiovascular)
Dr. Rafael Miñana Laliga (estomatólogo)
Dr. Ángel del Río Ganuza (pediatra)
Dr. Andrés Sánchez Carmona (veterinario)
Dr. Joaquín Soto Melo (dermatólogo)
Dña. Elena Padovano Campos (dietista y nutricionista)

Y muy especialmente, por su gran colaboración en todo lo referente a la anestesia en partos y cesáreas, al Dr. Marcos Taboada Gomila (jefe del servicio de Anestesia y Reanimación del hospital Rúber Internacional de Madrid).
Asimismo, mi gratitud y cariño a mi hermana Cristina Ruiz Vega: su ayuda y sus críticas han sido imprescindibles.
Por último, quiero dar las gracias a «mis gorditas», no sólo por lo que de ellas aprendo diariamente, sino por su colaboración y consejos al escribir estas páginas.

JOSEFINA RUIZ VEGA

≈≈≈≈≈≈

Mi agradecimiento a la psicóloga Paloma Morera Arias por sus enriquecedoras sugerencias y a Cristina Ruiz Vega por su generosa ayuda en la corrección del manuscrito.

Mª CONCEPCIÓN DÍEZ RUBIO

Introducción

Es evidente que, a lo largo de los últimos años, la búsqueda de información por parte de la mujer sobre su embarazo, parto y puerperio ha sido enorme. Ya no basta con lo que le cuentan su madre y sus amigas, ni tampoco son suficientes las concisas explicaciones de los profesionales. Cada vez se demanda una mayor claridad en las respuestas.

Desgraciadamente, la mayoría de los libros que hablan de estos temas son traducciones de textos extranjeros. Es incuestionable que la base médica y teórica de todo el proceso es idéntica en todo el mundo, pero la aplicación práctica varía extraordinariamente de un país a otro (dietas, costumbres, etc.). Por ello, en las páginas que siguen he procurado dar una información *realista* y *actual* sobre el embarazo, el parto y el puerperio en *nuestro medio*. Es importante que no exista una disociación entre lo que aquí se propone y lo que dice el equipo médico que atiende a la mujer; por el contrario, lo que se busca es su colaboración con el ginecólogo y la matrona. Este libro persigue que la futura madre se sienta cómoda y segura, y que la información que reciba coincida con *su* realidad.

Para ello, he intentado que el contenido sea práctico y útil, tanto desde el punto de vista físico como psicológico. Se proponen soluciones eficaces a las necesidades y dudas que se plantean a lo largo de los meses de embarazo, sin caer en descripciones exhaustivas de patología médica que pueden preocupar innecesariamente y ayudando a la mujer a vivir uno de los momentos más importantes de su vida con tranquilidad y seguridad.

He querido, pues, plasmar mi experiencia de veinte años de trabajo con mujeres, así como los últimos avances de la obstetricia, teniendo en cuenta la evolución que ha sufrido la mujer —y la pareja— en nuestra sociedad.

Asimismo, se trata de incorporar, en lo posible, al *padre* en la función de la que ha sido y será coprotagonista: la paternidad de su hijo.

Por otra parte, considerar que el proceso embarazo-parto-puerperio es sólo físico roza lo absurdo. La unión de lo físico y lo psíquico es tan obvia, que el libro resultaría totalmente incompleto sin los capítulos dedicados a los aspectos psicológicos que ha escrito la doctora Mª Concepción Díez Rubio, gran persona y excelente profesional.

Por último, me gustaría destacar la inestimable colaboración de los médicos especialistas que han aportado su conocimiento acerca de las últimas tendencias en cada una de las especialidades que intervienen en el cuidado de la mujer y del niño.

Primera parte

El embarazo

1. Las primeras semanas del embarazo

La regla se retrasa. «¿Estaré embarazada?» Ésta es, precisamente, la pregunta que se han hecho millones de mujeres a lo largo de la historia, unas ilusionadas y otras con temor. Esa duda que te lleva a buscar en tu cuerpo los signos de confirmación de tu sospecha. ¿Qué puedo sentir si estoy realmente embarazada?

Signos precoces de embarazo

La ausencia de regla: amenorrea

La amenorrea es el signo más claro de embarazo, aunque no siempre significa una gestación. Determinados problemas hormonales, o el hecho de perder mucho peso rápidamente, pueden retrasar o hacer desaparecer la menstruación.

Por el contrario, a veces puedes manchar en los días que coinciden con la primera falta o un poco antes, debido a lo que se conoce como *hemorragia de implantación*: cuando el huevo ha llegado al útero y se está «enterrando» en su pared (endometrio), puedes sangrar un poco y ello confundirte acerca de tu estado. Pero una vez confirmada tu gestación, si manchas sangre roja o marrón debes consultar lo antes posible con tu ginecólogo.

¿Cómo confirmo que estoy embarazada? Hoy en día, puedes confirmar un embarazo mediante diversas pruebas o tests de

embarazo, ya sean realizadas en casa, en el laboratorio o en la consulta del ginecólogo:

—*Test en orina para ser utilizado en casa*: es el más empleado. Detecta pequeñas cantidades en orina de una hormona llamada «gonadotropina coriónica» (HCG) que, producida por las vellosidades coriónicas, es propia del embarazo. Con este método es posible la confirmación del embarazo desde las veinticuatro horas de retraso con una fiabilidad del 95 por ciento.

—*Test en orina de laboratorio*: detecta la misma hormona (HCG) pero resulta más fiable.

—*Test en sangre*: en algunas ocasiones, es necesaria la confirmación del embarazo a través de una prueba de este tipo, que busca en sangre —por radioinmunología— la βHCG (subunidad de la HCG). Este método tiene, a partir de una semana después de la concepción, una fiabilidad de casi el 100 por cien.

—*Ecografía*: el ginecólogo te hará una ecografía que confirmará, a partir de las primeras semanas de embarazo, la existencia de un embrión.

Otros posibles signos de embarazo

Las sensaciones que se pueden tener al principio del embarazo difieren enormemente de unas mujeres a otras. Algunas se verán reflejadas en muchos de los puntos que vamos a comentar a continuación, pero otras apenas experimentan cambios en estas primeras semanas.

1. Tensión y posible aumento de tamaño de las mamas

—Frecuentemente, desde los primeros días de retraso de la regla puedes detectar una tensión en tus mamas mayor de la que habitualmente sientes los días previos a la regla. Las mamas pueden crecer, estar más sensibles, y con los pezones más grandes, eréctiles y doloridos, molestando a veces cualquier roce.

—Debes utilizar un sujetador que sostenga bien las mamas y aplicarte en ellas, desde los primeros días, una crema antiestrías, porque las estrías pueden aparecer en ellas muy precozmente.

—La tensión suele ir cediendo, poco a poco, a lo largo del embarazo y es raro que permanezca más allá del 5º mes.

2. Pigmentación de la areola

—Ya en las primeras semanas del embarazo, la areola se oscurece y, frecuentemente, se agranda.

—Poco a poco empezarás a ver más claramente unos bultitos que rodean los pezones: son las glándulas sebáceas llamadas *tubérculos de Morgagni*. Asimismo, notarás unos pequeños nodulitos alrededor de la areola: son los *nódulos de Montgomery*.

—Estos cambios son absolutamente normales y permanecerán durante todo el embarazo, recobrando las areolas su tamaño, color y aspecto pocos meses después del parto o tras terminar la lactancia.

3. Náuseas y vómitos

—Desde los primeros días del embarazo, a veces incluso antes de sospechar que estás embarazada, puedes sentir mareos (más frecuentemente matutinos) con o sin náuseas y vómitos. Sus causas no son claramente conocidas. Se puede aducir que el alto nivel de gonadotropina coriónica puede afectar al centro del vómito que se encuentra en el tronco cerebral, o que la progesterona produce una relajación de la musculatura del tracto digestivo, originando una digestión más lenta. Sin embargo, esto ocurre en todos los embarazos y sólo una parte de las gestantes tienen estos molestos síntomas.

—Como se verá más adelante, los factores emocionales influyen en la aparición de los vómitos, e incluso pueden llegar a prevalecer sobre las causas físicas en algunos embarazos.

—Los síntomas pueden ser muy leves —incluso no aparecer nunca— o constituir un problema grave (*hiperemesis gravídica*) que el ginecólogo tratará adecuadamente. En ocasiones es incluso necesario el ingreso en un hospital o clínica para garantizar una correcta nutrición tanto de la madre como del niño.

—Estos síntomas suelen mejorar, e incluso desaparecer, a las 12-14 semanas, pero a veces son más duraderos y pueden permanecer hasta el final del embarazo.

—Las náuseas y/o vómitos pueden aparecer en diferentes momentos del día:

• *Por la mañana*: la mujer vomita preferentemente a lo largo de la mañana, mientras que el resto del día tolera mejor el alimento. Si éste es tu caso:

—Deja en la mesilla, la noche anterior, dos galletas de tipo María. Por la mañana, cómelas lentamente, permaneciendo en la cama 10 minutos más; así compensarás la hipoglucemia (falta de azúcar en sangre) que suele ser frecuente a esas horas y que constituye una de las causas de las náuseas.

—Procura, si ello es posible, vivir esas primeras horas del día sin prisas agobiantes. El estrés puede agravar las náuseas.

—No bebas nada hasta 3 o 4 horas después de levantarte. Es preferible que el desayuno consista en una tostada (sin mantequilla) con algo de mermelada de melocotón o albaricoque, o unas galletas tipo María y, si lo admites, un yogur.

• *Durante el resto del día*: la mujer no sólo vomita al levantarse, sino que el malestar puede aparecer en cualquier momento. Si éste es tu caso:

—Toma aquellos alimentos que te apetecen más y prescinde de los que rechazas totalmente, siempre que la nutrición a lo largo de la jornada sea completa para tu hijo y para ti, con un aporte correcto en proteínas, hidratos de carbono y grasas. No puedes comer, por ejemplo, sólo pan, pasta y bollos durante todo el día, aunque sea lo único que admitas.

—Procura comer en pequeñas cantidades masticando bien. Lo ideal sería hacer seis comidas ligeras al día. Si sientes una sensación incómoda en el estómago, puedes recurrir a tomar una galleta tipo María inmediatamente; así impedirás que aparezca la sensación de náusea.

—Ten en cuenta las siguientes indicaciones a la hora de confeccionar tu dieta:

Se suelen tolerar bien:

* La patata cocida, asada o en puré.

* La bechamel (tanto a los purés como a la bechamel se le puede añadir una cucharada de leche descremada en polvo para aumentar la ingesta de proteínas).

* La pasta y el arroz cocidos y sin tomate.

* El pollo o el pescado a la plancha o al horno, sin grasa (suelen preferirse a la carne).

* La manzana y la pera crudas, asadas o en compota (¡cuidado!, la manzana cuando se cocina es astringente).

* El queso de Burgos, así como los yogures y preparados lácteos bebibles con fermentos lácticos añadidos (*L. Casei Imunitass*).

* La mermelada de melocotón o albaricoque.

* El pan, sobre todo la miga.

* Los alimentos fríos y sólidos.

No se suelen tolerar bien:

* Los alimentos preparados con mucha grasa.

* Los líquidos, sobre todo por la mañana; es mejor beber en las comidas a pequeños sorbitos.

* Dependiendo de cada mujer, algunas frutas y determinadas mermeladas.

• *Tras las comidas*: la mujer no tolera el alimento en el estómago, pero no vomita en ayunas. Si éste es tu caso:

—Planea tus comidas con cierta antelación; 20 minutos antes de comer o cenar puedes:

* Lamer una cucharadita de leche condensada muy despacio.
* A los 10 minutos tomar dos cucharadas soperas de cocacola.
* Esperar 10 minutos y comer.

—Estos remedios incrementan el aporte calórico y pueden producir un aumento de peso en los primeros meses del embarazo pero es necesario que el feto reciba un mínimo indispensable de los nutrientes que hacen posible su desarrollo. Durante unas semanas, puede ser necesario sacrificar algo la estética por la salud de tu hijo.

—Si a pesar de todos estos consejos sigues vomitando o las náuseas son sumamente molestas, consulta con tu ginecólogo quien, si lo cree necesario, te recetará algún medicamento que alivie los síntomas.

–Si quieres una información más amplia sobre este problema, consulta el libro *Nueve meses bien alimentados* de esta misma editorial.

—Otros motivos puntuales que pueden provocar el vómito son:

* Si el médico te ha recetado un *preparado de vitaminas y minerales*, es conveniente tomarlo en el momento del día que menos náuseas tengas, porque no sólo pueden aumentar el malestar de estómago, sino que, si vomitas inmediatamente después, no habrás asimilado los suplementos que requerías. Una buena idea es tomar la pastilla al acostarse o lamer una cucharadita de leche condensada unos minutos antes de tomarla.
* Si a lo largo del embarazo el ginecólogo te receta un *suplemento de hierro,* es probable que te recomiende tomarlo antes de las comidas, ya que su absorción es mejor con el estómago vacío; pero si ello te provoca el vómito, será preferible ingerirlo tras la toma de algún alimento.
* En ocasiones, durante las primeras semanas de embarazo, puedes sentir náuseas ante la sola idea de *un café o un cigarrillo.* En tal caso, aprovecha esa tendencia natural del cuerpo (¡qué sabio es a veces...! y deja de fumar o reduce el número de

cigarrillos. El café puede ser sustituido por el té u otra infusión (poleo, manzanilla...) en el desayuno o después de las comidas.

* A veces, el simple hecho de *lavarse los dientes* puede provocar el vómito. En estos casos, puedes utilizar una pasta de dientes sin sabor y, si es posible, enjuagarte la boca sólo con agua y cepillarte los dientes transcurridos unos 20 minutos después de las comidas.

4. Sialorrea (exceso de saliva)

—Frecuentemente, en las primeras semanas de embarazo la boca se llena de un incómodo exceso de saliva. Puede estar asociado o no a las náuseas y vómitos, pero no suele sentirse durante el sueño.

—No existe ningún remedio totalmente eficaz, pero puede ayudarte masticar chicle mentolado y hacer ejercicios de relajación a lo largo del día.

—Suele desaparecer al avanzar el embarazo.

5. Alteraciones en el olfato

—Es posible que no soportes ciertos olores (gasolina, productos de limpieza, acetona, perfumes...) y que, en ocasiones, lleguen a provocarte malestar o náuseas. Pero no te preocupes demasiado, ya que suelen desaparecer después del primer trimestre; simplemente, trata de evitarlos.

6. Polaquiuria (micción frecuente)

—Aunque no le ocurre a todas las embarazadas, es frecuente que, en las primeras semanas, tengas que vaciar la vejiga muy a menudo. Es un síntoma incómodo, pero en absoluto patológico, y entre sus distintas causas cabe destacar:

* La presión del útero, cada vez más grande, sobre la vejiga. Por ello, a partir de las 12–14 semanas, momento en el que el

útero se aleja de la vejiga, la frecuencia de las micciones se reduce para reaparecer a veces en los últimos meses (véase pág. 89).

* Ciertos estímulos hormonales (estrógenos y progesterona) que aumentan la turgencia de la pared vesical, por lo que ésta necesita vaciarse más a menudo.

—No limites la ingesta de líquidos con el fin de no ir tanto al cuarto de baño. Aunque te resulte muy molesto e interrumpa tu ritmo de vida o de trabajo, el líquido es necesario. No obstante, puedes reducir algo la cantidad a partir de las 8 de la tarde para no tener que levantarte por la noche tan a menudo.

—Ahora bien, si la micción va acompañada de dolor o escozor, debes avisar al ginecólogo cuanto antes para confirmar si existe una infección del tracto urinario (cistitis, pielonefritis...) y tomar las medidas necesarias.

7. Cansancio y/o somnolencia

—Es frecuente que la mujer embarazada sienta una gran somnolencia durante todo el día y que ésta no desaparezca aunque duerma algo durante la jornada. Algunos estudios señalan la hormona llamada *colecistocinina* como responsable de esta sensación de somnolencia y cansancio —sobre todo después de las comidas— que caracteriza el principio del embarazo. Todo va encaminado a que reduzcas tu actividad física y ahorres energía para el niño que se está formando en tu interior. Es absolutamente normal y, en general, va disminuyendo a lo largo del segundo trimestre, pudiendo aparecer entonces otro tipo de alteraciones del sueño (véase pág. 99).

—Asimismo, puedes sentir mayor cansancio y astenia no sólo al final del día, sino desde la mañana. Estás en un momento diferente e importantísimo de tu vida, pero puede que no sea el mejor para demostrar al mundo que eres una «supermujer».

—Si trabajas fuera de casa y tienes un horario laboral fijo, deberías aprovechar la pausa de la comida para intentar descansar un poco. Al llegar a casa, no intentes que todo siga igual (cena perfecta, limpieza impecable...), sino que procura compartir con tu pareja esas tareas que hasta ahora, a veces por pura rutina, has hecho sola. Busca ayuda siempre que lo necesites.

—Si trabajas sólo en casa, podrás acoplar mejor tu horario a las alteraciones del sueño, durmiendo un rato después de comer si lo necesitas.

—En ambos casos, los fines de semana deberías aprovechar para recuperar fuerzas. Si llega la noche del sábado y no te seduce el plan que os han propuesto los amigos (cena, copa...), ¡qué mejor idea que una cena en casa con tu pareja, ver una película, leer o simplemente charlar, escuchando en definitiva a tu cuerpo y a tu mente!

—En conclusión, ¡HAY QUE CUIDARSE Y DEJARSE CUIDAR!

RESUMEN

Si crees que estás embarazada:

—Acude *cuanto antes* a la consulta de un ginecólogo para que confirme, si ya es posible, el embarazo, haga una historia clínica personalizada tuya y de tu pareja, realice los análisis de sangre y orina, así como los demás exámenes que crea necesarios, te oriente acerca de la medicación a tomar (ácido fólico, vitaminas...) y te aconseje la dieta, los ejercicios y el ritmo de vida a seguir.

—No olvides que dejar de hacerlo es un error. Obviamente, nadie mejor que un profesional con experiencia para completar el «equipo» que vas a formar durante el embarazo (madre-hijo-médico) y asegurarte que, efectivamente, todo va bien.

¿Qué cuidados debo tener desde que sospecho que estoy embarazada? Las dudas que se plantean en los primeros días

Vamos a comentar ahora las precauciones y cuidados que tienes que tomar desde que sabes que estás embarazada, a lo largo de las primeras semanas de gestación. En el capítulo 2 analizaremos todo lo concerniente al resto del embarazo.

Medicinas, alcohol, tabaco y drogas

Muchas embarazadas se preocupan por haber ingerido medicamentos, haber fumado o bebido alcohol durante los días en los que todavía no sabían que estaban embarazadas. Si éste es tu caso, ¡no debes angustiarte por ello! Cuando aún no habías notado el retraso de la regla, el huevo estaba viajando por la trompa de Falopio camino del útero, y empezando a introducirse en sus paredes; por ello, no se estaba nutriendo de los productos que son transportados por tu sangre. Es muy difícil que, en esos primeros 15 días de embarazo, el todavía embrión se vea afectado por la ingesta de sustancias no recomendables para una futura madre.

De todos modos, debes limitar dicha ingesta lo antes posible para ayudar al correcto desarrollo de tu hijo.

1. Medicamentos

—Por supuesto, desde que sospeches la existencia de un embarazo debes interrumpir totalmente la toma de cualquier medicina, incluso si crees o te han dicho que son inocuas. Consulta con tu ginecólogo, quien te indicará cuál puedes seguir consumiendo y cuál debes evitar.

—Si padeces una enfermedad que requiere un tratamiento continuo, procura consultar con el especialista antes de quedarte embarazada para saber cómo actuar desde el primer momento.

2. Alcohol y tabaco

—La ingesta moderada en los primeros 15 días del embarazo no afecta en principio al niño. Más adelante veremos con detalle cómo y por qué debes limitar estas sustancias durante el resto del embarazo.

3. Drogas

—Por supuesto, debes interrumpir su uso inmediatamente cuando, simplemente, sospeches un embarazo. En la primera consulta con el ginecólogo, infórmale clara y realmente qué drogas consumes, en qué dosis y con qué frecuencia, para poder tomar las medidas necesarias (véase pág. 123).

Radiografías: ¿pueden hacerse en el embarazo?

Si has sido expuesta a una radiación con rayos X los primeros días de tu embarazo, debes informar al ginecólogo, quien valorará el riesgo según la dosis de radiación y la fecha en que ha sido recibida. De todos modos, las dosis empleadas en las radiografías más frecuentes y con los equipos actuales suelen ser mucho menores que aquellas que pueden afectar al feto, ya que no suelen emplearse más de 5 rads y se necesitarían más de 10 para afectar al niño.

No obstante, a partir de que sospeches un embarazo debes evitar someterte a los rayos X, así como acompañar a alguien a hacerse una radiografía. Pero si durante los siguientes 9 meses surgiera una urgencia que hiciera indispensable la utilizacion de rayos X, informa al radiólogo de tu estado para que utilice la menor radiación posible, la exposición sea breve y, por supuesto, proteja tu abdomen y la pelvis con un delantal de plomo (si no es ésta la zona a observar).

—*Dentista y rayos X.* No está contraindicado el uso de rayos X en la consulta del dentista, siempre y cuando se realice con la debida protección del delantal de plomo, cuyo uso en mujeres de edad fértil está generalizado entre los odontólogos. Comunica, pues, al especialista que estás embarazada y tomará las medidas oportunas.

—*Resonancia magnética*. No está contraindicada en caso de ser necesaria para el diagnóstico.

Radiaciones no ionizantes: microondas, ordenador y televisión

Puedes seguir utilizando con total normalidad estos aparatos a lo largo del embarazo. Ninguno de los estudios realizados ha demostrado que la exposición a dichas fuentes de radiaciones, en el hogar o en el trabajo diario sea en absoluto peligrosa para el feto.

¿Cuántas ecografías se pueden hacer en un embarazo?

Múltiples estudios realizados demuestran que el uso de la ecografía (tanto abdominal como transvaginal) es totalmente inocuo para la gestación. Por tanto, el número de ecografías que se realicen en el embarazo dependerá de las necesidades de cada gestante.

Algunas mujeres sólo requieren tres ecografías en los nueve meses (en la semana 12, 20 y entre la 28 y la 37); otras, en cambio, algunas más, ya sea porque sus condiciones médicas lo exigen o porque su ginecólogo así lo prefiere.

Soy Rh negativa. ¿Puede influir esto en mi embarazo, en el parto o en mi hijo?

Ser Rh negativo quiere decir que *no* se tiene el factor Rh en los glóbulos de la sangre. Ello, en principio, no afecta nada al embarazo si el feto que está en nuestro útero es también Rh negativo. Sin embargo, esto no se sabe hasta el nacimiento salvo que se utilicen métodos de diagnóstico muy sofisticados (*cordocentesis*).

En uno de los análisis de sangre que te hagan al principio del embarazo se determinará tu grupo sanguíneo y tu Rh. Si éste es negativo, el ginecólogo hará una historia clínica registrando abortos previos, transfusiones recibidas y grupo y Rh de hijos anteriores, y solicitará que en la siguiente analítica te realicen el *Test de Coombs* para determinar si en la sangre de la madre hay anticuerpos o no. Esta prueba puede repetirse varias veces a lo largo del embarazo, y será el ginecólogo quien decidirá las medidas terapéuticas a seguir.

1. ¿Qué Rh tendrá mi hijo?

—Ante una madre Rh negativa, hay que considerar el Rh del padre. Si éste es negativo, el niño será Rh negativo y, por consiguiente, no hay problema; si el padre es Rh positivo, el bebé podrá tener un Rh negativo o positivo, dependiendo de si el padre tiene el factor Rh en su sangre una vez (*heterocigótico Rh+ Rh–*) o dos veces (*homocigótico Rh+ Rh+*), es decir, si lo ha recibido de un progenitor o de los dos (véase la figura 1).

—Dependiendo, pues, de la herencia aportada por el padre a la madre para formar el nuevo ser —es decir, qué cromosoma contenga el espermatozoide que fecunda el óvulo materno—, el feto será Rh– o Rh+. La madre Rh– nunca aportará ese factor Rh.

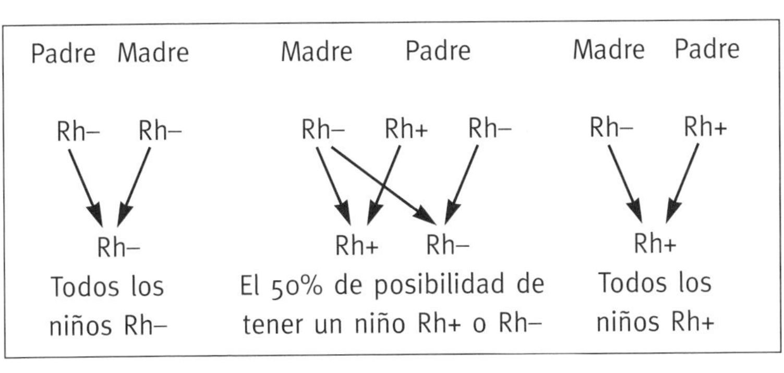

Fig. 1

2. ¿Qué es la isoinmunización?

—Cuando una madre Rh– tiene un embarazo de un feto Rh+, cabe la posibilidad —rara durante la gestación (1-2 por ciento), pero más frecuente en el parto— de que se produzca una entrada de hematíes del feto hacia la circulación materna. Como el organismo de la madre reconoce los antígenos Rh del feto como un cuerpo extraño, comienza la producción de anticuerpos para destruirlos. El problema se plantearía en una nueva gestación de un feto Rh+, pues los anticuerpos antiRh que la madre ya tendría en su sangre desde el primer embarazo llegarían al feto y destruirían sus hematíes (*enfermedad hemolítica fetal*).

—Frecuentemente, en la semana 28 de gestación se administra a la madre una dosis de inmunoglobulina anti-D (Rh) —la famosa *vacuna anti-D*— para eliminar los hematíes fetales Rh positivos que hubieran podido pasar a la madre durante el embarazo.

—Cuando el niño nace, se determina con una muestra de la sangre de su cordón umbilical el grupo y Rh. Si éste es negativo, no ha habido posibilidad de inmunización de la madre, ya que ni su sangre ni la del niño tienen ese factor antigénico; si el bebé es Rh+, cabe la posibilidad de que haya habido un paso del antígeno del niño a la madre, por lo que se inyecta una dosis de inmunoglobulina anti-D a la madre antes de las 72 horas siguientes al parto para que, en el caso de que su cuerpo hubiera producido anticuerpos contra el antígeno Rh fetal, éstos sean destruidos y, en un nuevo embarazo, no haya riesgo de que estos anticuerpos pasen al feto.

—Por esta razón, se administra a la madre Rh– la misma inmunoglobulina anti-D tras un aborto, un embarazo extrauterino, una amniocentesis o un cerclaje.

Toxoplasmosis. ¿Qué tengo que saber?

La toxoplasmosis es una infección producida por un parásito, el *toxoplasma Gondii*, frecuentemente presente en aves y mamíferos. Fuera del embarazo es una enfermedad que no reviste importancia alguna. Sus síntomas, si los hay, se asemejan a los de un leve resfriado.

Sin embargo, padecida durante la gestación, el toxoplasma puede atravesar la placenta y afectar al feto. Por ello, en los primeros análisis de sangre que pide el ginecólogo se determinará si ya tienes anticuerpos contra el toxoplasma o no:

—*Test positivo* (40-45 por ciento de las embarazadas): significa que ya has pasado la enfermedad. Por lo tanto, no hay riesgo de que exista una nueva infección en el embarazo, pues esta enfermedad se pasa sólo una vez en la vida. Según qué anticuerpos se encuentren (IgG, IgM, IgA) y cuál sea su nivel en sangre, se puede saber si la enfermedad es reciente o ha pasado hace tiempo.

—*Test negativo*: significa que no has padecido la infección; por tanto, se repetirá el análisis durante el embarazo para confirmar que no has cursado la enfermedad durante esos meses. En el caso de que el resultado sea negativo, deberás tomar una serie de precauciones durante *todo* el embarazo para evitar las fuentes de infección:

* NO comas carne cruda o poco cocida. Los animales herbívoros se alimentan de la hierba en la que pueden haber defecado gatos, principales huéspedes de la enfermedad. La carne ha de estar asada, frita o cocida, pero siempre BIEN hecha. Sí puedes tomar jamón de York, fiambre de pavo o pollo (a base de carne cocida), pero no chorizo ni salchichón, porque están hechos con carne cruda. Asimismo, NO debes tomar jamón serrano.

* NO comas verdura cruda que crece cerca del suelo (lechuga, tomates...) y, por tanto, es susceptible de ser infectada con los excrementos de los gatos. Si quieres ingerirla cruda debes lavarla con agua *a presión* (para que arrastre los quistes) y lejía especial para desinfección de alimentos, de venta en farmacias. Otro tipo de verduras, como las zanahorias, pueden tomarse crudas si se han pelado bien previamente.

* Si convives con un gato, debes consultar con el veterinario para saber si tu animal padece la enfermedad en activo. Sólo en este caso, deberías separarte temporalmente de él; si no es así, el veterinario te indicará las precauciones a seguir, pero en ningún caso toques su arena durante estos 9 meses. Los excrementos del gato, como hemos dicho, son la principal fuente de transmisión de la enfermedad. No hay vacuna contra dicha enfermedad para estos animales.

* Si realizas trabajos de jardinería, utiliza siempre guantes y lávate bien las manos después. La tierra del jardín puede estar contaminada con heces de gato.

* El contacto con gallinas, palomas, etc. también puede transmitir la infección. Consulta con el veterinario si es éste tu caso.

Por el contrario, has de saber que el pescado crudo (*sushi* japonés) NO transmite la toxoplasmosis y, por tanto, se puede consumir libremente, y que los perros no transmiten la enfermedad.

La afectación del feto es mayor en los primeros meses de embarazo, incluso provocando el aborto, pero la infección fetal puede producirse a lo largo de *todo* el embarazo. Esta posibilidad crece en el último trimestre. Así pues, hasta que sepas si ya has pasado esta enfermedad, sería conveniente que siguieras los consejos arriba descritos *desde el principio hasta el final de la gestación.* Si te interesa una mayor información consulta el libro *Nueve meses bien alimentados.*

Rubeola. No me acuerdo si la he pasado de niña

En la primera analítica, el ginecólogo determinará si estás inmunizada frente al virus de la rubeola, ya sea porque la has padecido o porque estás vacunada. En la actualidad, la vacunación contra la rubeola está generalizada, por lo que la enfermedad resulta mucho menos frecuente. Si no estás inmunizada y crees haber estado en contacto con un niño que ha sido diagnosticado y padece la enfermedad, o la ha desarrollado en los 15-20 días posteriores al contacto, avisa a tu médico para que valore el riesgo y podáis estar atentos a la aparición de síntomas.

El riesgo para el feto es mayor si se cursa la rubeola en los primeros meses; más tarde su repercusión disminuye.

Citomegalovirus. ¿Por qué piden esa determinación en los análisis?

El *citomegalovirus* (CMV) es una infección vírica que ha padecido alrededor del 58 por ciento de las mujeres antes de quedarse embarazadas. Como en el caso de las dos enfermedades antes comentadas, sólo se cursa una vez en la vida. Es poco contagiosa y, además, se calcula que en el 50 por ciento de las mujeres que la padecen en el embarazo no existe afectación fetal.

Si se cursa en el primer trimestre puede afectar al feto, por lo que en los primeros análisis de sangre se determina si la embarazada está inmunizada o no.

No obstante, si tienes un trabajo de riesgo (en guarderías, colegios, etc.) o tu contacto con niños o personas que pueden padecer la enfermedad es frecuente, coméntalo con el ginecólogo para que te indique las medidas a seguir para prevenir la infección; entre otras, por ejemplo, no tocar sin guantes los pañales de los niños, no probar su comida ni beber de sus vasos sin lavarlos previamente...

Hepatitis. ¿Qué riesgo tiene mi hijo si la he padecido?

La hepatitis es una infección vírica transmitida por distintos tipos de virus:

—*Hepatitis tipo A*: se transmite a través de los alimentos infectados. Si se padece durante la gestación, la transmisión al feto no es un problema significativo, pero si se padece en las últimas semanas de embarazo, cabe la posibilidad de infección del niño.

—*Hepatitis tipo B*: se transmite a través de todos los fluidos del cuerpo (sangre, semen, saliva, heces...). Se determina en sangre si una embarazada ha padecido o padece la enfermedad, porque ésta se puede transmitir al feto en el embarazo —sobre todo si la madre la padece durante el tercer trimestre— y en el parto. En este último caso, el neonatólogo tomará las medidas oportunas para tratar al niño desde los primeros momentos de vida.

Tanto si se trata de un tipo de hepatitis o de otro, al llegar al hospital donde vaya a nacer tu hijo, comunica al personal sanitario que has padecido una hepatitis y de qué tipo, para que adopte, si son necesarias, las medidas higiénicas requeridas.

¿Qué es el estreptococo del grupo B?

El estreptococo del grupo B (EGB) es una bacteria que causa infecciones en las embarazadas y en los recién nacidos. El tracto gastrointestinal —sobre todo el recto— es el principal reservorio del EGB; desde ahí se puede colonizar la vagina en el embarazo.

La mayoría de las infecciones del recién nacido se producen por transmisión durante el parto. Sólo el 50 por ciento de los niños de madres portadoras del estreptococo se van a colonizar, y de ellos, sólo el 1-2 por ciento va a desarrollar una infección clínica tras su nacimiento, que será tratada por el neonatólogo.

—*Prevención*

Para intentar prevenir la infección del niño se puede hacer un cultivo vaginal —de una muestra tomada de la vagina de la madre— y a veces también del recto en la semana 35-37 de gestación y, en caso de hallarse el EGB, poder tratarlo adecuadamente.

Esta prueba se realiza o no dependiendo del criterio del ginecólogo, quien valorará si perteneces a un grupo de riesgo teniendo en cuenta los siguientes aspectos:

* Parto antes de las 37 semanas
* Rotura prematura de membranas
* Rotura de bolsa durante más de 18 horas
* Fiebre en el parto

No obstante, hay que saber que no siempre un cultivo en las semanas 35-37 asegura que la mujer no vaya a estar colonizada el día del parto.

—*Tratamiento antibiótico*

Se administrará antibióticos intravenosos en el parto a las mujeres colonizadas por EGB o a aquellas cuyos factores de riesgo así lo aconsejen.

Me he quedado embarazada con un DIU. ¿Qué va a pasar? ¿Sufrirá algún daño el niño?

El DIU (dispositivo intrauterino) es uno de los métodos anticonceptivos más utilizados actualmente. En el 1-2 por ciento de las mujeres portadoras de un DIU se produce un embarazo por fracaso del método. Entonces puede ocurrir que:

—Se produzca un *aborto espontáneo*; la posibilidad de aborto sube hasta el 30 por ciento.

—El *embarazo progrese*, en cuyo caso, si el hilo del dispositivo es visible por el cuello del útero, se extraerá el DIU, pero si no lo es, simplemente se controlará por ecografía a lo largo de la gestación, para salir en el parto sin problemas.

Si tu embarazo se desarrolla con el dispositivo dentro, no te preocupes, ya que no va a hacer daño al niño; pero si sangras o tienes fiebre, avisa a tu ginecólogo para que confirme si esos síntomas son debidos a problemas originados por el DIU y tome las medidas necesarias.

Signos de amenaza de aborto. ¿Cuándo debo avisar al ginecólogo o ir al hospital?

Si sabes que estás embarazada y presentas alguno de los siguientes síntomas, debes avisar al ginecólogo lo antes posible. Puede tratarse de una amenaza de aborto y un tratamiento precoz es sumamente importante.

—*Sangre*, tanto si es roja como marrón, aunque no sea muy abundante. Ya hemos comentado antes que a veces puede deberse a la implantación del huevo en el útero y, por tanto, no significar nada patológico, pero sólo el ginecólogo puede determinar la importancia y la causa del sangrado.

—*Dolor intenso y persistente* en la parte inferior central del abdomen (por encima del vello del pubis) aunque no sangres y, por supuesto, si va acompañado de hemorragia.

El ginecólogo te hará una ecografía y realizará, si son necesarias, otras pruebas para confirmar la causa del sangrado (amenaza de aborto, embarazo ectópico, etc.). Si existe un riesgo de aborto, recomendará las medidas oportunas (reposo, ausencia de relaciones sexuales, tratamiento con medicamentos, etc.) para mantener, si es posible, el embarazo.

2. Los restantes meses del embarazo

Ya han transcurrido las primeras semanas del embarazo, pero quedan todavía por delante varios meses en los que tu cuerpo y tu mente van a sufrir grandes modificaciones. Vamos a analizar dichos cambios y la forma de acoplarse a ellos.

Algunas embarazadas pueden tener varias, incluso muchas, molestias durante su gestación; otras, en cambio, definen esos meses como la época de su vida en la que mejor se encuentran.

Cambios físicos del embarazo

El embarazo produce unos cambios en el organismo de la mujer que, además de ser necesarios para el desarrollo del feto, preparan el cuerpo de la futura madre para el parto y la lactancia. A continuación vamos a analizar esas alteraciones físicas del embarazo *normal*, comentando en cada apartado cómo *prevenir* las molestias derivadas de estos cambios y cómo *mejorar* los síntomas que ya han aparecido.

El aparato locomotor: modificaciones de la estática de la columna vertebral

1. Lumbalgia

—Llamamos *lumbalgia* al dolor que aparece en la parte baja y central de la espalda que se irradia o no lateralmente. Este dolor aumenta si andas o estás de pie, y puede resultar simplemente molesto o impedirte en ocasiones desarrollar tu actividad diaria. La lumbalgia es una de las molestias más frecuentes en el embarazo: el 80 por ciento de las gestantes refieren este dolor en algún momento de la gestación.

—Los motivos que pueden dar lugar a una lumbalgia en el embarazo aparecen en todas las gestantes; por ello es tan frecuente padecerla. ¿Cuáles son estas causas?

* *Aumento del tamaño del útero*: cuando el útero aumenta de tamaño, tu centro de gravedad empieza a alterarse paulatinamente y, para no «caerte» hacia delante:

—Separas las piernas y abres los pies, para aumentar así la base de sustentación.

—Poco a poco vas modificando la posición de tu columna vertebral, arqueando la columna lumbar hacia delante (que da lugar a una *hiperlordosis lumbar*), y para compensar esa posición tan forzada desplazas los hombros y la cabeza hacia atrás (*cifosis dorsal*).

Esto origina una mala alineación de todas las vértebras de la columna, afectando a sus articulaciones, especialmente las de las últimas vértebras lumbares entre sí y la de la 5ª lumbar con el sacro.

* *Mayor laxitud de los ligamentos y articulaciones de la columna*: esto se debe a la liberación, en el embarazo, de una sustancia llamada *relaxina*. También favorece que la posición de tu columna vertebral sea incorrecta.

—Basta con ver la figura 2 para imaginar el dolor de espalda que se puede llegar a producir con esta posición tan forzada de las articulaciones vertebrales.

—Por cierto, en este apartado estamos hablando de dolor de *espalda*, nunca de dolor de *riñones*. A los pobres riñones se les culpa de un montón de cosas de las que no son ni remotamente responsables. De hecho, ni siquiera están en la zona a la que nos estamos refiriendo, sino más arriba y situados en los laterales.

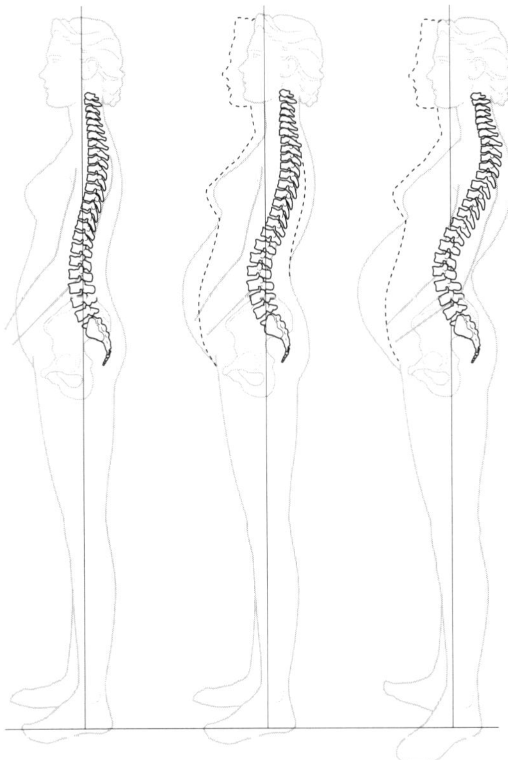

Fig. 2. Modificación de la estática de la columna vertebral a lo largo del embarazo.

2. Ciática

—Decimos que se padece ciática cuando duele un punto en la parte superior del glúteo que puede o no irradiarse por la parte posterior del muslo, la pierna e incluso llegar al pie. Se da en aproximadamente el 35 por ciento de las embarazadas, aunque, por fortuna, no de modo continuo.

—Las causas son, en parte, comunes con las de la lumbalgia:

* Si observamos el hueso sacro de frente (figura 3), vemos que tiene unos agujeritos y que de dos de ellos salen los dos

nervios ciáticos (a). Es lógico que, al adquirir el sacro una posición forzada, el ciático esté tenso.

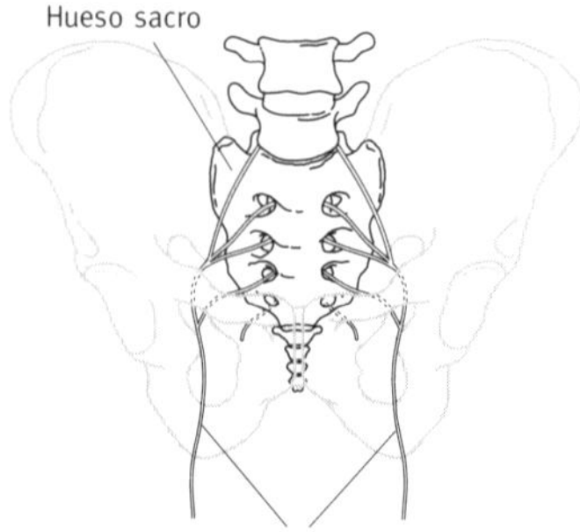

Fig. 3.

* Por otra parte, el útero, que en una mujer no embarazada es muy pequeño y discreto, va creciendo cada vez más presionando el nervio ciático a su salida del sacro.

—Realmente, ¡poco se queja el «sufrido» nervio ciático a lo largo del embarazo!

3. Lumbociática

—Tanto en el origen de la ciática como en el de la lumbalgia interviene la curva excesiva de las últimas vértebras lumbares y la posición forzada del sacro. Por ello es posible que ambos procesos aparezcan simultáneamente, dando lugar a lo que se conoce como *lumbociática.*

• *Prevención*

Las medidas para la prevención de la lumbalgia y la ciática son realmente efectivas en el embarazo. Si sigues los consejos que vamos a comentar a continuación, puedes conseguir de verdad que estos síntomas no aparezcan o que su aparición sea más espaciada.

—Corrección de la postura en la vida diaria

Una de las formas más eficaces que tienes para tratar de evitar estas molestias es acoplar las posturas de tu actividad cotidiana a tu nuevo estado. Si llegas a integrar estas modificaciones, darás un paso importante para no padecer dichos problemas.

* *Estar de pie*: no debes estar mucho tiempo de pie, quieta, sin un punto de apoyo, porque tenderás a arquearte hacia atrás. Puedes apoyarte en una mesa, una silla etc., flexionando una pierna y curvando la espalda hacia delante.

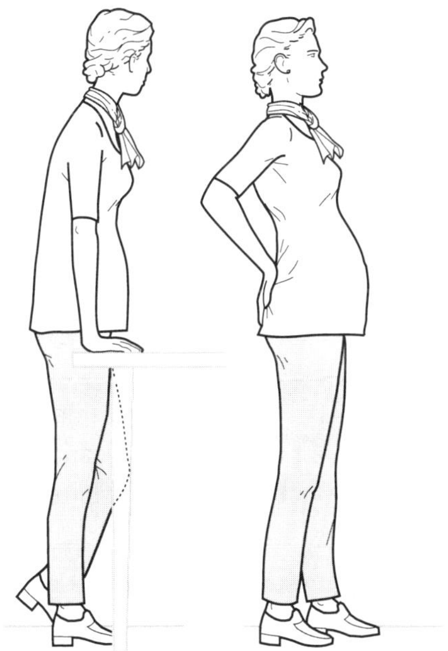

Fig. 4.

Si el punto de apoyo es una pared, el contacto con ella debe ser con la parte inferior de la espalda, nunca con la superior, porque así aumentarías la ya definida *hiperlordosis lumbar.* Y si no hay apoyo posible, intenta moverte constantemente,

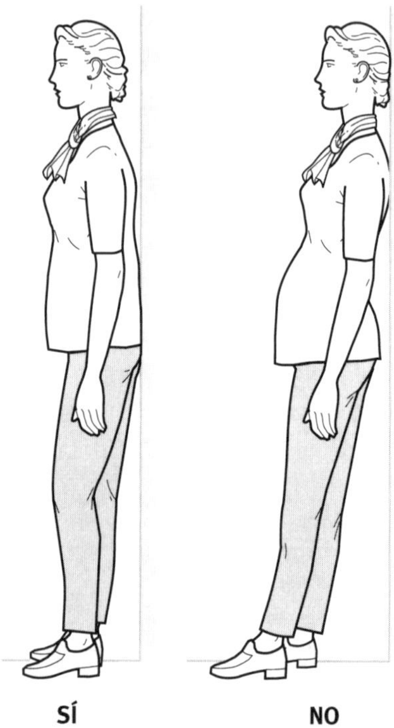

Fig. 5.

aunque sólo sea unos pasos, o cambiar el peso de una pierna a otra.

* *Andar*: una de las reglas de oro que toda embarazada puede y debe seguir para prevenir las molestias de espalda, además de otras muchas ventajas, es la siguiente:

> Al andar, pasear o estar de pie, siempre debes tener:
> ¡TRIPA DENTRO! Y ¡GLÚTEOS DUROS!

Esto produce una basculación posterior de la pelvis que:

—Corregirá el arco excesivo de tu espalda.

—Hará trabajar el músculo transverso del abdomen, que es el que empuja al niño en el paritorio. Este músculo, tan importante para poder ayudar a tu hijo en el momento del expulsivo, sólo se ejercita cuando se tose, vomita, estornuda o se mete la tripa. Aprovecha, pues, y «entrénalo» a lo largo del día, manteniendo la tripa dentro todo el tiempo que puedas.

Quiero puntualizar dos detalles importantes referentes a este consejo:

—Meter la tripa NO es malo para el niño. La idea de que aplastas o presionas excesivamente al bebé es falsa. No olvides que está rodeado de líquido amniótico que le protege perfectamente.

—Meter la tripa NO debe confundirse con otro tipo de ejercicios abdominales que, en su gran mayoría, están claramente contraindicados a lo largo del embarazo (véase pág. 163).

Por otro lado, la *altura de los tacones* que uses en el embarazo debe variar dependiendo de la situación: si vas a utilizarlos poco tiempo (por ejemplo, para salir a cenar), puedes emplear la altura que desees, pero si vas a andar bastante o pasear, la altura idónea es de 3-4 cm. Unos tacones más altos pueden provocar que tengas que corregir, aún más, tu centro de gravedad, acentuando tu hiperlordosis lumbar y favoreciendo el dolor en la parte inferior de la espalda.

Tampoco es bueno andar mucho tiempo con tacón plano. El arco plantar suele disminuir en el embarazo por la mayor relajación de las articulaciones del pie, producida por la ya nombrada relaxina. Este aplanamiento puede provocar dolor en la planta del pie, dificultar la circulación de retorno, etc.

Sin embargo, *andar descalza o con calcetines* en casa es un ejercicio magnífico para trabajar los músculos de la planta del pie, mejorando la circulación tanto venosa (prevención de varices) como linfática (véase pág. 93).

En cuanto a la *faja*, salvo indicaciones médicas muy concretas NO recomiendo su uso, ni tampoco el de cinturones, para sostener la tripa. ¡Recuerda!: es mejor la *tripa dentro* y los *glú-*

teos duros. De esta forma sí que corregirás la postura de tu espalda, mientras que si sujetas el abdomen con una faja no vas a «entrenar» el transverso del abdomen, como dijimos, y el día del parto no estará suficientemente preparado para empujar a tu hijo.

Por último, aclarar que el «peso» que refieren algunas embarazadas en la parte inferior del abdomen no se debe en absoluto al peso real del útero y su contenido, por lo que no desaparece sosteniendo la tripa. Más adelante veremos detalladamente por qué se produce esta sensación.

* *Estar sentada*: siempre debes procurar sentarte en una silla en la que puedas estar recta, llevando los glúteos hasta el final del asiento. Si utilizas un sofá profundo, coloca almohadas o cojines en el fondo, de modo que puedas apoyar la espalda erguida.

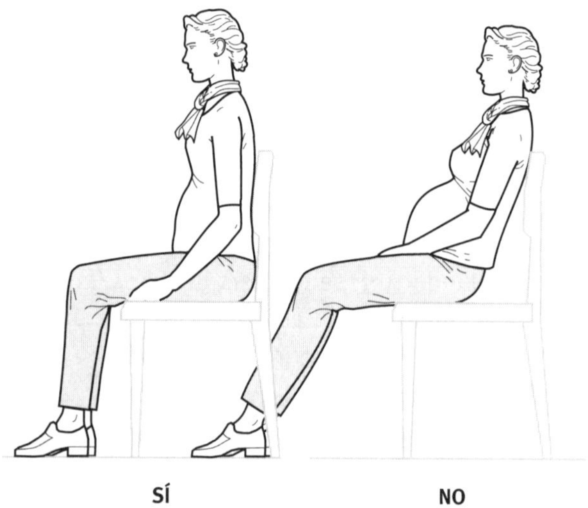

Fig. 6. SÍ NO

Intenta, pues, evitar las sillas sin respaldo y, si trabajas muchas horas sentada, procura hacerlo en un asiento que te permita una buena sujeción lumbar (cintura y cadera apoyadas). Un truco que puede ayudarte es poner algo (libros, cojines, etc.) debajo de los pies para que tus rodillas estén más altas y tu espalda más recta.

* *Estar tumbada*: no deberías estar boca arriba con las piernas extendidas, porque ello aumenta el arco lumbar y podrías sentir dolor de espalda al levantarte. Si quieres estar tumbada boca arriba, leyendo o tomando el sol, flexiona las rodillas; así, la parte inferior de la espalda reposa en la cama o el suelo.

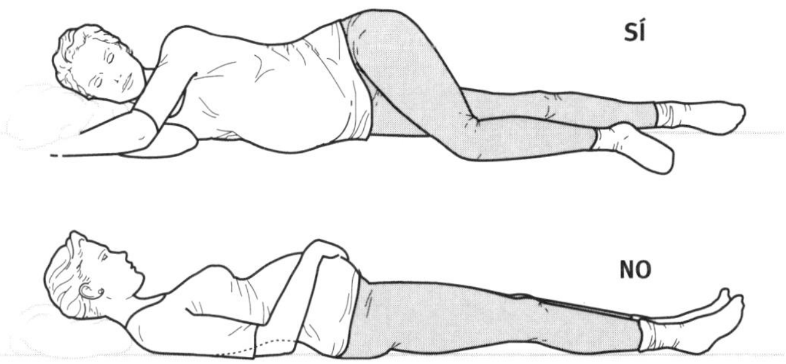

Fig. 7.

Entonces, te preguntarás: «¿Cómo duermo?» La mejor posición para quedarte dormida es la siguiente: de perfil, con la pierna de arriba flexionada sobre el colchón o un almohadón; pero, resulta inevitable que, una vez cogido el sueño, tiendas a adoptar la posición que habitualmente utilizabas antes del embarazo. Si, por ejemplo, estás acostumbrada a dormir boca abajo, puedes seguir haciéndolo hasta que el volumen del abdomen te impida esa posición; al final del embarazo sería casi un milagro de equilibrio. En cualquier caso, como comentábamos antes, el líquido amniótico amortigua la presión e impide que se haga daño al niño.

También evitarás, instintivamente, dormir boca arriba al final del embarazo, porque estarías muy incómoda.

* *Hacer las camas*: lo cierto es que no deberías hacer las camas estando embarazada. Esta afirmación, que inmediatamente genera una ola de simpatía, es muchas veces utópica, así que vamos a explicar cuál es la mejor postura para desarrollar esta tarea a lo largo de los nueve meses:

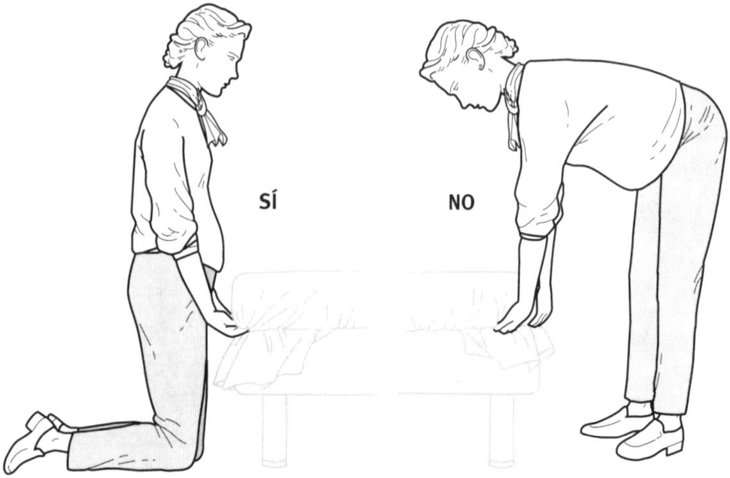

Fig. 8.

De pie, extiende las sábanas, las mantas etc. sobre la cama y, a continuación, arrodíllate y remételas bajo el colchón, rodeando la cama poco a poco. Para levantarte, apoya una mano en el muslo y te darás impulso.

Nunca lo hagas de pie, arqueando la espalda, porque ello favorecerá extraordinariamente el dolor lumbar y la ciática.

De todos modos, si cuentas con un «voluntario» que te ayude, déjale hacer y mímate.

* *Pasar la aspiradora*: por la misma razón que acabamos de señalar, no debes coger una aspiradora inclinando el cuerpo hacia delante, sino sostenerla con una mano mientras flexionas el cuerpo lateralmente y utilizarla durante poco tiempo (limpia sólo una habitación cada vez).

* *Poner/quitar la lavadora o el friegaplatos*: siempre que te agaches para introducir o sacar algo de estos aparatos domésticos, flexiona y separa las piernas. Para incorporarte, como antes hemos dicho, busca un apoyo en el muslo e impúlsate con la mano.

Nunca lo hagas doblando la cintura con las piernas rectas.

* *Coger algo del suelo*: valen las mismas recomendaciones que en el apartado anterior.

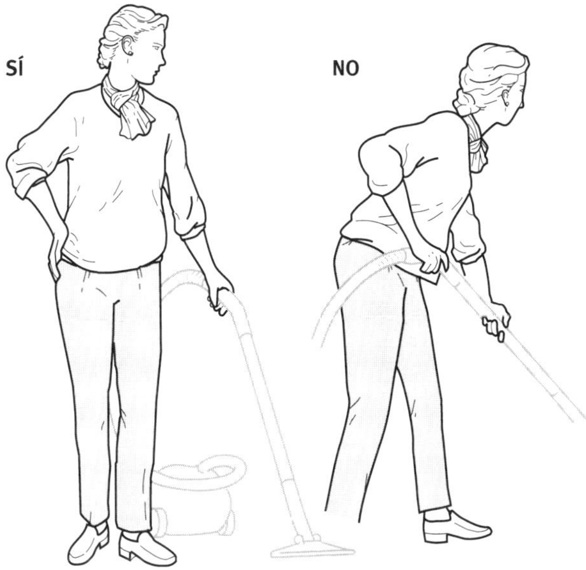

Fig. 9.

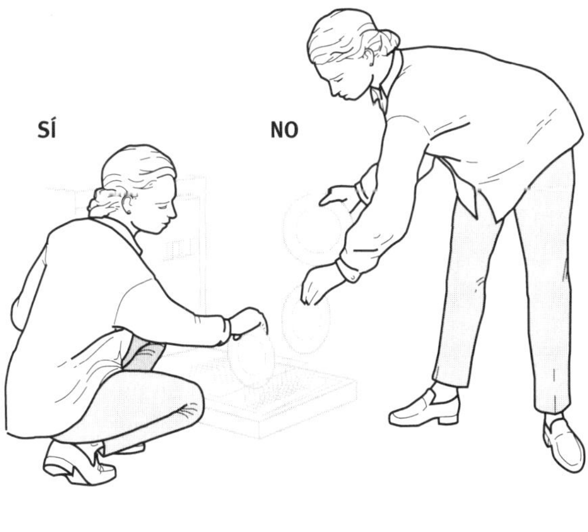

Fig. 10.

* *Coger a un niño*: si tienes otro hijo pequeño, es imposible que no lo cojas, aunque deberías limitar, en lo posible, las veces que lo haces o lo llevas en brazos. Coge a tu hijo sentada, así tu espalda no sufrirá.

Si el niño ya anda, pídele que se suba a una silla o sillón para que sólo tengas que hacer el esfuerzo de cogerlo desde esa altura. Pero si todavía es muy pequeño y no puede ayudarte, agáchate siguiendo el mismo movimiento de flexión de las piernas descrito anteriormente.

En todo caso, el niño debe llevarse apoyado en la cadera con las piernas hacia fuera, para evitar tanto la mala posición de la espalda que adoptarías al cargar con el peso de tus dos hijos, como el peligro de una patada accidental del hermano «mayor» a la tripa.

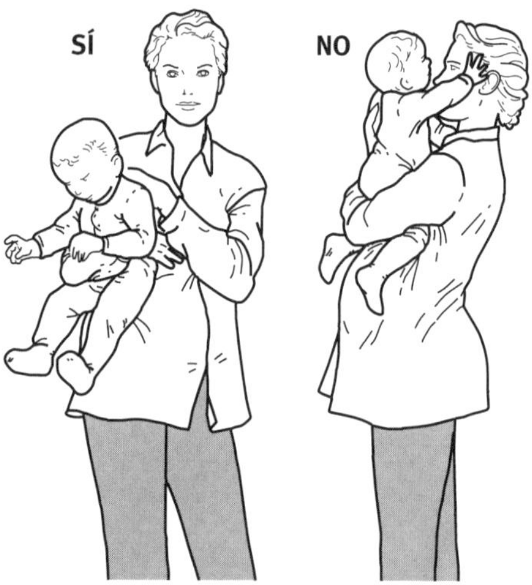

Fig. 11.

* *Llevar bolsas, carteras...*: procura siempre dividir el peso entre los dos brazos y, por supuesto, pide ayuda si tienes que cargar algo muy pesado (cartones de leche, saco de patatas, etc.).

—Gimnasia

Es nuestra gran aliada para la prevención de la lumbalgia y/o la ciática.

Lo ideal sería que, al quedarte embarazada, tuvieras ya una buena musculatura abdominal y lumbar que te permitiera soportar el exceso de peso del abdomen, pero, desde luego, no es lo más frecuente. Por ello, y si tu ginecólogo lo permite, la práctica de ejercicios específicos para fortalecer la musculatura lumbar debe comenzar cuanto antes en un centro especializado para embarazadas. Allí, sabiendo atender a las condiciones propias de una gestante (no provocarle contracciones, no realizar ejercicios abdominales...), cuidarán al máximo esta zona ahora tan vulnerable de tu cuerpo.

Más adelante (pág. 165), veremos algunos ejercicios que puedes practicar en casa, pero no quiero dejar pasar ni una línea más sin hablar del ejercicio rey para tu espalda: *el gato*. Puedes comenzar a practicarlo, si no existe contraindicación médica, desde los primeros días de tu embarazo.

* A cuatro patas, con la espalda *plana* y la cabeza mirando al frente, se coge aire —inspirar— y, al echar el aire —espirar—, se deja caer la cabeza entre los brazos y se arquea la espalda hacia el techo, tirando de la cintura hacia arriba y metiendo la tripa.

Deberías hacer este ejercicio diez veces al levantarte y diez antes de irte a la cama todos los días del embarazo.

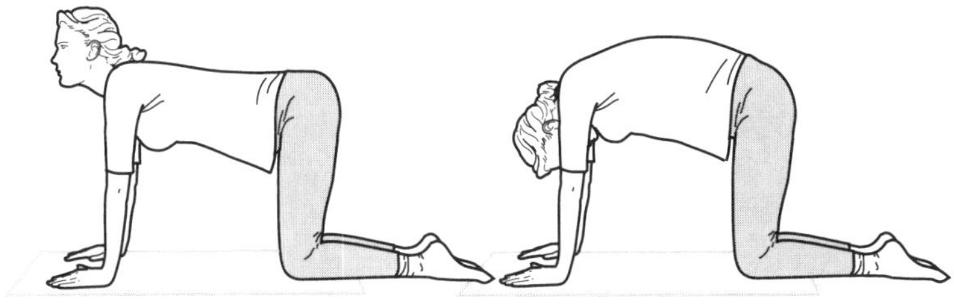

Fig. 12. Ejercicio del gato.

Todo lo dicho para prevenir la lumbalgia es válido también para la ciática, pero hemos de añadir una cosa más: *nunca* flexiones el pie hacia la pierna (flexión dorsal) con la pierna extendida, porque producirías una mayor distensión del nervio ciático, que va por la parte posterior de la pierna, aumentando el riesgo de dolor.

- *Si ya hay síntomas*

Si a pesar de haber seguido cuidadosamente toda las recomendaciones del apartado anterior te duele la espalda (lumbalgia) o tienes ciática, puede resultarte útil tratar tus síntomas con:

—*Calor*

Puedes aplicar calor en la zona dolorida ya sea por medio de:

* *Ducha de agua caliente y fuerte*: sentada de lado en la bañera vacía, con las rodillas hacia la tripa.

* *Manta eléctrica*: debes aplicarla en la zona lumbar o en el glúteo de donde parte el dolor. Es claramente preferible a la bolsa de agua caliente porque mantiene un calor constante y porque puedes utilizarla todo el tiempo que la necesites (1-2 horas o más), pero sólo en la espalda, nunca en el abdomen o las piernas.

—*Gimnasia*

Para aliviar el dolor, deberías practicar el ejercicio del gato antes descrito unas tres veces al día, 10 minutos cada vez, procurando mantener el arco de la espalda hacia el techo unos segundos.

Es recomendable acudir a un profesional cualificado, con *experiencia en el trato a embarazadas*, para que te indique la tabla de ejercicios adecuada a tu problema. Siendo constante, la práctica de una gimnasia apropiada fortalecerá la musculatura de la zona y aliviará en gran medida los síntomas.

—Tratamiento farmacológico

Si los síntomas son muy molestos, sobre todo en el caso de una ciática, y ésta no cede con calor y gimnasia, comunícaselo al ginecólogo, quien, si lo cree necesario, puede recetarte algún medicamento (por ejemplo, vitamina B) para aliviar el dolor.

No obstante, todo lo arriba dicho sería prácticamente inútil si no cuidas y corriges la postura el resto del día. Si después de darte calor 2 horas continúas arqueando la espalda al andar, el dolor reaparecerá seguro.

¡Recuérdalo otra vez: TRIPA DENTRO y GLÚTEOS DUROS!

4. Dorsalgia

—La dorsalgia es un dolor en la parte superior de la espalda que se produce, en general, por las contracturas musculares originadas por la mala posición de la columna, ya sea por :

* *Compensación del arco excesivo que tiene la parte inferior de la columna*: no olvidemos que la columna es una unidad y, si una parte está forzada, la otra intenta arquearse en sentido contrario para guardar el equilibrio. Los hombros y la cabeza tienden a ir hacia delante.

* *Mala postura habitual*: ya sea en el trabajo o en la actividad diaria.

• *Prevención*

Cuidar la postura es la mejor prevención para cualquier problema de espalda.

—Ante una mesa de ordenador, dibujo, etc.

El progresivo aumento del tamaño del abdomen te aleja poco a poco de la mesa de trabajo. Los brazos, por tanto, tienen que avanzar hacia el tablero o el papel en una posición muy forzada, siendo sostenidos por los músculos que van de la nuca a los hombros (*trapecio*). Al final del día, esta musculatura está tan tensa que la contractura puede llegar a ser muy molesta.

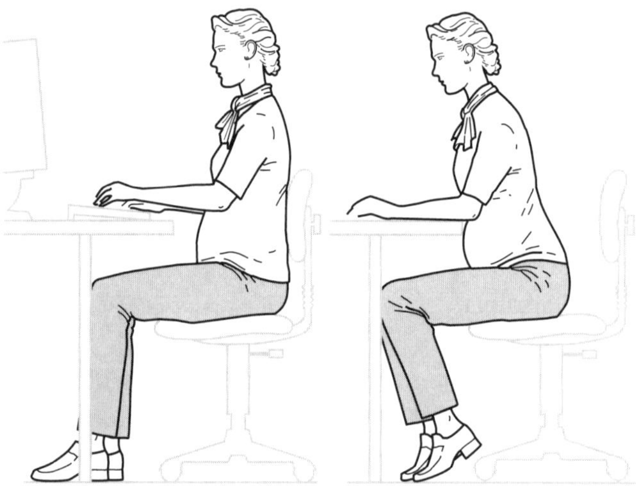

Fig. 13. **SÍ** **NO**

Una buena recomendación es poner tacos bajo las patas de la mesa buscar sillas que puedan bajarse para que así «metas la tripa» debajo de la mesa, manteniendo la espalda recta y los brazos apoyados en el tablero.

—Al hacer punto, coser, etc.

Tienes que tener mucho cuidado de no mantener los hombros ni la espalda en tensión. Un buen asiento, preferentemente duro y recto, resulta a la larga mucho más cómodo que un sillón mullido en el que terminarías por adoptar una posición incorrecta.

• *Si ya hay síntomas*

Si, a pesar de cuidar tu postura, no puedes evitar que te duela la espalda, te podría ayudar:

— *Calor*

Es muy eficaz, ya sea con un chorro fuerte de agua caliente (con la cabeza apoyada en la pared de la ducha) o con una manta eléctrica. En ambos casos, debes aplicarlo sólo en periodos de 20 minutos, descansando el mismo tiempo sin calor.

— *Masaje*

Como la causa de este dolor de espalda es una contractura muscular, es obvio que un masaje, sobre todo si es dado por un profesional, te aliviará muchísimo. Puedes recibirlo sentada a horcajadas en una silla con la cabeza apoyada en la pared o tumbada «casi» boca abajo, con la pierna de arriba flexionada y reposando sobre la camilla.

— *Gimnasia*

Es un complemento necesario en el tratamiento de la dorsalgia para fortalecer el trapecio. Si sólo has relajado el músculo con masaje y calor y no lo has trabajado, volverás a adoptar posturas erróneas, porque no sujetarás la columna dorsal eficazmente.

Lo mejor es acudir a un centro especializado, donde te indicarán los ejercicios a realizar en tu caso.

5. Contractura de los músculos de la pierna (calambres)

—En ocasiones, puedes sentir un fuerte dolor en la pantorrilla que es posible que llegue incluso a la planta y a los dedos de los pies; se trata de una contractura muscular.

—Las contracturas suelen aparecer en el 2º o 3er trimestre, sobre todo por la noche, a partir de las 4-5 de la mañana. Te despiertas con un dolor brusco que casi te hace saltar de la cama, pero, aunque son muy aparatosas, no son en absoluto peligrosas.

—Entre sus causas cabe destacar:

* *Falta de calcio*: no suele ser la causa más frecuente, ya que, muy probablemente, estés tomando un suplemento, bien en la dieta o en preparados vitamínicos recetados por tu ginecólogo. No obstante, el estrés puede agravar los calambres ya que disminuyen el nivel en plasma de este mineral. Hablaremos de ello más adelante.

* *Falta de potasio*: suele ser, en cambio, la causa más común, ya que en el embarazo se tiende a una mayor eliminación de dicho mineral.

* *Alteraciones circulatorias*: en la pág. 93 comentaremos detalladamente este problema presente, en mayor o menor grado, en toda gestación.

• *Prevención*

Para intentar que los calambres no aparezcan o que, al menos, no sean tan frecuentes, puedes:

—*Vigilar la dieta*

Toma más productos lácteos cada día (leche, yogur, quesos frescos...) para aumentar la ingesta de calcio. Los plátanos y los frutos secos (pistacho, higos, castañas...) tienen mucho potasio, pero ¡engordan tanto! Por ello, si tienes que controlar tu peso, aumenta la ingesta de este mineral tomando alimentos que lo aporten en gran cantidad sin aumentar el número de calorías de tu dieta, como por ejemplo: trucha, mero, carne magra de vaca y el tomate fresco o su zumo, pero no cocido o frito.

—Hacer gimnasia

Entre los ejercicios recomendables destacan:

* *Ejercicios circulatorios*: mueve los pies haciendo círculos en ambos sentidos (véase pág. 165).

* *Estiramiento de las pantorrillas*: antes de ir a la cama, ponte mirando a la pared y, con las manos apoyadas en ella, adelanta un poco una pierna, flexionando algo la rodilla. Sin despegar el otro pie del suelo, avanza el tronco suavemente hacia la pared hasta que notes tensión (no dolor) en la pantorrilla que estiras. Cambia de pierna y repítelo diez veces.

—No desperezarse

Por las mañanas, al despertarte, evita desperezarte estirando las piernas y los pies. ¡Puedes terminar con un calambre molestísimo!

• *Si ya hay síntomas*

Si, a pesar de todos tus cuidados, tienes una contractura en la pierna, además de procurar ese día comer y cenar alimentos ricos en potasio y hacer más ejercicios circulatorios, tal como dijimos, puedes:

—Si estás en la cama

Descalza, pon el pie en el suelo —mejor si es frío— y da golpecitos con el talón; a continuación, toma el pie con la mano y, flexionando la rodilla, lleva suavemente el pie hacia la pierna (flexión dorsal).

—*Cuando te levantas*

Date un masaje desde el tobillo a la parte posterior de la rodilla con cualquier crema hidratante que tengas en casa. Así relajarás más el músculo y no quedará el resto del día esa sensación de «agujetas» tan incómoda.

La piel

En algunas mujeres, la piel pasa la mejor época de su vida durante el embarazo (ausencia de granos, luminosidad, cabello fuerte...); nunca antes habían tenido un cutis mejor y más radiante. En cambio, otras ven que su piel es uno de los órganos más afectados por los cambios de estos nueve meses.

1. Cuidados generales

—Extrema la limpieza utilizando productos suaves, evitando maquillajes pesados y, por supuesto, cuidando la alimentación.

—Bebe al menos 1 litro de agua al día.

—Si ves que tu cara se llena de granos, espinillas o se vuelve más grasienta, consulta con el médico la posibilidad de aplicar localmente algún preparado específico.

2. Alteración de la pigmentación

—Las hormonas del embarazo estimulan la producción de *melanina* (sustancia que pigmenta la piel), por lo que algunas zonas de tu cuerpo pueden oscurecerse:

* *Areolas*: ya hemos comentado que pueden pigmentarse más y aumentar su tamaño desde el principio del embarazo. Siempre recuperarán su diámetro y color tras el parto.

* *Línea nera*: la línea que va del esternón al pubis puede

pigmentarse más y aparecer marrón (es más evidente en las mujeres morenas) y también salir más vello. ¿Qué hacer en este caso?

—No te depiles ese vello aunque sea realmente antiestético; desaparece siempre tras el parto, aunque puede tardar unos meses.

—No tomes el sol en la zona pigmentada. Usa bañador y ponte crema con protección muy alta hasta que la línea haya desaparecido (puede durar incluso un año después del parto).

—Si te resulta muy antiestético, puedes decolorarte el vello con una solución de agua oxigenada.

* *Cloasma o «paño»*: se trata de una mayor pigmentación de la frente, los pómulos y el labio superior, como si hubieras tomado el sol con antifaz. Se favorece por la exposición de la cara a la luz solar, aunque no tomes el sol directamente. ¿Qué hacer para prevenirlo?

—Aísla el cutis, al salir a la calle, con una leche solar cuyo índice de protección sea alto, incluso debajo del maquillaje. Si tomas el sol en la cara, utiliza una crema con índice de protección 60 y, si observas la más mínima tinción, no te expongas al sol. Piensa que un verano un poco más blanca es preferible a tener la cara manchada para siempre. El cloasma puede mejorar tras el parto pero, al tomar el sol de nuevo, o en ocasiones debido a los anticonceptivos orales, puede reaparecer. Por eso es tan importante su prevención.

—Evita totalmente el reflejo del sol en el agua o la nieve. Un sombrero, gafas, etc. pueden evitar unas manchas irremediables.

Ahora bien, si el cloasma ya ha aparecido, sigue utilizando la protección solar y consulta con el dermatólogo tras el parto. Él te aconsejará los productos necesarios para acelerar su desaparición y te enseñará cómo tomar el sol a partir de ahora.

3. Arañas vasulares (*Spiders*)

—Las *arañas vasulares* son arteriolas (pequeñas arterias) dilatadas por acción de los estrógenos. Se ve en la piel —sobre todo en la cara, el escote y los brazos— unos circulitos rojos que, si se presionan con el dedo, pierden el color y, al liberarlos, puede observarse cómo llega la sangre desde el centro hasta los extremos del círculo.

—No deben preocuparte en absoluto, ya que no se trata de nada patológico y desaparecerán, prácticamente todas, poco después del parto.

4. Lunares y verrugas

—Los lunares pueden aumentar en número o pigmentarse más los que ya tenías, debido al ya comentado estímulo hormonal sobre la melanina. La única precaución que debes tomar es consultar con un dermatólogo en el caso de que, a lo largo del embarazo, un lunar aumente claramente de superficie o volumen. Sólo un especialista sabrá aconsejarte si es necesario quitarlo o simplemente se trata de un problema estético.

—En cuanto a las verrugas, pueden aparecer algunas muy pequeñas en el cuello, la axila o las manos. Éstas suelen desaparecer, casi en su totalidad, después del parto. Pero si una verruga crece mucho en el embarazo, muéstrasela a un dermatólogo pero, ¡por favor!, nada de remedios caseros para intentar desprenderla. Nunca son convenientes y menos durante el embarazo.

5. Prurito: picor en la piel

—Durante el embarazo, es frecuente que notes picor en la piel, sobre todo en las mamas, el abdomen y los muslos. Esto es debido a una pequeña alteración del hígado por causa de los estrógenos, no a la hiperdistensión de la piel; de hecho, la piel de los muslos puede picar terriblemente y no está tan distendida.

—En principio, sólo se trata de un síntoma molesto, pero no grave, que desaparecerá casi inmediatamente después del parto.

—¿Qué cabe hacer? Los siguientes consejos pueden ayudarte, pero por lo general no suprimen totalmente el prurito.

* *Dieta*:

—No tomes grasa animal (tocino, cerdo, mantequilla, carne grasa...).

—Utiliza la leche y sus derivados descremados.

—Usa aceite de oliva y margarinas vegetales.

—Limita la ingesta de yema de huevo y chocolate.

* *Ropa:*

—Utiliza ropa interior de algodón y procura evitar el contacto con las fibras.

* *Crema*:

—Para calmar algo el picor, puedes utilizar dos o tres veces al día cualquier preparado de leche de avena.

—¡Importante!: si el picor es muy intenso y se localiza preferentemente en las palmas de las manos o en las plantas de los pies, debes informar al ginecólogo para que valore los síntomas y, si los resultados indican una mayor afectación hepática, adopte las medidas oportunas.

6. Estrías

—Las estrías son las cicatrices visibles de la rotura de las fibras elásticas de la dermis. Aparecen como líneas irregulares rojizo-azuladas y pueden verse en la piel de las mamas, abdomen, cintura, glúteos y muslos. No debes confundirlas con las venas que se transparentan a través de la piel distendida, sobre todo en las mamas.

—Entre las causas de aparición en el embarazo, aisladas o conjuntamente, cabe citar:

* *Estímulo hormonal*: produce una mayor fragilidad de las fibras elásticas, lo que hace que puedan romperse más fácilmente.

* *Estiramiento de la piel*: es la consecuencia del aumento del tejido adiposo y conjuntivo que se desarrolla en el embarazo por debajo de la piel.

* *Acción de los corticoides*: éstos inhiben las funciones y la proliferación de los fibroblastos.

* *Influencia genética*: unas mujeres, a pesar de todos los cuidados cosméticos, pueden ver cómo aparece alguna estría en su piel, mientras que otras pueden no tener ni una sola, aun sin ningún tipo de prevención.

—Tras el parto, y sobre todo si tomas el sol, las estrías adquirirán un color blanco nacarado, pero aunque disminuyan de tamaño nunca van a desaparecer totalmente.

• *Prevención*

Como no sabes *a priori* si tienes tendencia a tener estrías o no, deberías tomar ciertas precauciones desde el momento que sabes que estás embarazada:

* Una *buena alimentación* te ayudará a nutrir bien la piel y a no aumentar excesivamente de peso, lo que provocaría una mayor distensión cutánea.

* El uso de una *crema antiestrías* es recomendable. Actualmente existen en el mercado muchas cremas de este tipo, capaces de estimular la actividad fibroblástica y favorecer la producción de fibras elásticas y de colágeno, pero ninguna puede asegurarte totalmente su prevención. Debes tratar bien la piel desde el principio del embarazo para disminuir, en lo posible, el riesgo de que aparezcan o, al menos, que su número sea menor; incluso sería conveniente empezar a utilizarla si estás planeando un embarazo, sobre todo si ya tienes estrías de la pubertad. Esto es especialmente importante en las mamas, donde la aparición de estrías puede ser muy precoz.

La crema debe aplicarse una o dos veces al día en la piel de las mamas, el abdomen, los glúteos y los muslos, haciendo movimientos suaves —nunca con masajes fuertes, sobre todo en la tripa— y circulares hasta que se haya absorbido.

Si, por cualquier razón, no utilizas una crema especializada, puedes usar leche de almendras dulces (no aceites) que penetrarán hasta tu dermis.

En la pág. 369 hablaremos de su uso después del parto.

7. Pelo y uñas

—El efecto del embarazo sobre el pelo y las uñas puede ser tan variable como sobre la piel. Es posible que tu pelo se vuelva brillante, abundante y no tengas que lavarlo tan a menudo, pero también que se torne mate y graso. Todo ello es debido al influjo hormonal que domina tu cuerpo en estos nueve meses.

—A lo largo del embarazo, en general, se caen menos cabellos del cuero cabelludo al día. También hay menos vello en las piernas, pero puede aparecer algo más en las patillas y el labio superior.

—Tras el parto, o al terminar la lactancia, puedes notar una caída muy llamativa del pelo. No te preocupes, ¡nadie se queda calva! Poco a poco irás recuperando la calidad y cantidad de cabello anterior al embarazo y, si te ha salido ese horrible vello de la cara, irá desapareciendo paulatinamente. Ahora bien, si la futura caída en el puerperio te preocupa, acude a un dermatólogo, quien te aconsejará adecuadamente.

—En cuanto a las uñas, es posible que crezcan rápidamente, porque aumenta el riego del *lecho ungueal* (zona del dedo bajo la uña), pero a veces se vuelven frágiles y quebradizas. Todo volverá a la normalidad tras el parto.

La mucosa de la nariz (congestión nasal)

No es infrecuente que, a lo largo del embarazo, notes la nariz reseca y taponada, e incluso que sangre levemente. Se debe a que la progesterona —hormona siempre presente en el embarazo— aumenta la vascularización de todas las mucosas del cuerpo, produciendo cierto edema e inflamación. Esto hace que la mucosa nasal aumente su tamaño (dando la sensación de nariz «tapada») y se vuelva más frágil, por lo que sangra con mayor facilidad.

No debes confundir este síntoma con un «resfriado que va a durar hasta el final». Si efectivamente estás resfriada, la nariz taponada va a ir acompañada de otros síntomas, como dolor de cabeza, mucosidad, fiebre, etc.

¿Qué cabe hacer?

—No utilices en exceso el aire acondicionado y, a ser posible, no duermas con él funcionando.

—No pongas la calefacción muy alta, sobre todo por la noche.

—Puedes utilizar un humidificador (preferentemente por ultrasonidos), ya sea en el trabajo o en casa.

—Por la noche, puedes usar un poco de vaselina en las fosas nasales.

—Los únicos medicamentos aceptados por todos los ginecólogos para aliviar este síntoma son los compuestos a base de suero fisiológico o agua marina; puedes aplicarlos hasta cuatro veces al día. No utilices en la nariz ningún medicamento sin que haya sido recomendado por el ginecólogo. Si por un resfriado o una gripe, éste te recomienda un nebulizador para la nariz, debes limitar su uso a los días y dosis recomendada sin prolongar el tratamiento.

Las mamas

Por el efecto hormonal, una de las partes del cuerpo que antes y más se ven afectadas a lo largo del embarazo son las mamas. Vamos a intentar describir sus modificaciones y ver cómo puedes prevenirlas o tratarlas.

1. Modificaciones

—Ya hemos comentado en las págs. 28 y 29 las modificaciones habituales de las primeras semanas. Pero, ¿qué ocurre a lo largo del embarazo?

* Permanece la mayor pigmentación y tamaño de la areola.

* Suele disminuir la hipersensibilidad del pezón y de la mama a partir del 3º o 4º mes.

* Puede seguir aumentando el tamaño de los senos hasta el 5º o 6º mes. Por el contrario, otras embarazadas no perciben un aumento del volumen de sus pechos, aunque siempre estarán más turgentes.

* En ocasiones se hace más visible la red venosa superficial de las mamas (*red de Heller*), que «se transparenta» a través de la piel cada vez más distendida, ya que aumenta la vascularización de la glándula. Recuerda que estas venas no deben ser confundidas con las estrías.

* *Calostro*: en el 3er trimestre puede aparecer una secreción blanquecina-amarillenta por los dos pezones o más frecuentemente por uno. Tu mama va preparando este precursor de la leche materna para cuando nazca tu hijo

Si, al secarse el calostro, forma una costra en el pezón, lávatela con agua tibia, pero sin jabón, ya que puede resecarlo excesivamente.

Tanto si no aparece calostro, como si la mama no ha aumentado de tamaño, no significa, en absoluto, que no vayas a tener leche tras el parto. Una mujer con poco pecho y sin rastro de calostro en el embarazo puede criar a su hijo perfectamente con leche materna.

2. ¿Qué hacer para prevenir la caída del pecho?

—Si el aumento del tamaño del pecho durante estos meses es evidente, es muy probable que, después del parto o la lactancia, éste quede algo más caído que antes. De todos modos, vamos a ver a continuación qué se puede hacer para evitar su caída.

* *Sujetador*: utiliza un sujetador SIN aros y de la talla adecuada según vaya aumentando el tamaño del pecho. No es imprescindible usarlo por la noche, pero si te ha crecido mucho el pecho, puedes sentirte más cómoda con un sujetador suave de algodón mientras duermes.

* *Ejercicios*: vamos a ver dos tipos de ejercicios básicos para que practiques diariamente. No obstante, hay que tener en cuenta que cualquiera de ellos trabaja los músculos que rodean la glándula mamaria y tensan la piel que la envuelve, pero no hay una musculatura específica en la mama, por lo que la garantía de éxito es muy relativa.

—Con los brazos a la altura de la boca, cierra una mano y presiona con ella la palma de la otra durante 5 segundos; luego relaja. Repite el ejercicio diez veces con una mano y diez con la otra.

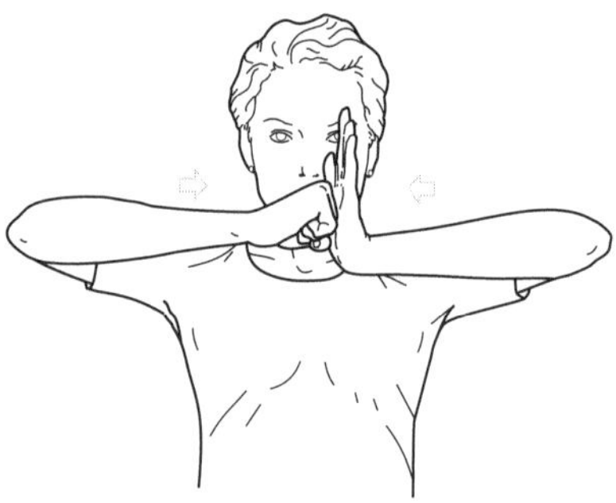

Fig. 14.

—Adelanta la mandíbula, de modo que los dientes inferiores sobresalgan de los superiores. Pondrás una cara feísima, pero así trabajarás los músculos que parten de la mandíbula formando un «babero» que sujeta la piel de las mamas.

—Si utilizabas previamente pesas en las manos para los ejercicios de pecho, puedes seguir haciéndolo, siempre y cuando no sean mayores de 500 gr y tú estés sentada, con la espalda recta y apoyada.

* *Agua fría*: puedes utilizar duchas frías en el pecho a lo largo de todo el embarazo, con movimientos rotatorios alrededor de la mama, terminando en la mandíbula. Esto estimula las fibras elásticas de la piel que tienes tan distendidas.

* *Productos cosméticos*: consulta con el ginecólogo si quieres usar alguna crema o loción para reafirmar el pecho, porque no todas pueden ser utilizadas en el embarazo.

3. Preparación de los pezones para la lactancia. Prevención de las grietas

—Una de las preocupaciones de las embarazadas es si su pezón será apropiado para dar de mamar a su hijo y cómo han de prepararlo. No existe un pezón «ideal» para la lactancia y, en general, ni su forma ni su tamaño van a impedir que puedas alimentar a tu bebé. Sólo el llamado *pezón plano* (pezón que no sobresale de la areola) o el *pezón invertido* (está como enterrado en la areola y no sale con la estimulación de los dedos) pueden significar un problema en la lactancia materna.

—Si uno o los dos pezones presentan esta morfología, debes enseñárselos al ginecólogo o matrona que controla el embarazo o dirige los cursos de preparación a la maternidad. Ellos te orientarán sobre la posibilidad de dar de mamar con una pezonera, enseñándote su uso correcto. En ocasiones, incluso, y dada su experiencia, pueden aconsejarte la lactancia artificial. En tal caso, ¡no te sientas culpable en absoluto! Coméntalo con el pediatra de tu bebé y alimentarás perfectamente a tu hijo con biberón y todo tu cariño. Por supuesto, después del parto el ginecólogo te dará la medicación necesaria para evitar la subida de la leche.

—En NINGÚN caso has de efectuar masajes fuertes o tracciones repetidas en el pezón durante la gestación, ya que la estimulación del pezón produce la liberación en el cerebro de una hormona, la oxitocina, que provoca contracciones uterinas innecesarias y hasta peligrosas durante el embarazo.

—En cuanto a la prevención de las grietas en el embarazo, no existe ningún producto ni mezcla mágica que te garantice la prevención de las grietas, pero puedes aplicarte, sobre todo durante los últimos tres meses, algún preparado (cremas específicas para las grietas, leche de almendras dulces...) que proporcione a la piel del pezón una mayor elasticidad, lo que permitirá que, al introducir el niño el pezón en su boca, éste se distienda sin agrietarse. Por ello, no son recomendables productos que contengan alcohol, ya que, al resecar la piel del pezón, la vuelve más sensible al estiramiento y puede romperse con más facilidad. En la pág. 345 hablaremos detalladamente del cuidado de los pezones durante la lactancia.

4. Mamas supernumerarias

—Existe la posibilidad de que una mujer tenga no sólo las dos mamas usuales, sino una o varias glándulas mamarias más. No olvidemos que somos hembras de mamíferos.

—Durante el embarazo van a aumentar de tamaño, así que, si observas que aparecen uno o varios «botones», sin o con un mínimo pezón, en línea con tus mamas o en el hueco axilar, consulta con el ginecólogo. Él confirmará si se trata, efectivamente, de mamas supernumerarias. Asimismo, pide su consejo si deseas dar de mamar. En ocasiones la lactancia materna no es posible porque estas glándulas se llenan de leche y, al no poder ser vaciadas por el niño, aumentan paulatinamente su tensión, produciendo inflamación y dolor.

El aparato digestivo

1. Encías (gingivitis del embarazo) y caries

—Aproximadamente el 85 por ciento de las mujeres embarazadas notan, en mayor o menor grado, que sus encías cambian de color —se enrojecen más—, están inflamadas y sangran fácilmente, bien solas o por un pequeño roce (al comer o lavarse los dientes).

—Igualmente, y debido a la elevación en sangre del nivel de progesterona, las encías están más sensibles a los irritantes que produce la placa bacteriana (sustancias segregadas por una serie de bacterias que recubren la superficie de los dientes y muelas). La respuesta inflamatoria a esta irritación se llama *gingivitis del embarazo.*

—En el embarazo hay una mayor propensión a la aparición de caries. Entre sus causas podemos citar:

* La ya citada acumulación de placa bacteriana.
* La alteración del Ph de la saliva por influjo hormonal.

—Una creencia muy difundida es que en el embarazo los dientes y las muelas se ven afectados por falta de calcio («Cada hijo, un diente», se suele decir): algo *completamente falso.* Aunque no tomes ningún suplemento cálcico, éste lo obtienes de la dieta (leche y sus derivados) y, en casos extremos, los enormes huesos que tienes en el cuerpo te sirven de depósito de este mineral.

• *Prevención*

—Correcta limpieza de la boca

Puedes intentar prevenir tanto la gingivitis como las caries con una correcta limpieza de la boca después de CADA comida: así mantendrás la superficie de tus dientes libre de placa bacteriana y sarro. La técnica de cepillado debe enseñártela un profesional, tanto en lo que se refiere a la utilización del cepillo (dirección del movimiento, cepillo seco, limpieza de la lengua...) como al uso de otros métodos complementarios (seda dental, colutorios, pasta dentífrica...).

Extrema sobre todo la limpieza después de tomar alimentos dulces.

—Visita al dentista

Debes, no solamente puedes, ir al dentista al menos una vez a lo largo de tu embarazo, para que revise el estado de tus dientes y encías y te indique si hay que hacer una limpieza, corregir alguna caries etc.

* *Anestesia*: está totalmente confirmado que sí se puede utilizar anestesia local en el caso de que sea necesaria, informando, por supuesto, al odontólogo de tu estado de gestación (aunque sea obvio).

* *Rayos X*: en la pág. 37 ya nos hemos referido a las radiografías en la boca cuando son realmente necesarias.

• *Si ya hay síntomas*

Si, a pesar de todo, aparecen síntomas de gingivitis o caries, es recomendable, cuanto antes:

—*Acudir al dentista*

Si no la tratas a tiempo, la gingivitis puede llegar a destruir los elementos de sujeción del diente. Por otro lado, una infección en la boca puede afectar tanto a tu hijo como a ti, por lo que conviene tratarla cuanto antes.

—*Tomar medicación*

Si es necesario tratar el proceso con fármacos, ¡no te preocupes! Siempre hay algún analgésico o antibiótico que puede tomarse estando embarazada. No es obligatorio ni conveniente aguantar un terrible dolor de muelas.

2. Sialorrea (exceso de salivación)

—Ya hemos hablado en la pág. 33 de este incómodo, pero inofensivo, problema.

—En cualquier caso, has de saber que poco a poco va a ir disminuyendo la cantidad de saliva segregada y que es raro que permanezca más allá del 4º mes.

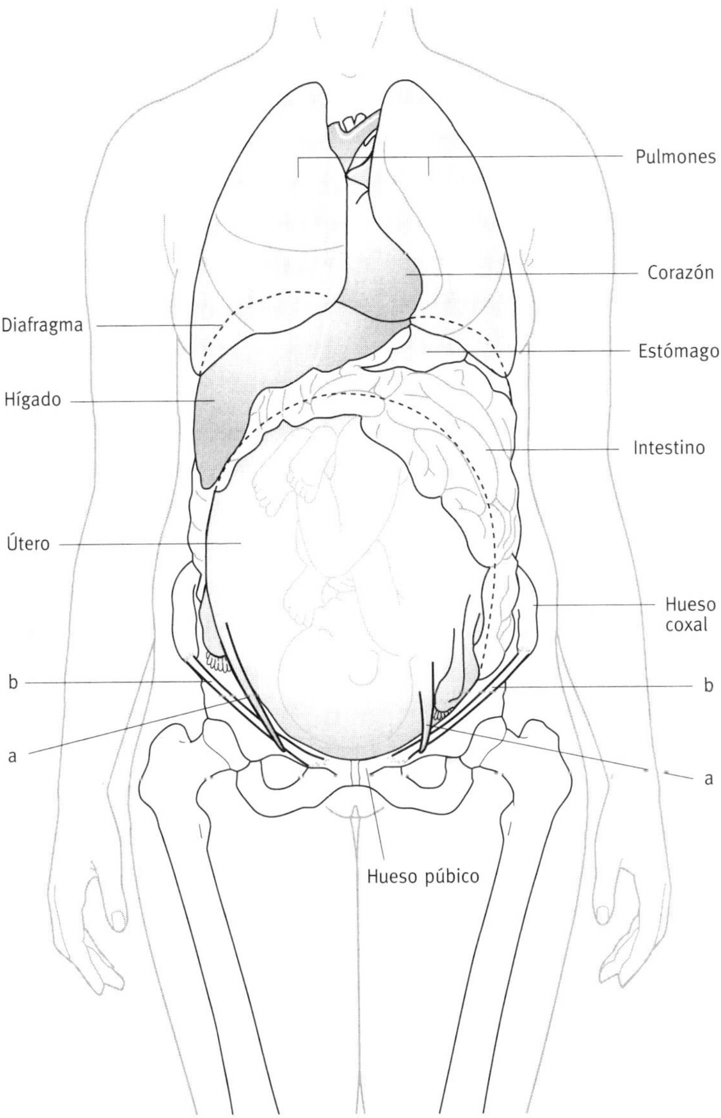

a: ligamentos redondos
b: ligamentos pubo-coxales

Fig. 15.

3. Náuseas y vómitos

—Si eres una de esas mujeres que no vomita en todo el embarazo, ¡enhorabuena!, disfruta de la comida. Pero si has tenido náuseas y/o vómitos al principio, es probable que hayan desaparecido poco a poco a partir del 3º o 4º mes, aunque, a veces, persisten más tiempo, incluso, en pocos casos, durante los siguientes nueve meses.

—Si los síntomas permanecen, sigue los consejos recomendados en las págs. 30 y 31 y comunícaselo al ginecólogo en alguna de las consultas para que valore la conveniencia de tomar algún complemento nutricional o la necesidad de seguir utilizando algún fármaco contra los vómitos.

—Si los vómitos aparecen o reaparecen en las últimas semanas de embarazo, por lo general debido a la presión del útero —ya grandísimo— sobre el diafragma y el estómago (véase fig. 15, pág. 79), te conviene:

* Fraccionar aún más la comida en varias tomas.
* Hacer la digestión sentada.
* No recostarte hasta 1 o 2 horas después de la comida o la cena.
* Vigilar los gases, ya que el intestino lleno de aire puede presionar aún más el diafragma y, por tanto, el estómago.

4. Pirosis (ardor de estómago)

—Una de las molestias más frecuentes a lo largo del embarazo es el mal llamado *ardor de estómago*. Cualquiera que haya sentido esta incómoda acidez sabe que, en realidad, la molestia no se siente en la zona del estómago, sino detrás del esternón, en el esófago, a veces subiendo incluso hasta la garganta.

—La pirosis se debe al reflujo de los alimentos contenidos en el estómago hacia el esófago. Al estar la comida ya mezclada con los jugos ácidos del estómago, irrita la mucosa del esófago produciéndose este molesto ardor. En el embarazo, esto se produce por tres causas:

* *Alteración del ángulo del estómago con el esófago:* al aumentar el tamaño del útero, éste repliega hacia arriba el intestino, el estómago, etc. (véase fig. 15, pág. 79). ¡Todo tan presionado y encima tienes hambre...! Parece obvio que el estómago desplazado y oprimido puede facilitar el reflujo de su contenido, pero también es evidente que no puede ser la causa del ardor de los primeros meses de embarazo.

* *Aumento de la progesterona*: esta hormona, de la que ya hemos hablado anteriormente, es la responsable de una relajación del esfínter o anillo que comunica el esófago con el estómago facilitando que la comida, junto a los jugos gástricos, asciendan. Asimismo, esta hormona produce un vaciamiento más lento del estómago y, al permanecer la comida más tiempo en él, se favorece el reflujo.

* *Disminución de la cantidad de ácido clorhídrico (CLH) en el estómago*: este ácido es una de las sustancias que intervienen en la digestión de los alimentos. Al disminuir su concentración en el estómago, el alimento tarda más en ser digerido (¡cuántas veces se nota que a media tarde no se ha digerido todavía el almuerzo...!). Ésta es una de las causas de que apetezcan determinados alimentos durante el embarazo: son los famosos antojos. ¡Qué cantidad de embarazadas desean «imperiosamente» un pepinillo en vinagre o se les va la mano hacia una rodaja de limón...!. El cuerpo de la gestante, que es muy sabio, está pidiendo sustancias que estimulen la mayor producción de CLH en el estómago. Hazle caso, pero con prudencia: un poco de vinagre en una rodaja de tomate o un zumo de limón con agua tomado unos minutos antes de las comidas puede ayudar, pero un bote de pepinillos al día puede dañar al estómago y provocar una verdadera gastritis.

RESUMEN

En el embarazo la digestión es más lenta y los alimentos, en lugar de avanzar hacia el intestino, pueden regresar al esófago.

- *Prevención*

Es difícil prevenir el ardor de estómago totalmente, pero vamos a intentar, en lo posible, que no aparezca. Para ello es conveniente:

—*Fraccionar la comida del día, masticando lentamente.*

Deberías hacer cinco pequeñas comidas al día, ya que tener el estómago vacío puede favorecer el reflujo: hay que desayunar, tomar algo a media mañana, comer, merendar y cenar. El estómago te agradecerá tener que digerir pequeñas cantidades de alimento en vez de tres grandes comidas al día.

—*Evitar ciertos alimentos.*

Pronto aprenderás qué alimentos te sientan mal. En general, como hemos dicho, se soportan mal las comidas muy grasas y/o muy especiadas, los fritos, los embutidos, etc.

En el caso de que el ardor sea producido por la leche, que es totalmente imprescindible en estos meses, tendrás que tomarla descremada, en purés o en forma de quesos o yogures. Así la admitirás mejor.

—*No fumar ni tomar alcohol o café.*

Si no puedes dejarlo del todo, al menos reduce su consumo al máximo.

—*Hacer la digestión sentada.*

Una siesta después de comer o el irte a la cama en cuanto cenes puede ser una «catástrofe»; notarás que el contenido gástrico asciende hacia la boca. Deja, pues, que la gravedad te ayude manteniendo la comida en el estómago. Si quieres reposar tras la comida, hazlo sentada o apoyada en unos almohadones o cuadrantes.

Si la acidez aparece tras la cena:

—Trata de cenar 2-3 horas antes de meterte en la cama. Si tienes hambre antes de dormir, toma un vaso pequeño de leche fría o una manzana.

—Eleva la cabecera del colchón unos 15-20 cm poniendo libros debajo.

—No hagas ejercicio o deporte hasta 1 o 2 horas después de la comida.

—Bebe un trago de leche muy fría cuando notes que el ardor va a llegar.

Es mucho menos útil si lo haces cuando ya tienes el ardor.

- *Si ya hay síntomas*

Si todas las medidas de prevención han fracasado:

—Consulta con tu ginecólogo.

Te recomendará algún antiácido inocuo para el niño. Puedes notar alivio aunque sea momentáneamente. Si necesitas tomarlo varias veces al día, pregunta a tu médico con qué frecuencia puedes repetir la dosis.

—Evita el bicarbonato

NUNCA tomes bicarbonato ni preparados que lo contengan, pues la gran cantidad de sodio de los mismos facilita la retención de líquido (véase pág. 107).

—Bebe una infusión.

A veces puede mejorar algo el ardor si tomas una infusión de manzanilla después de las comidas.

5. Aerofagia (gases)

—Uno de los síntomas más molestos, incluso en ocasiones más dolorosos, que pueden aparecer en el embarazo, son los gases. Si observas la figura 15 (pág. 79), verás cómo el útero va desplazando las asas intestinales hacia arriba y hacia los lados. Esta presión, junto al ya citado lento vaciamiento del intestino por acción de la progesterona, origina una acumulación de gases que, en ocasiones, es tremendamente incómoda.

—¿Dónde duelen los gases? La respuesta parece fácil: obviamente, donde esté el intestino a lo largo del embarazo. Entonces la pregunta es: ¿dónde está el intestino en el embarazo?

En los primeros meses de embarazo el intestino sigue ocupando la cavidad abdominal; por tanto, notarás los gases en todo el abdomen, incluso debajo del ombligo. Pero a partir del 5º mes este espacio ya está ocupado por el útero, por lo que NUNCA podrías decir que la sensación molesta o dolorosa que sientes entre el ombligo y el vello del pubis son gases. En la pág. 147 veremos detalladamente qué significado puede tener esa presión.

- *Prevención*

Éstas son algunas recomendaciones que puedes seguir:

—*Comer en pequeñas cantidades y relajadamente.*

Masticar bien y comer pausadamente puede ser, a veces, un consejo dificilísimo de seguir, sobre todo si sólo dispones de una hora libre. Pero ¡inténtalo!, procura aprovechar esos momentos para cuidarte, olvidando, en lo posible, la tensión del resto del día.

—*Evitar los alimentos flatulentos.*

Entre estos alimentos que conviene no tomar, se encuentran:

* Repollo, coles de bruselas, coliflor, brócoli...

* Cebolla cruda y lechugas.
* Garbanzos, judías blancas, lentejas...
* Naranjas o su zumo.
* Productos integrales (pan integral, salvado, muesli...).

—*Tomar la fruta 1 hora antes o 2 después de las comidas.*

—*Evitar el estreñimiento* (véase pág. 86).

—*Tomar una infusión.*

Si habitualmente tienes gases, toma una infusión de anís e hinojo después de las comidas.

• *Si ya hay síntomas*

Si empiezas a notar esa incómoda presión que va a desembocar en ese dolor ya conocido:

—Toma lo antes posible la infusión de anís e hinojo.

—Varía de postura para permitir que el bolo de aire pueda seguir su camino. Levanta los brazos, ponte de pie, muévete... No hay nada peor que quedarte sentada aplastando el intestino contra el útero. ¡Duele horrores!

6. Estreñimiento

—Llamamos estreñimiento en el embarazo al hecho de no ir *todos* los días al cuarto de baño.

—Es uno de los síntomas más frecuentes de la gestación, si bien hay embarazadas cuya función intestinal en estos meses es más regular que nunca.

—Entre sus causas podemos citar:

* La «famosa» progesterona, que reduce el tono y movilidad del intestino para que el vaciamiento sea más lento y la

absorción del alimento sea mayor. Pero también se absorbe una mayor cantidad del agua que contienen las heces, por lo que éstas son más difíciles de evacuar.

* La compresión del útero, cada vez más grande, sobre el recto, que impide su correcto vaciamiento.

• *Prevención*

Es importantísimo prevenir el estreñimiento en el embarazo, no sólo por las incomodidades que puede producir, sino porque es la causa principal de la aparición de hemorroides, de las que hablaremos más adelante.

—*Alimentación*

* Toma más fruta y verdura, preferentemente naranjas y ciruelas frescas o sus zumos, y, por supuesto, dos kiwis ingeridos con el estómago vacío (antes de desayunar o a media mañana). Recuerda que el plátano, el limón, la manzana caliente y la zanahoria cocida son astringentes.

* Aliña las ensaladas o verduras con aceite de oliva crudo, procurando tomar una cucharada sopera al día.

* Bebe, al menos, un envase de un preparado lácteo enriquecido con *L. Casei Imunitass* al día.

* De postre es preferible tomar un yogur BIO, dejando la fruta entre comidas.

—*Líquidos*

Bebe abundantemente agua, zumos de frutas o verduras licuadas. Te ayudará a que las heces sean más blandas.

—*Fibra*

La fibra que contienen ciertos alimentos absorbe como una esponja el agua en el intestino, reblandeciendo el bolo alimenticio y facilitando su tránsito. Son alimentos ricos en fibra: cereales, productos integrales (pan, pasta, arroz...), verduras (espinaca, espárragos, acelga...), frutas frescas (níspero, ciruela, frambuesa...).

Si no estás acostumbrada a tomar habitualmente fibra, debes empezar su consumo poco a poco para evitar la excesiva formación de gases; si ello, no obstante, se produce, bebe después de las comidas una infusión de anís e hinojo. Valora, después de unos días, si la molestia de los gases es tolerable y te compensa seguir ingiriendo fibra dada la mejoría del estreñimiento. En caso contrario, abandona su mayor consumo y sigue los otros consejos.

—*Ejercicio*

El ejercicio adecuado (gimnasia específica para embarazadas, pasear, etc.), así como evitar el sedentarismo excesivo, te ayudará a mejorar la motilidad intestinal. Actualmente, es muy frecuente estar sentada la mayor parte del día, ya sea trabajando o en casa. Aprovecha cualquier pretexto (ir al cuarto de baño, beber un vaso de agua...) para darte un paseíto, aunque sea corto.

—*Regularización del reflejo gastrocólico*

Procura ir al cuarto de baño a una hora fija del día, preferentemente antes de salir de casa por la mañana. Después de tomar algo (café, té, leche...), da un tiempo a tu intestino para que responda a ese estímulo, aprovechando para ducharte, vestirte etc. Intenta ir al cuarto de baño, tanto si se produce el reflejo como si no, y de esta manera irás «educando» poco a poco a tu intestino para movilizarse todos los días a la misma hora.

—*Medicación*

Si, a pesar de todas las medidas comentadas, no consigues hacer una deposición a diario, consulta con tu ginecólogo, quien valorará la conveniencia de recetarte algún laxante totalmente compatible con el embarazo.

7. Diarrea

—Llamamos diarrea en el embarazo a ir al cuarto de baño más de dos veces al día o a tener las heces líquidas.

—No suele ser un síntoma habitual, pero si la diarrea se presenta, sobre todo acompañada de vómitos, debes informar pronto al ginecólogo para que la trate cuanto antes y no se produzca una pérdida excesiva de los líquidos y nutrientes necesarios para tu hijo y para ti.

- *Prevención*

Durante toda la gestación, debes tomar especiales precauciones con las comidas y la manipulación de los alimentos.

Si comes fuera de casa, has de ser escrupulosa con los alimentos que pueden estar en mal estado (mayonesa, marisco, pescado poco fresco, nata, crema, etc.) y, al preparar la comida, ten en cuenta que las manos y los utensilios deben estar bien limpios. Lava a fondo las verduras crudas y las frutas sin pelar.

Al comprar alimentos congelados, o que deben mantenerse a baja temperatura, procura no interrumpir la cadena del frío y mételos en la nevera o el congelador lo antes posible.

- *Si ya hay síntomas*

Hasta poder comunicar con el médico, debes seguir una dieta estricta consistente en: zumo de limón con agua, edulcorante y una pizca de bicarbonato. Cuando la diarrea empieza a ceder, incorpora: arroz blanco cocido, zanahoria cocida y yogures BIO.

El ginecólogo te indicará, según evolucione la diarrea, cómo reanudar la alimentación.

El aparato urinario

Todo el tracto urinario se ve afectado por la gestación, no sólo por influjo hormonal, sino por modificaciones en su anatomía y por la presión a la que se ve sometido. Ello puede originar diversos síntomas.

1. Polaquiuria (micción escasa y frecuente)

—Uno de los «inconvenientes» más frecuente en el embarazo es el tener que ir muchas veces al cuarto de baño para hacer poco pis cada vez. Esto, que recibe el nombre de *polaquiuria*, se presenta, sobre todo, en el 1er y 3er trimestre.

—Al principio del embarazo, como ya hemos comentado (pág. 33), los estrógenos y la progesterona hacen que las paredes vesicales sean más turgentes y, simultáneamente, el útero crece y presiona la vejiga. Ya en el 2º trimestre, la frecuencia con la que vas a hacer pis suele disminuir, porque el útero ha «subido» hacia la cavidad abdominal y deja de oprimir tanto a la vejiga que se ha quedado en la pelvis. Pero en el 3er trimestre, se suelen volver a multiplicar las visitas al cuarto de baño, por el peso de la cabeza o las nalgas sobre la «sufrida» vejiga, que cada vez puede almacenar menor cantidad de orina.

—En ocasiones, el ginecólogo puede alertarte sobre la hinchazón de la cara o las manos, señalándote que haces poco pis, aunque te parezca increíble dada la frecuencia de tus micciones. Hablaremos de ello más adelante.

—En cualquier fase del embarazo, recuerda que, si sientes dolor o escozor al hacer pis, o tienes sensación de que la vejiga no se vacía del todo, debes avisar al ginecólogo cuanto antes. Si se trata de una infección urinaria, deberás tratarla pronto para evitar complicaciones (pielonefritis, contracciones excesivas, etc.).

2. Nicturia

—Hablamos de nicturia cuando realizamos más de una micción nocturna. Tiene las mismas causas que la polaquiuria diurna y suele presentarse a las dos o tres horas de haberte acostado.

—Si interrumpe excesivamente tu sueño, trata de beber algo menos a partir de las 8 de la noche.

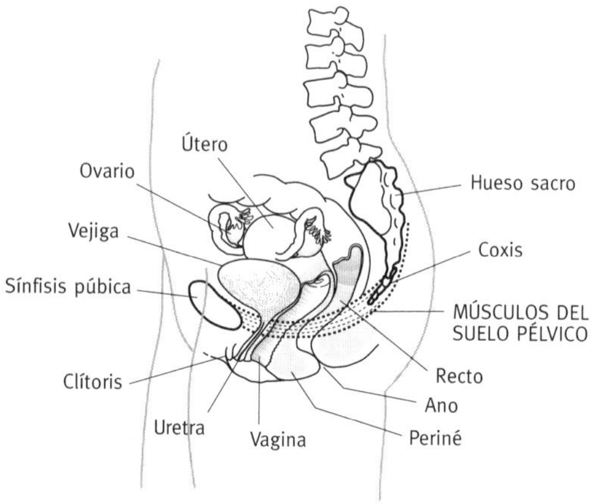

Suelo de la pelvis sujetando los órganos pélvicos.

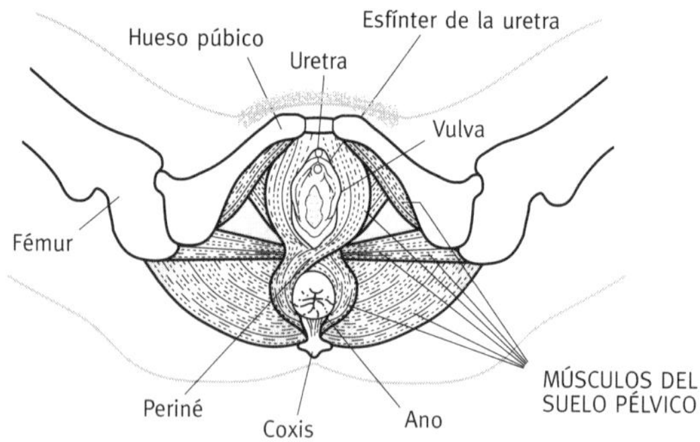

Fig. 16. Músculos del suelo de la pelvis.

3. Incontinencia al esfuerzo

—Es el nombre que recibe todo escape involuntario de orina, aunque sea pequeño, producido por un esfuerzo (al toser, estornudar, levantar peso...). Aunque relativamente frecuente, no por ello se puede considerar normal.

—Entre sus causas hay que citar:

* La sobrecarga que sufren los músculos del suelo de la pelvis en el embarazo (véase fig. 16), que sujetan todas las estructuras de la cavidad pélvica (útero, vejiga, recto...). Al aumentar el volumen del útero, estos músculos empiezan a ceder y, ante la mayor presión intraabdominal al toser o estornudar, no es posible evitar eficazmente la salida de la orina de la vejiga.

* Si el parto es por vía vaginal, la distensión a la que se someten todos los músculos del suelo de la pelvis es muy importante, pudiendo agravar la flaccidez de esa musculatura y originando posteriormente dicha incontinencia.

• *Prevención*

La prevención debería empezar en la pubertad, aprendiendo a trabajar estos músculos con ejercicios específicos que aumentan su tono y fortaleza; pero como esto, desgraciadamente, casi nunca ocurre, te sugiero que comiences a practicar esta gimnasia desde el momento en que leas este apartado.

Estos movimientos, que se conocen como *Ejercicios de Kegel*, por ser este estadounidense quien los protocolizó, se realizan tanto tumbada como de pie o sentada, manteniendo la tensión del músculo unos segundos y relajando lentamente. Han de practicarse varias veces al día, en diez tiempos cada uno, a ser posible asociándolos a alguna actividad cotidiana.

* *Primer ejercicio*: consiste en interrumpir un chorro «imaginario» de orina (contraer el esfínter de la orina), manteniéndolo unos segundos y relajándose a continuación. Pero, *nunca* debes cortar el flujo de orina de verdad, ya que esto puede producir reflujo de orina y favorecer las infecciones urinarias.

* *Segundo ejercicio*: consiste en cerrar el ano (contraer el

esfínter del ano) sin contraer los glúteos ni los muslos al mismo tiempo. Mantén unos segundos la posición y relaja.

* *Tercer ejercicio*: consiste en cerrar la vagina verticalmente, como si impidieras salir al niño. Mantener unos segundos y relajar.

Los primeros días de práctica puede ser difícil diferenciar claramente el 1º y el 3er ejercicio. ¡Persevera! Con paciencia y concentración llegarás a identificar qué parte de tu cuerpo estás trabajando.

- *Si ya hay síntomas*

Sigue con mayor interés, si cabe, la práctica de los ejercicios de Kegel, llegando a sesenta tiempos cada uno realizados en tres veces al día.

Informa al ginecólogo, quien calibrará la necesidad de evitar una mayor distensión del suelo de la pelvis en el momento de salir el niño (véase lo referente a la episiotomía en la pág. 278).

Empieza en el mismo postparto una rehabilitación precoz y eficaz de la musculatura afectada, dirigida por un profesional experto o siguiendo las indicaciones que te han dado en el curso de preparación a la maternidad (véase pág. 340: «Puerperio inmediato»).

Y ¡recuerda!: haya escapes de orina o no, debes realizar estos ejercicios EL RESTO DE TU VIDA. Es tristísimo ver el gran número de mujeres que presentan este antiestético e incómodo problema a cualquier edad aunque, obviamente, es más frecuente según aumenta el número de hijos o la edad. Si no quieres tener los mismos síntomas, ahora o en un futuro más o menos lejano, ¡practica, practica y practica!

El aparato circulatorio

Toda embarazada tiene afectada, en mayor o menor medida, su circulación, tanto venosa como linfática. Por tanto, es importante que leas detenidamente este apartado para poder adoptar las medidas preventivas lo antes posible.

1. Varices

—Es uno de los síntomas de la insuficiencia venosa crónica. Se presentan como venas dilatadas —líneas azules más o menos gruesas— que se transparentan a través de la piel. A veces se acompañan de otros síntomas, como la pesadez, el dolor, etc.

—Todos estos síntomas son reflejo del aumento de presión dentro de los ejes venosos, que puede afectar no sólo a las venas de las piernas, sino a las de la pelvis, por lo que es posible tener varices en la vulva, en la vagina o el ano (hemorroides).

—Las varices aparecen en el 20 por ciento de las mujeres embarazadas.

—Se trata de un síndrome de origen múltiple con muchos factores desencadenantes que, a su vez, pueden ser también causa de los síntomas. Generalmente son de origen genético (familiar o heredado), incrementándose el riesgo debido a:

* Hormonas femeninas (tan aumentadas en el embarazo).
* El propio embarazo, por la presión del útero sobre la vena cava inferior y los vasos iliacos.
* El trabajo de pie.
* El calor local.
* La propia anatomía de la mujer.

—Las varices mejoran después de tener al niño, pero NO desaparecen; simplemente se ven menos porque están menos llenas de sangre.

• *Prevención*

Es conveniente, incluso necesario, que toda embarazada siga estos consejos, muy especialmente si existen antecedentes familiares de varices.

—Postura

* Está prohibido permanecer quieta de pie o sentada en la misma postura. Muévete dando pequeños pasos o levántate cada media hora del asiento, andando un poco a paso rápido.

* Para descansar, recuéstate semitumbada en un sofá con las piernas apoyadas y elevadas por encima del corazón.

* Eleva la cama subiendo la parte de los pies unos 20 cm colocando unos libros bajo el colchón.

* Si cruzas las piernas, altérnalas repetida y frecuentemente.

—Calor

* No tomes el sol en las piernas.

* No te expongas a rayos UVA.

* Están prohibidos los baños con agua caliente y las saunas. Asimismo, no te pongas en las piernas la manta eléctrica ni una bolsa de agua caliente, y no te acerques excesivamente a una fuente de calor: radiador, chimenea o convector.

—Presión

* Ten mucho cuidado con el uso de calcetines, incluso si son de elástico ancho; no deben oprimir la pierna ni dejar marcas al quitarlos. Igualmente, evita las botas altas que compriman la pierna.

* No uses faja, puesto que dificulta el retorno venoso, sobre todo si estás sentada.

—Ejercicios

Trabajar los músculos de las piernas favorece el bombeo de la sangre por las venas hacia el corazón (*bomba muscular*). Por ello, andar, nadar o jugar al golf puede ayudar a mejorar el retorno venoso.

Un buen ejercicio circulatorio es mover los pies (sin mover las piernas) haciendo:

* Flexión dorsal y plantar de los pies: pies hacia delante y atrás, siempre con las rodillas flexionadas.
* Círculos hacia fuera.
* Círculos hacia dentro.

Repite cada ejercicio tantas veces como puedas, en casa o en el trabajo. Cuanto más practiques, mejor.

—Medias elásticas de compresión

Como prevención, es recomendable su uso a partir del 3er mes de embarazo. Su utilización es imprescindible en mujeres con alto riesgo, ya sea por antecedentes familiares o por razones profesionales (peluqueras, profesoras, dependientas, etc. que han de estar de pie mucho tiempo). En estos casos, consulta con el angiólogo y cirujano cardiovascular para que te oriente sobre qué tipo de medias te recomienda. Existen unas especiales para embarazadas que son estéticas y con gran variedad de colores. Úsalas tanto con faldas como debajo de los pantalones.

—Duchas de agua fría

Todos los días, después de la ducha o el baño, recorre las piernas despacio de pies a cadera, por ambos lados, con agua totalmente fría. (¡Las frioleras también, por favor, es una medida eficacísima!)

—Zapatos planos

Evita los zapatos planos y procura andar descalza en casa, en el jardín o en la playa, como ya dijimos.

—Aumento de peso

Cuida el exceso de peso, porque representa una sobrecarga para el corazón y las venas. Ya tenemos suficiente con el aumento de la tripa.

• *Si ya hay síntomas*

Si ya tienes varices, a lo anteriormente dicho conviene añadir:

—*Medias elásticas de compresión*

Ahora es realmente necesario su uso, aunque sea verano. Ponte las medias ANTES de levantarte de la cama (cuando la vena está vacía, evitando que se dilate) y, si acostumbras a ducharte por la mañana, vuelve a tumbarte con los pies en alto 20 minutos para vaciar las venas de sangre.

—*Gimnasia*

Acude a un centro en el que haya profesionales con experiencia en gimnasia para embarazadas. Los ejercicios que practiques allí te ayudarán a mejorar la circulación.

—*Masajes*

Pueden ayudarte mucho, sobre todo si un buen profesional te hace un *drenaje linfático*. Y, si el masaje es casero, realízalo con movimientos suaves y ascendentes, del tobillo a. la ingle.

—*Tratamiento médico*

* *Durante el embarazo*
Consulta con el ginecólogo respecto a la aplicación de algún gel u otra medicación. Asimismo, será él quien decida las medidas a tomar para evitar las complicaciones de las varices, tanto en el parto como en el postparto inmediato (pág. 327) y tardío.

Si en algún momento sientes en una pierna calor, enrojecimiento o dolor, avisa a tu ginecólogo o acude a un centro médico; puede tratarse de una flebitis.

* *Después del parto*

La aparición de varices en el embarazo puede influir en la elección de la anticoncepción tras el parto, desaconsejando los anticonceptivos orales.

Si el problema varicoso es importante, consulta con un angiólogo y cirujano cardiovascular para que te trate convenientemente, sobre todo de cara a un nuevo embarazo.

2. Hemorroides

—Las hemorroides son varices (venas dilatadas) que se encuentran bajo la mucosa del recto o del ano.

—Este incómodo trastorno, que padece el 30 por ciento de las embarazadas, aunque no suele ser un problema grave, puede resultar muy molesto (picor, escozor, pesadez...), incluso muy doloroso. Es posible que las hemorroides sangren, aunque esto no quiere decir, en absoluto, que el problema sea más grave; incluso, después de un episodio de sangrado es posible que duelan menos. No obstante, siempre que manches en el embarazo, ¡asegúrate de que el sangrado proviene del ano y no de la vagina!

—Las causas son las mismas que acabamos de citar en el caso de las varices. Sin embargo, hay que añadir como principal desencadenante y/o agravante el estreñimiento, dado el considerable aumento de presión que el esfuerzo continuado produce sobre las venas hemorroidales.

• *Prevención*

* Evita el estreñimiento, aplicando todas las medidas comentadas en la pág. 86.

* Haz ejercicio moderado y no permanezcas sentada mucho tiempo. Cambia de postura o da un paseo corto cada media hora.

* Practica —como toda mujer debería hacer siempre— los ejercicios de Kegel. Activarás la circulación de la zona.

* Evita el contacto con ropa o asientos de material plástico o fibra sintética, y utiliza siempre ropa interior de algodón.

* Mantén una limpieza cuidadosa de la region anal, sobre todo después de cada deposición.

* Aprende una técnica adecuada para empujar a tu hijo en el paritorio. Así, la dirección de la fuerza será la correcta y el tiempo durante el cual se ejerce la presión sobre el plexo hemorroidal será menor.

• *Si ya hay síntomas*

* Evita las comidas picantes (pimienta, guindilla, tabasco, etc.) y elimina totalmente el alcohol.

* Aplica en el ano hielo, metido en una bolsa de plástico y envuelto en tela, dos o tres veces al día.

* Consulta con el ginecólogo, quien podrá recomendarte la aplicación de alguna pomada o crema en los días en los que se agravan los síntomas.

* Descansa, siempre que puedas, y duerme con las piernas elevadas.

3. Mal retorno linfático

—La misma presión que se ejerce sobre las venas de la parte inferior del cuerpo afecta a los vasos linfáticos, que ven dificultado su vaciamiento. Esto contribuye a la acumulación de líquido en las extremidades inferiores, teniendo la sensación de piernas pesadas e hinchadas.

—Todo lo expuesto antes para las varices es válido para este problema, pero podríamos hacer hincapié en la importancia de un buen drenaje linfático, ya sea manual o con una máquina de presoterapia. Practicado por un profesional con experiencia, puede ayudar a aliviar, en gran medida, estos molestos síntomas. No obstante, el edema linfático puede mejorar mucho más lentamente que el venoso.

Las alteraciones del sueño

Ya hemos comentado la tendencia de algunas embarazadas a sentirse «irremediablemente» dormidas durante todo el día en los primeros meses de gestación. Es frecuente que, a lo largo del 2º y sobre todo del 3er trimestre, duermas mal: caes en el sueño cuando te acuestas, pero a las 2 o 3 horas te espabilas de repente y te sientes incapaz de dormir otra vez; de hecho, estás más despierta y con más vitalidad que durante el día.

Sin embargo, esta falta de sueño nocturno no hace, en general, que el resto del día estés somnolienta. Es preciso también tener en cuenta factores psicológicos, de los que más tarde hablaremos.

Muchas son las causas que podemos encontrar para explicar estas alteraciones del sueño, pero ninguna justifica por sí sola las horas de insomnio:

—Al estar relajada, el niño se mueve más y te despierta.

—Las excursiones nocturnas al cuarto de baño te despejan.

—Sientes molestias e incomodidad por el volumen del abdomen.

—Puedes tener una relativa hipoglucemia (glucosa baja en sangre).

—Incluso cabe considerar la teoría según la cual el cuerpo de la futura madre se va habituando al ritmo de escaso sueño que va a tener cuando críe a su niño. Aunque ¡nunca te acostumbras a eso!

• *Prevención*

* Cuida los detalles que te permiten sentirte mejor: postura confortable, temperatura adecuada, lectura amena e interesan-

te antes de dormir para intentar olvidar los problemas diarios...

* No cenes en exceso y haz la digestión sentada.
* Procura no tomar café ni colas a partir de las 6 de la tarde.
* Toma una infusión de valeriana antes de irte a la cama.

• *Si ya hay síntomas*

Si a pesar de todos tus intentos no puedes dormir una noche entera:

* Bebe un poco de leche *con* azúcar; si tu problema es la hipoglucemia, pronto volverás a dormir.
* Practica los ejercicios de relajación que te han enseñado en el centro de preparación a la maternidad al que acudes; algunos son adecuados para la inducción del sueño.
* No te agobies si no duermes; aprovecha para leer, ver la televisión, coser, etc., pero no emplees esas horas en pensar en lo problemas diarios ni en detallar el extenuante programa que te espera cuando amanezca. Y, en cuanto sientas algo de sueño, ¡a dormir!
* NUNCA tomes somníferos ni medicación alguna sin permiso previo y expreso de tu ginecólogo.

El exceso de flujo: leucorrea

A lo largo del embarazo, la secreción vaginal suele aumentar por influjo hormonal sobre las glándulas de las paredes de la vagina. El flujo puede ser líquido, más o menos viscoso, y de color blanquecino o vainilla. Resulta absolutamente normal, incluso si es tan abundante que necesitas proteger la ropa interior.

¿Qué es recomendable hacer?

—*Higiene*

* Lávate con agua y un jabón neutro, y sécate bien.

* Nunca utilices duchas ni irrigaciones vaginales internas en el embarazo.

* Respecto a las compresas, sería preferible que no utilizaras salvaslips y, por supuesto, nunca tampones. Si estás todo el día fuera de casa y su uso resulta inevitable, procura que los protectores sean transpirables y empléalos el menor tiempo posible.

—*Ropa interior*

Utiliza siempre braguitas de algodón, no excesivamente ajustadas, y cámbiate frecuentemente a lo largo del día.

—*Avisar al ginecólogo*

Si el flujo es verdoso, grisáceo y/o huele mal, o tienes picor o escozor en la vulva y/o la vagina. Estos cambios en el flujo vaginal podrían significar una infección vaginal. Se requiere un tratamiento precoz para ti y para que tu hijo atraviese una vagina sana y en perfecto estado.

Los mareos

Aunque a nosotras, mujeres del siglo XXI, nos parece que los mareos son propios de las «delicadas» embarazadas de antes, puedes sentir en algún momento de la gestación que te mareas, te pones pálida y a veces sudorosa, incluso con sensación de desmayo.

Los mareos no suelen ser graves, pero si notas los primeros síntomas toma precauciones para evitar mayores consecuencias, sobre todo si estás sola o vas conduciendo.

¿Cuáles son las posibles causas?

—*Hipotensión*: un descenso transitorio de la tensión arterial puede originar el desvanecimiento. Éste resulta más llamativo si te levantas bruscamente del suelo o de la cama: la sangre no llega bien al cerebro y te mareas; es lo que se denomina *hipotensión postural*.

—*Hipoglucemia*: en ocasiones, el nivel de azúcar en sangre desciende y desencadena el mareo.

Entre las recomendaciones a seguir, cabe destacar:

—Evita los cambios bruscos de posición. Para levantarte de la cama o del suelo, rota hacia un lado y siéntate despacio, esperando unos segundos antes de incorporarte definitivamente.

—Si al sentirte mareada tienes la oportunidad de que te tomen la tensión, estarás segura de su causa y podrás:

* En caso de *tensión baja*: tomar un café o una cola a sorbitos.

* En caso de *tensión normal*: comer algo dulce, aunque sea sólo un poco de azúcar, lo antes posible.

—Si no te pueden tomar la tensión, bebe alguna cola a sorbitos pequeños al *empezar* a notar el mareo. Estos refrescos contienen cafeína, que te subirá algo la presión arterial, y azúcar, que combatirá la hipoglucemia.

—Si notas que te vas a caer, ¡ten mucho cuidado!, sobre todo si estás conduciendo. Deténte en cuanto puedas y túmbate del lado izquierdo —*nunca boca arriba*, ya que presionarías los vasos sanguíneos que van por la espalda—; flexiona algo las piernas, quítate el exceso de abrigo, desabróchate el primer botón de la blusa o la chaqueta y respira suavemente. Si es posible, abre o que te abran la ventana y procura que no te rodeen los «solícitos curiosos». Necesitas sobre todo un ambiente fresco.

—Comenta con el ginecólogo el incidente en la próxima visita. No tiene importancia alguna, pero puede controlar tu tensión y tu glucosa en sangre.

Posibles modificaciones del hemograma en el embarazo

Durante la gestación, el ginecólogo te mandará hacer análisis de sangre y orina repetidamente. Al ver los resultados, puedes sentirte alarmada por algunas cifras que no se encuentran en los límites «normales», según las indicaciones del laboratorio. Ante todo, ¡no te asustes! Ten en cuenta que en el embarazo se alteran algunos parámetros, como los siguientes:

—*Hematíes* (glóbulos rojos): en la sangre de la embarazada, la cantidad de plasma (parte líquida de la sangre) aumenta en mayor proporción que lo hacen los hematíes, es decir, se produce una *dilución* de los glóbulos rojos. Por ello, al hacer el recuento, se observa un número relativamente menor de lo habitual. El ginecólogo valorará otros parámetros (hematocrito, hemoglobina, hierro, clínica...) para determinar si tienes una anemia real o no.

—*Leucocitos*: a lo largo del embarazo aumenta el número de leucocitos totales en sangre, sin que ello signifique una alteración de la sangre o infección alguna.

—*Velocidad de sedimentación*: también se acelera en el embarazo, sin que ello suponga ningún proceso patológico.

—*Colesterol*: durante la gestación aumenta la tasa de colesterol en sangre un 30 por ciento como resultado de una adaptación metabólica del organismo materno que permite ahorrar glucosa y energía para el feto. El colesterol que contiene la placenta aumenta según avanza la gestación, sugiriendo que se trata de una de las fuentes de dicha sustancia en sangre.

Estos cambios son reversibles en las primeras semanas del puerperio. Salvo complicaciones excepcionales, una dieta adecuada es el único tratamiento a seguir. En la pág. 113 veremos cómo ajustar la alimentación a este incremento.

Nutrición

El peso

Un hecho *obvio* en el embarazo es el aumento progresivo de peso a lo largo de los nueve meses de espera. Pero es igualmente obvio que resulta necesario saber si ese incremento de peso se debe al proceso del embarazo en sí (niño, placenta, etc.) o a una ganancia excesiva de kilos por otros motivos, algo que debe vigilarse, bien por una cuestión estética, bien porque puedan significar un problema médico.

Aquí vamos a dar unos conceptos básicos sobre la alimentación en el embarazo. No obstante, si quieres encontrar una información más amplia y detallada sobre cómo nutrirte correctamente durante el embarazo y el postparto, consulta el libro *Nueve meses bien alimentados* de esta misma editorial. Así sabrás aportar a ese pequeño ser que se está formando y creciendo dentro de ti todo lo necesario y adecuado, tanto para su desarrollo físico como psíquico.

1. ¿Cuál es el incremento de peso propio del embarazo?

—Aunque es evidente que la cantidad de kilos que se pueden ganar en la gestación varía mucho de una mujer a otra, cabe afirmar que en un embarazo de un solo feto se puede engordar entre 8-10 kilos a lo largo de los nueve meses.

—La mayor parte de este aumento corresponde a los componentes uterinos y a los órganos maternos, pero la parte de grasa depositada en el abdomen, la espalda, los muslos y los brazos se debe a una alteración del metabolismo de los hidratos de carbono. Esta grasa debería desaparecer en la lactancia, pero como no todas las mujeres dan de mamar y, además, en la lactancia existe un aporte de alimentos normal y en muchos casos excesivo porque se tiene mucho apetito, la utilización de esa grasa reservada para poder nutrir al niño no se realiza.

—El incremento de peso debido al embarazo se fracciona así:

Peso del niño:	3,5 kg
Peso del útero:	1,0 kg
Peso de las mamas:	0,8 kg
Peso de la placenta:	0,5 kg
Peso del líquido amniótico:	0,8 kg
Aumento del volumen sanguíneo:	0,8 kg
Líquido retenido fuera de los vasos:	0,8 kg
Grasa acumulada en abdomen, muslos y brazos:	1,0 kg
Total:	9,6 kg

Es decir, puedes aumentar unos 9-10 kg al final del embarazo y haber engordado sólo 1 kilo. Si te cuidas, pocos días después del parto, o algo más si das de mamar (el peso de las mamas puede entonces no sólo mantenerse, sino aumentar algo), recobrarás el peso —desgraciadamente, no siempre las medidas— que tenías antes del embarazo.

2. ¿A qué ritmo se va ganando este peso?

—El ritmo más o menos normal es el siguiente:

* En el *1er trimestre* no se debería subir de peso o, como mucho, unos 500 gr (en general por el aumento del tamaño de las mamas), ya que tanto el feto como el resto de los componentes suben de peso realmente poco. Incluso, algunas mujeres que vomitan mucho en estos meses pueden adelgazar algo.

* En el *2º trimestre*, se puede aumentar unos 4 kg. Frecuentemente, hay un «escalón» entre el 6º y el 7º mes. ¡No te asustes!, luego será más regular.

* En el *3er trimestre*, se puede subir una media de 5,5 kg. En el último mes, el incremento de peso del niño es de unos 200 gr a la semana; es decir, en las últimas cuatro semanas puedes ganar unos 800 gr debido, exclusivamente, al peso del niño.

—Sería conveniente que te pesaras al empezar tu embarazo para poder establecer adecuadamente la curva de ganancia de peso. En general, en cada una de las consultas tu ginecólogo te pesará, ¡momento temido por algunas mujeres! Algunas embarazadas se quitan hasta el reloj para evitar la «reprimenda» del médico.

—El aumento de peso, pues, debe hacerse de modo progresivo, no sólo porque el niño crece y requiere un aporte regular de alimentos, sino para evitar que el cuerpo sufra una modificación brusca que conlleve un mayor riesgo de aparición de estrías, flaccidez de piel, etc.

—Si la ganancia ponderal es brusca —más de 1 kg por semana—, debes consultar con el ginecólogo, quien valorará el origen de ese súbito aumento y tomará, si es necesario, las medidas oportunas.

—Si no ganas peso al ritmo esperado, también debes informar al médico quien comprobará, mediante ecografía, el correcto desarrollo del niño. Si éste es adecuado, y tu alimentación eficaz, no hay motivo de preocupación, siempre y cuando se mantenga, eso sí, la vigilancia en el resto de la gestación para confirmar y asegurar un buen crecimiento del bebé (véase CIR en la pág. 431).

3. ¿A qué se debe el exceso de peso?

—Si engordas más, o mejor dicho, más deprisa de lo deseado, puede deberse a varias causas: el exceso calórico, la retención excesiva de líquido u otros procesos.

- *Exceso calórico, es decir, comer más de la cuenta*

El exceso calórico produce un depósito de grasa en el cuerpo. Actualmente existen diversas teorías sobre las calorías que debe ingerir una mujer gestante y, aunque en general se admite que debería aumentar en 200-300 calorías por día en su dieta, es preciso ajustar esta cifra a las necesidades y resultados concretos de *cada* embarazada.

Hay que recordar que en los primeros meses se puede haber perdido unos kilos a causa de los vómitos repetidos, pero también es cierto que algunas embarazadas suben rápidamente de peso porque su única forma de luchar contra las náuseas es comer continuamente bollos, pan, pasta, etc. o porque su apetito parece insaciable.

En la pág. 116 veremos unas normas generales que se pueden seguir en el embarazo para nutrir bien al niño sin que la madre tenga que usar una o varias tallas más después del parto. Hay que tener en cuenta que la grasa que se acumula en exceso en el embarazo suele depositarse en los glúteos, los muslos y los brazos, siendo más lenta y difícil de eliminar tras el parto.

- *Retención excesiva de líquido*

Hemos comentado ya que en el embarazo se puede aumentar alrededor de 1 kg debido al líquido retenido en los tejidos. Esto es absolutamente normal, de modo que una ligera hinchazón en los tobillos al final del día, sobre todo en meses de calor o después de estar mucho tiempo de pie, no debe alarmarte.

—¿Cómo saber que la retención es excesiva?

Lo es si la hinchazón no cede con el descanso y se encuentra predominantemente en la cara y las manos.

Algunas embarazadas observan que se les hinchan la cara y las manos por la mañana, pero que a lo largo del día «mejoran» y por la noche ven «sólo» los tobillos mal. En realidad, el líquido retenido *no* ha desaparecido, simplemente ha variado el lugar de depósito: por la noche, debido a la posición horizontal, el líquido se deposita en la parte superior del cuerpo. Durante el día, si la mujer está predominantemente de pie o sentada, el agua va «bajando» a las piernas y pies que se edematizan preferentemente por la tarde.

—¿Qué hacer si hay una retención excesiva de líquido?

Un aumento brusco y excesivo de peso (más de 1 kg a la semana) a costa de líquido va más allá del problema estético que puede suponer quedarnos con 2-3 kg de más después del parto. Puede ser uno de los síntomas, junto a la *hipertensión* y la *proteinuria* (presencia anormal de proteínas en la orina), de la *preeclampsia*, una de las complicaciones más serias del embarazo.

Por ello, si notas las manos y la cara continuamente hinchadas, con un aumento *brusco* de peso, tómate la tensión en una farmacia o centro de salud. Si es alta —más de 140 mm de sistólica (máxima) y/o más de 90 mm de diastólica (mínima)—, avisa INMEDIATAMENTE al ginecólogo o acude a la clínica u hospital.

Asimismo, debes buscar ayuda médica urgente si, además de estos síntomas descritos, tienes uno o varios de estos procesos:

* Dolor de cabeza intenso que no cede con los analgésicos que te han permitido tomar.
* Alteraciones en la visión: ves borroso o poco nítido.
* Dolor en la zona del estómago o bajo el esternón.

Si notas que estás reteniendo algo más de líquido, puedes:

* *Disminuir la sal de la dieta*: en general se recomienda tomar menos sal. En los países mediterráneos, la ingesta de este producto suele ser altísima (quesos curados, embutidos, conservas, alimentos excesivamente sazonados...). El sodio que contiene la sal es necesario para el organismo, pero no su exceso. Con una dieta variada se tiene asegurada la cantidad de sodio necesaria; la carne, el pescado y la leche tienen sodio suficiente sin tener que «rociar» todo lo que comemos con una buena capa de sal. Utiliza especies y hierbas (romero, albahaca, estragón, etc.) para dar sabor a tus platos; descubrirás, probablemente, que incluso te gustan más.

* *No usar bicarbonato como antiácido*: está contraindicado ya que contiene una gran cantidad de sodio en su composición.

* *Reposar*: siempre que puedas, procura echarte del lado izquierdo. Reposando unas horas, los edemas considerados normales van a desaparecer.

* *Seguir una dieta para favorecer la eliminación del exceso de líquido*: todos sabemos que hay ciertos alimentos que ayudan a los riñones a eliminar una mayor cantidad de orina. Un día a la semana puedes tomar:

—Alimentos diuréticos cocinados sin sal (espárragos, piña, puerros...).

—Alimentos con alto contenido en proteínas y bajos en sodio para que la albúmina que contienen ayude a que el líquido retenido en los tejidos vuelva a los vasos (yogur, trucha, carne magra...).

Asimismo, el médico puede indicarte la necesidad de seguir una dieta personalizada y, en dicho caso, indicará su composición y la frecuencia con la que debes seguirla.

* *Beber normalmente*: salvo indicación expresa del médico, puedes y debes beber 1-1,5 litros de agua, zumos, infusiones... al día para favorecer el trabajo de los riñones.

* *No tomar nunca diuréticos de farmacia ni de herbolario*: salvo si han sido recetados por tu ginecólogo.

—El síndrome del túnel carpiano

Algunas embarazadas sienten hormigueo en las manos, en general más en una u otra mitad, con falta de sensibilidad y de movilidad fina. Esto se debe a la presión que ejerce el líquido retenido en el *túnel carpiano*, situado en la parte palmar de la muñeca, por donde atraviesan los nervios que van a la mano y los dedos. Generalmente no es grave ni importante, pero si quieres mejorar, haz ejercicios con las manos en alto para estimular la circulación y, sobre todo, vigila la retención de líquidos.

• *Otros procesos que producen un excesivo aumento de peso*

—*Diabetes mellitus*

Una embarazada diabética puede tener un feto con mayor peso. En este caso, el control médico de la gestante será mucho más estricto. El aumento de tamaño del feto se puede limitar con un correcto control de la glucosa en sangre de la madre, ya sea sólo con dieta o con medicación añadida.

—*Embarazo múltiple*

Es evidente que, si esperas dos o más fetos, tu peso puede aumentar más allá de los 8-10 kilos. En la pág. 426 hablaremos de los embarazos gemelares.

Dieta en el embarazo

Decir que una embarazada debe comer «bien» es obvio y casi innecesario. Hoy en día, la famosa frase «hay que comer por dos» está totalmente obsoleta. Actualmente, podemos decir que hay que comer *para dos.*

Tu dieta en el embarazo puede y debe ser variada, comiendo casi de todo pero sin excesos. Pero hay excepciones: diabetes gestacional, hipertensión... En estos casos el ginecólogo te indicará la rigurosidad con la que seguir tu dieta.

A lo largo de la gestación puedes encontrar distintas trabas para nutrirte bien:

—*Si sientes náuseas y/o vómitos los primeros meses*, puedes, como ya comentamos, sentir una apetencia selectiva hacia productos como el pan, los bollos o la pasta, disminuyendo así la ingesta de proteínas tan necesarias para el desarrollo del feto. Trata de tomar yogures, queso tipo Burgos, pollo a la plancha y pescado blanco, etc. que te aportarán las proteínas necesarias.

—*Si eres incapaz de tomar la cantidad de leche recomendada por el ginecólogo*, pueden serte útiles algunos trucos que comentaremos más tarde (pág. 117).

—*Si trabajas y comes fuera de casa durante toda la semana*, no puedes elaborar tus alimentos ni su condimentación (sal, grasa...). Por ello, la dieta recomendada debe ser dúctil y fácil de aplicar, incluso comiendo en restaurantes o cafeterías, sin agobiarte con el recuento de calorías ni con el peso de los alimentos consumidos. Recomendar un almuerzo de 120 gr de judías verdes, 150 gr de carne de ternera, 50 gr de peras y 10 gr de pan, puede ser perfecto desde el punto de vista dietético, pero casi imposible de seguir si no comes en casa. Por ello, si no has podido nutrirte correctamente en el almuerzo, procura complementar tu alimentación en el desayuno y la cena.

Si éste es tu caso, en el libro *Nueve meses bien alimentados* encontrarás diversas ideas para alimentarte adecuadamente comiendo fuera de casa.

Vamos a ver a continuación los cuatro grandes grupos de nutrientes que has de incluir en tu comida diaria:

1. Proteínas

—Son absolutamente necesarias en el embarazo porque constituyen el material empleado para la formación y el crecimiento de los nuevos tejidos del feto, de la placenta, forman parte de las hormonas y los anticuerpos, y participan en el transporte de las vitaminas y minerales por la sangre.

—En el embarazo, no sólo no puedes prescindir de ellas, sino que aumenta su necesidad, calculándose en 60 gr la cantidad diaria recomendable, o sea, el 15 por ciento del aporte calórico total.

—Existen dos tipos de proteínas:

* *De origen animal*: son de alta calidad porque contienen todos los aminoácidos necesarios. Se encuentran en la carne, el pollo, el pescado, los huevos y la leche.

* *De origen vegetal*: no son tan completas porque no poseen todos los aminoácidos necesarios, por lo que deben ser combinadas

en la dieta con las de origen animal. Se hallan en los cereales, las legumbres, el arroz, los frutos secos... En la pág. 128 hablaremos de este problema en las embarazadas que siguen una dieta vegetariana.

—En una dieta normal es muy fácil conseguir la cantidad de proteínas necesarias. Es frecuente almorzar y cenar a base de carne, aves o pescado. Si no te gusta alguno de estos alimentos, no te preocupes; tu niño estará perfectamente nutrido si lo sustituyes por otro de este mismo grupo (carne de vaca, ternera o cordero, pescado, aves, huevos).

2. Hidratos de carbono o glúcidos

—Son, junto a las grasas, la fuente de energía, y se utilizan como combustible para tu cuerpo y el del feto; deben constituir el mayor porcentaje de la dieta, el 50-55 por ciento del aporte calórico total del día.

—Hay dos tipos de glúcidos:

* *Simples*: aportan una energía inmediata y se encuentran en las frutas, las verduras, el azúcar, los dulces (miel, mermeladas, etc.), la lactosa de la leche...

* *Complejos*: dan una energía más duradera y son ricos en fibra. Se hallan en los cereales, las féculas, la pasta, las legumbres, el pan integral, el arroz, las patatas...

—En el embarazo no se necesita aumentar la cantidad de azúcar y dulces, porque no aportan elementos nutritivos interesantes y, sin embargo, pueden incrementar el número de calorías ingeridas, aumentando excesivamente de peso. El aporte diario de hidratos de carbono se va a hacer a base del resto de glúcidos, preferentemente integrales.

3. Grasas

—Equivalen al 25-30 por ciento del total calórico de la dieta y son una fuente de energía muy concentrada (1 gr de grasa proporciona 9 calorías), por lo que se deben ingerir prudentemente.

—Hay tres tipos de grasas:

* *Las grasas saturadas*: se encuentran contenidas en los animales mamíferos (embutidos, carnes grasas, fiambres, tocinos, mantequilla, etc.). Asimismo, existen productos de origen vegetal (palma, coco, plamiste y chocolate) que contienen un alto nivel de grasas saturadas. Deben consumirse con moderación.

Su aumento en la dieta está relacionado con el aumento del colesterol.

* *Las grasas monoinsaturadas*: se encuentran fundamentalmente en las aves y el aceite de oliva. El ácido graso representativo de estas grasas es el ácido oleico.

Su efecto sobre el colesterol es neutro, aunque se ha demostrado el efecto positivo del aceite de oliva elevando las lipoproteínas HDL, portadoras del colestero «bueno».

* *Las grasas poliinsaturadas*: están contenidas en la mayoría de los aceites y margarinas vegetales (girasol, etc.), ricos en ácido linoleico, y en las grasas de pescado, fundamentalmente en los pescados azules (salmón, atún, bonito, sardinas, etc.). No pueden faltar en tu dieta ya que, entre otras funciones, son necesarias para el transporte de algunas vitaminas que aumentan las defensas del organismo. Consume pescado 5 veces a la semana, procurando que 2 de ellas sea pescado azul, dado su gran contenido en ácidos grasos Omega 3.

—Es necesario un aporte de grasas equilibrado, ya que cada tipo cumple una función básica en el organismo. No obstante, debes limitar la ingesta de grasas saturadas, tomando sólo las contenidas en los alimentos (carne, pescado, aves...) y quitando su exceso (por ejemplo, eliminando la grasa del pollo). Igualmente, procura no comer o comer muy pocos embutidos, carne de cerdo, bollos, pasteles y cremas, para así prevenir no sólo el exceso de peso, sino el aumento excesivo del colesterol durante el embarazo.

4. Vitaminas y minerales

—En el embarazo es necesario que el aporte de vitaminas y minerales sea suficiente, porque son esenciales tanto para el crecimiento del feto como para mantener las reservas de la madre. Si quieres una información más detallada, consulta el libro *Nueve meses bien alimentados.*

—Una dieta rica y equilibrada «debería» aportar cantidad suficiente de vitaminas y minerales, pero suele ser deficitaria en hierro y calcio.

—Por eso, durante estos meses, el ginecólogo recomienda muy frecuentemente un *suplemento vitamínico-mineral.* Pero, obviamente, esto nunca puede sustituir a una correcta alimentación. Dicho suplemento es especialmente necesario en mujeres de riesgo (vegetarianas, con embarazo gemelar, malnutridas, etc.). Es importante que te ciñas a la dosis prescrita, ya que una dosis muy alta puede ser perjudicial para ti y para el niño. Por supuesto *nunca* deberás tomar ningún preparado de vitaminas y minerales que no haya sido recetado por tu ginecólogo.

* *Hierro*: la cantidad de hierro que necesitas en el embarazo aumenta, porque interviene tanto en la formación del feto, la placenta y el cordón umbilical, como en la formación de los glóbulos rojos maternos.

Las mejores fuentes de hierro en la alimentación son: la carne roja, los berberechos, las anchoas, la yema de huevo, las sardinas en aceite... El hierro contenido en los alimentos vegetales (espinacas, lentejas, frutos secos, etc.) se absorbe en una cantidad mínima.

Aunque el hígado es una magnífica fuente de hierro, no es muy recomendable su ingesta frecuente en el embarazo, ya que en él se acumulan las sustancias que se suelen utilizar para acelerar el engorde de los animales y pueden ser perjudiciales para tu hijo.

Como su absorción es mejor en presencia de vitamina C, toma al mismo tiempo que estos alimentos —o que tu suplemento de hierro, si te lo ha recetado el ginecólogo— un zumo de naranja, fresas, kiwi, tomate, limón...

Se estima que, a lo largo del embarazo, se necesitan unos 1.000 gr de hierro. Raramente, una mujer tiene grandes depósitos de hierro antes de quedarse embarazada (250-300 gr), por lo que es normal necesitar un aporte extra en forma de medicamento, ya que resulta difícil obtener las cantidades necesarias sólo a través de la dieta.

Asimismo, es necesaria la ingesta de un suplemento de este mineral como tratamiento de determinadas anemias que aparecen con cierta frecuencia en el embarazo.

El hierro no siempre es bien tolerado por el estómago de la madre, y aunque se recomienda tomar el suplemento en ayunas, a veces su ingesta produce náuseas o molestar gástrico. En tal caso, tómalo después de las comidas, aunque su absorción sea algo menor.

No te asustes si, durante los días que estás tomando hierro, tus heces tienen una coloración negruzca. Es completamente normal.

Con el tratamiento de hierro, algunas embarazadas refieren un mayor extreñimiento, mientras que otras tienden a la diarrea.

* *Ácido fólico*: los folatos (vitamina B9) son necesarios en el embarazo en mayor cantidad que antes, porque se utilizan para la formación extra de sangre y para el correcto desarrollo del feto, previniendo las malformaciones de cierre de tubo neural (espina bífida, etc.).

La cantidad ingerida en la alimentación diaria NO es suficiente para los requerimientos de una embarazada, sobre todo al principio del embarazo. Informa a tu ginecólogo en cuanto confirmes tu embarazo para que prescriba el suplemento *lo antes posible*.

Las mujeres con alto riesgo de tener un niño con espina bífida (antecedentes familiares, un hijo anterior con dicha alteración, etc.) pueden ser medicadas, además, varios meses antes de quedarse embarazadas.

* *Calcio*: el calcio es un mineral necesario para la formación de los huesos del feto, el mantenimiento de la masa ósea de la madre y la prevención de los calambres musculares (véase pág. 64).

En el embarazo se necesitan unos 1.200-1.400 gr de calcio al día. su mejor fuente son los productos lácteos: leche (sólo con tomar 1 litro de leche enriquecida en calcio supliríamos la cantidad recomendada), queso, yogur, etc. Asimismo, es importante señalar que la lactosa contenida en la leche favorece la absorción del calcio.

Otros alimentos que contienen calcio son: pescados (sobre todo merluza, sardinas en lata, gambas...), cereales (copos de avena, harina integral, salvado, muesli, pan blanco o integral...), chocolate, frambuesa, kiwi, naranja y frutos secos. Pero la cantidad de estos alimentos que tendrías que tomar para alcanzar los gramos de calcio requeridos sería tan grande que, sin una adecuada ingesta de productos lácteos (véase pág. 117, cómo «esconder» la leche...), deberías informar al ginecólogo para que valorara la necesidad de recetarte un suplemento.

Los lácteos no deben mezclarse con chocolate, cacao, espinacas, acelgas, espárragos, champiñón o cereales integrales, porque estas sustancias dificultan la absorción del calcio.

* *Vitamina D*: mantener su correcto nivel en sangre a lo largo del embarazo es esencial, ya que esta vitamina es la responsable de la fijación del calcio en el hueso.

Para «activarla» es necesaria la exposición a los rayos ultravioletas del sol, por lo que en estos meses resulta conveniente que pasees o estés bajo la luz solar algún tiempo cada semana.

Algunas leches y, por supuesto, los suplementos medicinales contienen un complemento de esta vitamina.

* *Otras vitaminas (A –C –E –B1- B6 –B12)*: también son necesarias para el buen desarrollo del niño. Una alimentación correcta «debería» aportarlas en cantidad suficiente. No obstante, es frecuente que tu ginecólogo te recomiende un suplemento farmacológico que las contenga.

Pautas generales de alimentación en el embarazo

Para calcular la perfecta proporción de proteínas, hidratos de carbono y grasas, así como el número de calorías ingeridas a lo largo del día, tendrías que consultar constantemente la tabla de alimentos y pesar todo lo que comes. Esto, evidentemente, es inasequible para la gran mayoría de las embarazadas. Vamos, pues, a dar unas pautas generales sobre la alimentación que hay que seguir estos meses:

—Tomar dos veces al día *proteínas de origen animal*, pudiendo escoger entre carne, aves, pescado o huevos.

—Tomar de 1/2 a 1 litro de *leche* diario o su equivalente en yogur, queso fresco o leche en polvo. La leche no sólo es necesaria por el aporte de calcio, sino por el contenido en proteína láctea, importantísima para el desarrollo del niño. No hay más que pensar de qué se alimenta un recién nacido: SÓLO de leche.

Si no te gusta la leche en absoluto, o no encuentras el momento para beber 3-4 vasos de leche al día, puedes «esconderla» añadiendo 1-2 cucharadas de leche en polvo en los yogures, el café de la mañana, los purés de verduras o de patata, etc. (1 cucharada de leche en polvo equivale a 100 cc de leche). También puedes añadir queso fresco al guisar la pasta, en ensaladas, pechugas de pollo, etc.; con un poco de imaginación, aumentarás el uso de productos lácteos sin enterarte.

El contenido de calcio y proteínas de la leche entera, semidescremada o descremada es el mismo, por lo que, si tienes problemas de sobrepeso, puedes tomar habitualmente leche y derivados descremados durante estos meses. Hoy en día puedes encontrar, incluso, leche de los tres tipos enriquecida en calcio, un complemento magnífico para tu dieta.

—Tomar *fruta y verdura* dos veces al día. Si tienes problemas de digestión muy lenta, gases o sobrepeso, es preferible que ingieras la fruta 2 horas antes o después de las comidas (a media mañana o como merienda).

—Tomar con moderación *arroz, pan, pasta* —preferentemente integrales— y *legumbres*.

—Beber 5-6 vasos de *agua, infusiones, zumos de frutas o vegetales*. El agua, tan bienvenida por el organismo, regula el trabajo del intestino, de los riñones y de la piel, y colabora en la formación del feto.

—Reducir el consumo de *grasas de origen animal*: mantequilla, cerdo, bacon, tocino, embutidos, quesos curados, nata, etc., así como el consumo de *alimentos fritos* y excesivamente grasos (patatas fritas, rebozados, etc.); incluir el *pescado* en la dieta como fuente de grasas cinco veces por semana, de las cuales dos deberían ser pescado azul (salmón, atún, bonito, sardina, boquerón, etc.); utilizar el *aceite de oliva* u otros aceites de origen vegetal (girasol, soja...).

—Reducir el consumo de *alimentos dulces* —pasteles, chocolate, preparados de pastelería—, sobre todo industriales, porque aparte de su alto contenido calórico contienen gran cantidad de grasas saturadas.

—Reducir el consumo de *sal*. Para sustituirla utiliza hierbas y especies como condimentos: romero en la carne, eneldo en el pescado, albahaca en la ensalada... ¡Está riquísimo...!

—Reducir el consumo de *café, té, bebidas de cola y bebidas alcohólocas* (véase apartado siguiente).

—Hacer 5-6 *pequeñas comidas* al día: ayudar a digerir mejor y más rápido y mantiene la alimentación regular y constante al niño, evitando periodos de prolongada hipoglucemia.

—*La forma de preparar y condimentar* los alimentos es tan importante como su cantidad o su calidad. Es preferible guisar de un modo sano (a la plancha, al vapor, al horno o hervido), intentando no utilizar un exceso de grasa ni demasiadas salsas (mayonesa, crema de leche...).

Todos estos puntos no dejan de ser sólo unas directrices generales de una dieta adecuada para la madre y su hijo. En la figura 17 puedes ver un resumen indicativo de cómo confeccionar tu dieta diara. Si no existen problemas médicos añadidos, toda embarazada, a lo largo de los nueve meses, hace una pequeña trampa: un pastel de manzana con nata, unos huevos fritos con chorizo y patatas fritas... Hay que ser natural y espontánea, pero siendo consciente de que estás formando a tu hijo, que depende enteramente de ti. Si eres suficientemente adulta como para estar embarazada, también lo eres para cuidar a tu bebé de la mejor forma posible. No hay duda de que una de esas formas es nutrirle bien.

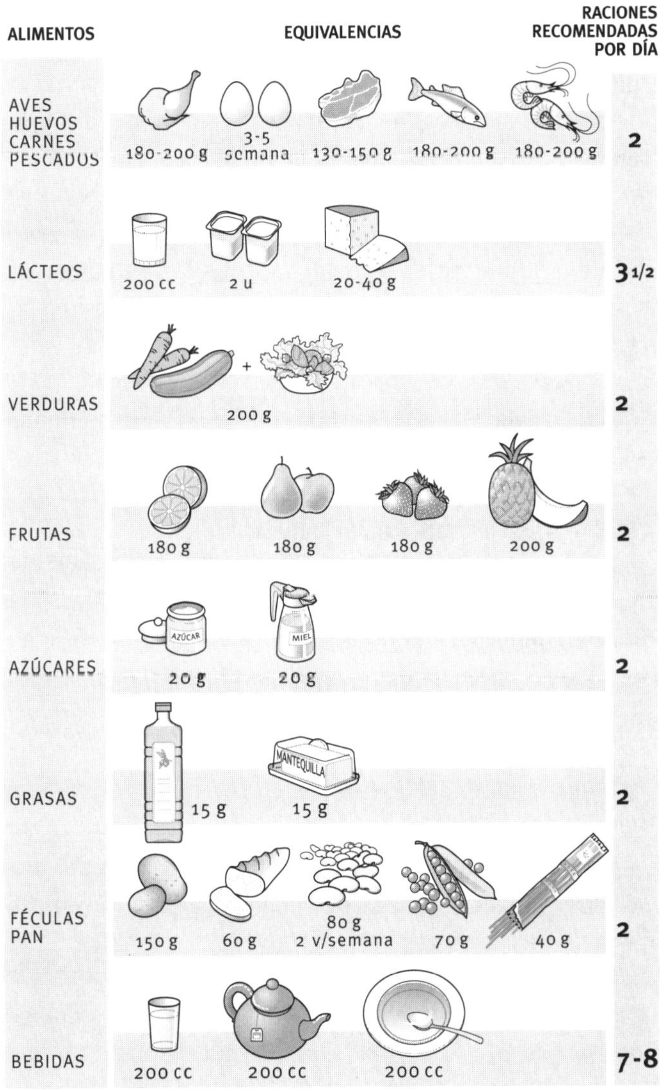

Fig. 17. Pauta de raciones recomendadas por día a escoger entre los distintos alimentos de un mismo grupo (pesados en crudo y sin hueso).

¿Puedo tomar...?

1. Café, colas, té, chocolate

—Estos alimentos tienen en su composición bien cafeína, bien teína, sustancias capaces de producir vasoconstricción (es decir, disminuir la luz de los vasos) y, por tanto, de limitar la llegada de sangre con oxígeno y elementos nutritivos al niño. Por otra parte, la cafeína disminuye la absorción del calcio y del hierro, tan necesarios en el embarazo.

—Aunque no existe unanimidad de criterio en la cantidad que se puede tomar en el embarazo, todos los estudios realizados indican claramente la conveniencia de limitar la ingesta de cafeína diaria o no más de 200 mg diarios, lo que equivale a:

* 2 tazas de café con leche en desayuno y/o merienda y 1 o 2 cafés solos o cortados al día.
* o 2 colas y un café pequeño al día.
* o 3 tazas de café suave (americano).
* o 4 tazas de té.

—Por supuesto, puedes «aficionarte» durante estos meses a los productos descafeinados, que se encuentran fácilmente y no saben tan diferente.

2. Sustitutivos del azúcar

—En la actualidad no es infrecuente el uso de edulcorantes para sustituir el azúcar, ya sea por guardar la línea o por problemas médicos (diabetes gestacional, etc.). Los más utilizados son:

* *Sacarina*: sabemos que atraviesa la placenta y que se elimina despacio en el feto. Aunque no se ha demostrado la existencia de ninguna malformación, algunos autores sugieren que sería preferible no consumirla durante el embarazo.
* *Aspartamo*: diversos estudios realizados demuestran que

el uso normal del aspartamo durante la gestación es inocuo para la madre y el hijo, de modo que puedes utilizarlo para endulzar tus alimentos si lo deseas.

Las madres que padecen *fenilcetonuria* (¡no te preocupes!, no puedes tener esta enfermedad sin saberlo) no pueden tomar aspartamo porque está formado por dos aminoácidos, uno de los cuales —la fenilalanina— no se metabolizaría si padecieras dicha enfermedad.

3. Alcohol

—El alcohol es una sustancia que, aunque socialmente admitida, se puede considerar una droga que atraviesa la placenta y adquiere en la sangre del niño la misma concentración que en la de la madre. Existe un acuerdo generalizado sobre la peligrosidad del alcohol en el feto, sobre todo al principio del embarazo, pero no se conoce la cantidad mínima no dañina para el niño.

—En España y en otros países en los que el alcohol no es muy caro y resulta muy accesible, se puede considerar «normal» comer con vino, tomar un par de cervezas diarias y un whisky o un licor por la noche. esto es algo claramente *peligroso* para una mujer embarazada.

—Siempre será mejor suprimir cualquier tipo de alcohol en la gestación, aunque muchos ginecólogos permiten la ingesta de un vasito —tamaño de vino— de buen vino en alguna comida o una cerveza esporádica. Convendría, no obstante, que consultaras con tu médico para conocer su opinión y seguir su consejo.

—Una ingesta excesiva de alcohol puede producir en el niño un conjunto de graves síntomas, el llamado *síndrome alcohólico-fetal* que supone:

* Alteraciones del sistema nervioso (neurológicas, de conducta, retraso psicomotor...).
* Retraso de crecimiento intrauterino (véase pág. 431).
* Microcefalia (cráneo pequeño).
* Otras malformaciones (cardiacas, cutáneas, en genitales, renales, esqueléticas...).

—Si sospechas que tu ingesta diaria de alcohol es superior a la permitida, o dependes claramente de él, informa cuanto antes a tu médico sin ocultar la verdadera cantidad que bebes habitualmente. Te pueden ayudar a reducir su consumo o incluso a conseguir la abstinencia.

4. Tabaco

—Es uno de los puntos en que hay mayor consenso a nivel mundial: el tabaco es peligroso para tu hijo y produce complicaciones en el embarazo, aunque, es evidente, depende en gran medida del número de cigarrillos que se fumen al día.

—Los efectos nocivos que acarrea el tabaco en el embarazo son múltiples. Las fumadoras pueden:

* Tener niños más pequeños para su edad gestacional CIR (pág. 431): el niño no será menor porque su padre o madre sean pequeños, sino porque el tabaco produce una vasoconstricción en los vasos que nutren al niño, por lo que éste recibe menos alimento y oxígeno y puede crecer menos.

* Tener desprendimiento prematuro de placenta, que es una de las complicaciones más graves del embarazo (pág. 292).

* Tener partos prematuros.

* Parece haber también una relación entre el tabaco y la mayor incidencia de muerte súbita del recién nacido.

—Si eres de esas mujeres que aborrecen el tabaco en el primer trimestre por sus náuseas, ¡APROVECHA! y no vuelvas a fumar. Los efectos negativos sobre el niño son mayores en el tercer trimestre, y los beneficios de dejar de fumar son tan importantes para el niño y para ti, que compensa hacer un esfuerzo. ¡Qué mejor estímulo para la salud de tu hijo que adoptar la decisión que sabías que debías tomar! Si el embarazo te sirve para abandonar el tabaco, persevera, y cuando mires a tu hijo agradécele haberte «forzado» a tomar esa decisión tan difícil pero tan inteligente.

—Ahora bien, si realmente tu grado de ansiedad es tal que no puedes dejar de fumar, procura :

* No fumar más de 10 cigarrillos al día.
* Fumar sólo la primera mitad del cigarrillo.
* Fumar tabaco bajo en nicotina.
* Fumar con el estómago lleno, nunca antes de las comidas.
* Fumar a lo largo del día, no todos los cigarrillos por la tarde.

—*Fumadoras pasivas.* Aunque cada vez hay una mayor sensibilidad hacia los no fumadores, sobre todo si se trata de mujeres embarazadas, es prácticamente inevitable estar algún tiempo al lado de personas que fuman. Si el fumador se encuentra en casa, puedes pedirle cariñosa pero decididamente que fume en otra habitación, y por supuesto que no fume en el dormitorio antes de dormir. Incluso, ¿por qué no hacer campaña para que te acompañe en tu decisión de dejar de fumar? Si el problema lo encuentras en el trabajo, conviene plantear la cuestión desde el principio; con tacto y diplomacia se consiguen muchas cosas. En todo caso, tienes que saber que siendo fumadora pasiva el feto no se ve afectado tan directamente como si la fumadora fueras tú.

5. Drogas

—En este apartado no vamos a tratar la dependencia de las drogas que vamos a describir; si éste es tu caso, no dudes en hablar claramente de tu problema con el ginecólogo para tratar de buscar una solución necesaria para el niño y para ti, tanto en el embarazo como para el parto.

—Vamos, pues, a tratar de describir los efectos que el consumo habitual —no en grado de dependencia— tiene tanto sobre el embarazo en sí como directamente sobre el niño.

* *Cocaína*: la cocaína afecta tanto al útero como al feto al atravesar la placenta fácilmente. Conviene que la madre sea consciente de las consecuencias negativas de esta droga, ya que, por sus efectos euforizantes, puede llegar a creer que «todo va bien» en su embarazo.

Sus principales efectos son:

—*Sobre la madre*: debido a la hiperestimulación noradrenérgica, se produce un menor riego sanguíneo del útero por vasoconstricción, lo que puede provocar:

· Aborto: por aumento de la actividad contráctil del útero tras la absorción de la cocaína.

· Hematoma retroplacentario y hemorragia de las vellosidades coriónicas.

· Desprendimiento prematuro de la placenta.

· Hipertensión arterial materna (detectable inmediatamente tras la administración de la droga) y posible preeclampsia.

· Parto prematuro.

—*Sobre el feto*: hay que tener en cuenta que el feto está recibiendo en su sangre una dosis de sustancias en igual concentración que la absorbida por la madre, quien, obviamente, tiene un mayor peso y volumen corporal y sanguíneo, por lo que los efectos de la droga sobre el niño son, si cabe, más claros. Sus efectos son:

· Crecimiento intrauterino retardado (CIR), del que se habla en la pág. 431: dado el menor riego uterino, *cada vez* que se consume cocaína el niño recibe una menor cantidad de oxígeno y de alimento.

· Episodios de hipertensión y aumento de la frecuencia cardiaca fetal: como consecuencia del incremento en el plasma fetal de las catecolaminas, aumentan las necesidades del niño —no satisfechas— de oxígeno. Estos efectos son detectables de inmediato *cada vez* que se consume cocaína.

· Alteración del desarrollo cerebral.

· Alteraciones neonatales negativas en el comportamiento

neurológico, con respuestas alteradas y retrasadas a estímulos ambientales, que diversos estudios han asociado a su consumo.

La gran mayoría de los efectos negativos que se desprenden del uso de la cocaína en el embarazo son debidos a alteraciones cardiovasculares que, aunque en magnitud mucho menor, también produce el tabaco. Por tanto, el uso simultáneo de cocaína y tabaco puede agravar extraordinariamente las consecuencias negativas tanto para la madre como para el niño.

* *Cannabis (marihuana, hachís, grifa):* el *cannabis* es una planta de la que se extrae la droga en formas diferentes. Las preparaciones a base de sumidades florales y hojas de la planta femenina desecada darán lugar a la marihuana o grifa, mientras que las preparaciones a base de resina pura darán lugar al hachís.

El principio activo del *cannabis*, el tetrahidrocannabinol (THC), se halla en mayor cantidad en el hachís que en la marihuana. Esta sustancia tiene un paso transplacentario prácticamente completo, alcanzando en el feto niveles muy altos, casi idénticos a los encontrados en la madre.

No existe un acuerdo total sobre los efectos que la marihuana puede ocasionar en el embarazo y en el niño, aunque sí hay ciertos datos bien contrastados:

—En los cigarrillos de hachís, el contenido de alquitrán y nicotina absorbido es considerablemente mayor que en un cigarrillo de tabaco, ya que se fuman ambas hierbas juntas y en cigarrillos sin filtro.

—El monóxido de carbono que contiene todo lo que se fuma está presente en la sangre materna y fetal, disminuyendo la capacidad de ésta de transportar oxígeno.

—El consumo de *cannabis* incrementa en el plasma fetal la cantidad de noradrenalina, por lo que los efectos vasoconstrictores que esta sustancia produce pueden aparecer en el feto sobre todo si se asocia con el tabaco.

—El consumo de *cannabis* se asocia claramente a un

mayor número de partos prematuros, así como una mayor incidencia de meconio en el líquido amniótico durante el parto.

—Se presentan con mayor frecuencia síntomas neurológicos centrales y alteraciones del comportamiento (niños hiperemotivos y con capacidad disminuida de aprendizaje).

—La THC que contiene el *cannabis* pasa a la leche materna. Asimismo, la producción láctea se ve disminuida al producirse una menor cantidad de prolactina.

Por todo ello, y aunque en el futuro habrá estudios más profundos sobre la incidencia del *cannabis* en el embarazo y en el niño, debemos instar a la embarazada a que se abstenga *totalmente* de fumar esta hierba, ni siquiera esporádicamente, durante todo su embarazo.

Dietas especiales

1. Dieta para el control del peso

—En el libro *Nueve meses bien alimentados* se dedican unos amplios apartados a dichos casos.

—Ya hemos hablado del aumento de peso en el embarazo y hemos comentado que se puede nutrir perfectamente al niño sin necesidad de acumular un exceso de grasa, de la que te sería bastante difícil desprenderte después del parto. Desgraciadamente, muchas embarazadas se quejan de que, comiendo igual o menos que antes del embarazo, engordan a un ritmo vertiginoso. Un estudio realizado en Suecia puede aclararnos el porqué: en el embarazo se ha demostrado la alteración de concentración de unas hormonas gastrointestinales (*colecistocinina* y *somatostatina*) que aumentan el rendimiento de la función digestiva y favorecen el *anabolismo* (la capacidad de almacenar la energía de los alimentos). Con ello se aprovechan al máximo los nutrientes para el niño y, de paso, se gana peso más fácilmente. También hemos hablado (véase pág. 34) de cómo la colecistocinina produce somnolencia después de comer durante los primeros meses para que toda la energía se reserve para el feto. Así pues: todo tu organismo está volcado en la formación de un nuevo ser y no «desperdicia» nada.

—En el embarazo se puede caer, hablando del peso, en dos extremos no recomendables:

* *Las mujeres que anteponen la estética a todo, incluso a la salud de su hijo.* Aunque no es muy frecuente, hay que considerar el problema. Si vas a cuidar esmeradamente a tu hijo cuando haya nacido, ¡piensa en él desde ahora! Con una alimentación correcta se puede controlar perfectamente el peso, pero tu hijo *te necesita.*

* *Las mujeres que toman su gestación como el pretexto perfecto para abandonarse.* «Total —dicen—, qué más da, ya no tengo ninguna forma...», o intentan compensar otros problemas con la comida (el cansancio, las dificultades en el trabajo, las antiestéticas varices, las estrías...). En ocasiones, se necesita un apoyo o estímulo extra para no caer en la tentación y bajar la guardia, dando todo por perdido. Pero no olvides que sigues siendo una mujer embarazada y atractiva, y que puedes y debes cuidarte. Una cosa es estar embarazada y otra, muy distinta, estar gorda.

—*¿Qué dieta conviene seguir en el embarazo?* Tu ginecólogo puede recomendarte una dieta si cree que tu ganancia de peso está claramente ligada a una alimentación inadecuada o excesiva. Por supuesto, no se pueden hacer regímenes draconianos, ya sea hipocalóricos o disociados, salvo expresa prescripción médica. En general funcionan mejor las dietas no estrictas ni en horarios ni en cantidad, vigilando simplemente ciertos puntos:

* No saltarse comidas: no es bueno para tu hijo y muy probablemente comerás más en la siguiente.

* Suprimir el azúcar, los dulces y la bollería.

* Tomar las proteínas (carne, aves, pescado y huevos) cocinadas sin mucha grasa.

* Tomar preferentemente los hidratos de carbono en forma de fruta (*no* plátanos, uvas, chirimoyas, caquis o higos) y verdura (*no* aguacate).

* Limitar o, en casos especiales y con permiso médico suprimir, el pan, las harinas, la pasta, las patatas y las legumbres.

* Tomar productos descremados (leche, yogures, quesos...).

* Desayunar correctamente (por ejemplo, café con leche y queso fresco, o tortilla francesa y una infusión...).

* Tomar algo a media mañana y a la hora de la merienda (buen momento para comer fruta y/o un yogur), para así no caer famélicas sobre el almuerzo o la cena.

2. Dieta para vegetarianas

—Una mujer vegetariana que lea el capítulo de este libro dedicado a la nutrición puede sentirse preocupada por su bebé, ya que en él se habla constantemente de la necesidad de incluir en la dieta proteínas animales. Vamos a intentar puntualizar varios aspectos.

—Hay dos tipos de dieta vegetariana (aunque si eres vegetariana lo sabes perfectamente):

* *Vegetariana pura*: que excluye todo tipo de alimentos de origen animal, incluyendo leche y huevos.

* *Lacto-ovo vegetariana*: que admite leche y huevos, pero no la carne, ni el pescado ni las aves.

—En el primer caso puede verse claramente disminuida la ingesta de proteínas que necesita el niño para su correcta formación, ya que el aporte proteico se limita a las proteínas de origen vegetal y éstas no contienen todos los aminoácidos que requiere el feto. Asimismo, puede ser insuficiente la cantidad de calcio que se toma en la dieta, ya que sólo se obtiene a través de alimentos que no lo contienen en suficiente cantidad (frutos secos, naranjas, kiwis, frambuesas y cereales). El tofú puede ser una buena fuente de calcio si está preparado con este mineral; confírmalo al adquirirlo.

—Si éste es tu caso, deberías consultar con tu ginecólogo desde el principio de tu gestación. Él te aconsejará en cada caso cómo complementar el aporte proteico (existen en el mercado preparados que contienen una alta concentración de proteínas), así como la necesidad de suplementos cálcicos y de vitamina B_{12} (presente en huevos, leche y productos animales), vitamina D y otras vitaminas y minerales deficitarios en este tipo de dieta.

—En el caso de las lacto-ovo vegetarianas, no se plantea tan nítidamente el problema, ya que tanto la leche y sus derivados como los huevos pueden aportar los nutrientes que faltan en la dieta vegetariana pura. En todo caso, comunica a tu médico los alimentos que no consumes para que valore la necesidad de añadir algún complemento en tu dieta.

3. Dieta en la diabetes gestacional

—La diabetes gestacional es una intolerancia a los hidratos de carbono que aparece o se pone de manifiesto por primera vez en el embarazo. Ocurre en el 1-5 por ciento de las gestantes.

—*Test de O' Sullivan.* El ginecólogo, si lo cree necesario por la historia analítica y clínica de la embarazada, o porque lo incluye de forma sistemática en sus controles de embarazo, puede recomendar a la paciente realizar dicho test. Esta prueba se realiza entre las semanas 24 y 28 de gestación, y en ella se analiza el nivel de glucosa en sangre (glucemia), a continuación se toma una sobrecarga de 50 g de glucosa por vía oral y se determina la glucosa en sangre otra vez una hora después. Si la cifra de glucemia es patológica, se recomienda hacer una prueba o *Test de sobrecarga de glucosa.* En dicha prueba, se determina su cantidad en sangre a los 60, 120 y 180 minutos, tiempo durante el cual no se puede comer ni fumar. Analizando los resultados, se puede determinar si una embarazada padece una diabetes gestacional, en cuyo caso se orienta a la mujer sobre las medidas dietéticas y médicas a seguir durante los restantes meses del embarazo.

—La dieta, en estos casos, debe ser *personalizada* y ha de adaptarse a los niveles de glucosa que presenta cada gestante. En líneas generales:

* Se suprimen el azúcar, ciertas frutas (higos, plátanos, caquis, cerezas, nísperos, uvas, melón), los dulces, la bollería y el alcohol.

* Se orienta sobre la ingesta de fruta al día y sobre la de pan, pasta y arroz a la semana (preferentemente integrales).

* Se controla el número total de calorías al día y se fraccionan las comidas haciendo seis pequeñas ingestas diarias para evitar la hipoglucemia materna y fetal.

* En ocasiones se reduce el número total de calorías al día y se recomienda fraccionar las comidas, haciendo seis pequeñas ingestas para prevenir las hipoglucemias.

* Se puede tomar aspartamo como edulcorante artificial.

* No se pueden consumir aquellos productos que, aun no conteniendo glucosa, tienen fructosa en su composición (por ejemplo, algunas mermeladas bajas en calorías...).

—Si padeces una diabetes gestacional en tu embarazo, no te preocupes, pero sigue rigurosamente las indicaciones de tu ginecólogo. Un correcto control médico puede ayudar a prevenir las complicaciones tanto para ti como para tu hijo.

—La intolerancia a los hidratos de carbono desaparece tras el parto en el 98 por ciento de las mujeres. No obstante, es preciso mantener la vigilancia en el futuro ya que puede reaparecer dicha intolerancia o una verdadera diabetes crónica (*diabetes mellitus*), algo que, según los diversos autores, puede ocurrir entre el 9 y el 56 por ciento de las mujeres que padecieron una diabetes gestacional.

Relaciones sexuales

¿Se pueden mantener relaciones sexuales durante el embarazo?

Como en casi todo lo que se refiere al embarazo, no es posible generalizar. En principio, se admite que, si la pareja lo desea, puede mantener relaciones sexuales libremente y con total normalidad, tanto en frecuencia como en posturas.

No obstante, el ginecólogo puede recomendar espaciarlas, o incluso, en ocasiones, abstenerse, si existen ciertas circunstancias clínicas tales como:

—*En el primer trimestre*: abortos previos, sangrado en las primeras semanas, placenta baja o previa, etc.

—*En el resto del embarazo*: hemorragias, placenta previa, amenaza de parto prematuro, rotura de bolsa, incompetencia cervical, infecciones vaginales, insuficiencia placentaria, etc.

—*En las dos últimas semanas de gestación*: se recomienda, habitualmente, evitar las relaciones sexuales.

Las posturas

En principio, no hay ninguna postura prohibida, pero el aumento de volumen del abdomen de la embarazada puede hacer más cómodas las posiciones laterales o con la mujer encima. Has de saber que en ningún caso puedes hacer daño al niño, ni con la penetración ni al soportar peso sobre la tripa. El feto se encuentra bien protegido dentro del útero, que está sellado por el tapón mucoso y rodeado de una bolsa de líquido amniótico que amortigua la presión.

¿Puedo notar algo en el abdomen después de tener relaciones sexuales? ¿Es normal?

Lo que puedes notar es que la tripa está dura, es decir, que tienes contracciones (véase pág. 143). Esto ocurre por tres causas:

—La actividad física que has realizado.

—Llegar al orgasmo.

—La prostaglandina, hormona contenida en el semen que, al depositarse en la vagina, puede hacer que el útero se contraiga.

Tener algunas contracciones después de tener relaciones sexuales es totalmente normal, pero no son lo suficientemente intensas como para producir abortos ni partos prematuros, y tampoco afecta al riego ni a la oxigenación del feto. No debes preocuparte innecesariamente; la ansiedad y el miedo que se originan al no estar bien informada pueden dan lugar a más contracciones que las que normalmente se presentan tras una relación sexual. No obstante, si lo prefieres, al terminar puedes descansar apoyada en el lado izquierdo unos minutos para que el útero se relaje antes.

Ahora bien, debes informar al médico si:

—Las contracciones no ceden en poco tiempo o son dolorosas. Él valorará si debes interrumpir las relaciones sexuales, al menos durante un tiempo.

—Sangras tras el coito. No te alarmes, suele deberse a un pequeño vaso del cuello del útero. No obstante, conviene que tu ginecólogo lo confirme *cuanto antes*.

El deseo sexual

Aunque la sexualidad en el embarazo «debería» ser una continuación de la que previamente se vivía, casi todas las parejas notan que la gestación influye de algún modo en sus relaciones sexuales. Si bien no se puede teorizar ni reducir a números o estadísticas algo tan personal como la vida sexual de una pareja, se podría intentar resumir la posible evolución de la libido durante la gestación de la siguiente manera:

—*1er trimestre*: suele disminuir la apetencia en uno o los dos miembros de la pareja por distintos motivos; entre ellos:

* Miedo al aborto (generalmente por falta de información).
* Náuseas y/o vómitos en las primeras semanas.
* Sueño: la embarazada «cae» rendida a cualquier hora.

* Sensibilidad y/o dolor en los pezones.

* Falta de atracción: el hombre ve a la mujer como a una «embarazada» y su imagen no le resulta sugerente.

—*2º trimestre*: se suele recuperar bastante la frecuencia de las relaciones. La pareja va adaptándose poco a poco a los cambios físicos y psíquicos que experimenta la mujer. En general, los vómitos han cedido y el volumen de la tripa todavía no es llamativo.

—*3er trimestre*: la frecuencia de las relaciones sexuales suele disminuir en un gran número de parejas por distintas causas:

* La tripa ha crecido y uno o ambos miembros de la pareja pueden sentir que tal estética no es tan deseable.

* Los «obstáculos» físicos son cada vez mayores.

* Se puede tener miedo a dañar al bebé por el peso sobre la tripa o a golpear su cabeza en el coito, así como a romper la bolsa.

Como ya se ha dicho, estos temores son infundados: el niño está perfectamente protegido en el interior del útero y no se le puede hacer daño en el coito. Sería, pues, conveniente que consultaras con el ginecólogo con total naturalidad cualquier duda que pudierais tener al respecto en cualquier fase del embarazo.

Asimismo, cabe afirmar que para algunas parejas estos nueve meses son la mejor etapa de su vida sexual: no tienen miedo a un embarazo, descubren nuevos aspectos de su intimidad, etc.

La mujer embarazada necesita sentirse deseada y amada, con o sin coito. La pareja sigue compartiendo esos sentimientos y emociones que en nada menoscaban el cariño y la ternura que sienten por el niño y que, obviamente, en absoluto perjudican al embarazo.

En definitiva, el mejor consejo sobre el tema es que lo afrontéis con espontaneidad, que habléis entre vosotros comentando vuestras dudas y que ninguno de los dos os sintáis obligados ni «culpables» de esos cambios lógicos y reversibles que se experimentan y que, a veces, permiten descubrir otros métodos de relación y satisfacción profundizando vuestra unión.

Viajes

Salvo contraindicación médica, puedes viajar hasta un mes antes del parto, siendo el segundo trimestre el más seguro para ello. No obstante, conviene tener en cuenta ciertos aspectos:

—Cuando planees un viaje, ya sea por placer o por trabajo, informa al ginecólogo. Él, atendiendo a tus circunstancias médicas, te permitirá realizarlo o no, dándote, si es necesario, algún consejo.

—Asegúrate de que en el lugar al que viajas es posible recibir atención médica adecuada en caso de que se presentase una emergencia. Están totalmente prohibidos los viajes a zonas que requieren vacunaciones no permitidas en el embarazo, o en las que las condiciones sanitarias no ofrecen unas mínimas garantías.

—No debes tomar, sin consultar con el ginecólogo previamente, pastillas para evitar los mareos.

—Al llegar al destino, es recomendable que descanses durante media hora, tumbada del lado izquierdo.

Viajar en coche

El coche es una buena elección para distancias cortas o medias. En viajes más largos, descansa cada 100-120 km, vacía la vejiga, toma algún zumo con azúcar y pasea un rato.

Si la carretera está en mal estado y notas muchas contracciones, deténte hasta que se hayan espaciado y decide si puedes o no reanudar el viaje.

En principio puedes conducir, bien por ciudad, bien por carretera, hasta el final del embarazo, pero NO el día del parto, dada la falta de reflejos y la tensión del momento. Si estás sola y no tienes quien te lleve a la maternidad, es preferible que pidas un taxi.

En cuanto al *cinturón de seguridad*, debes utilizarlo SIEMPRE, aunque a las embarazadas les esté permitido no usarlo. A partir del 3er mes, es preferible que utilices sólo la parte superior que cruza el tórax, dejando la inferior entre la espalda y el asiento. De este modo, en caso de impacto evitarás una presión fuerte y brusca en el abdomen.

Viajar en tren

Los viajes en trenes que no «vibren» mucho (de alta velocidad o aquellos que aprovechan sus vías) son seguros y confortables. Si son nocturnos, deberían hacerse en coche-cama.

No son muy recomendables, sin embargo, los trayectos largos en trenes que se desplazan originando movimientos bruscos, ya que pueden producir un exceso de contracciones.

Viajar en avión

El avión es, sin duda, el medio de transporte más seguro para los viajes largos. Si es posible, pide un asiento de pasillo, para así poder salir fácilmente a estirar las piernas o ir al cuarto de baño.

Si el viaje supera las 2 horas, lleva zapatos muy cómodos y no te descalces, ya que los pies se suelen hinchar y luego no podrías volver a calzarte. A lo largo del vuelo, toma algo dulce de vez en cuando y recuerda que es conveniente que pasees varias veces durante el vuelo.

Respecto al *cinturón de seguridad*, coloca una almohada (hay en todos los aviones) entre el cinturón y la tripa.

En cuanto a los *arcos de seguridad* (detectores de metales) de los aeropuertos, debes saber que son totalmente inocuos para el niño.

No olvides confirmar si la compañía aérea en la que vuelas pone alguna condición para admitirte en ese trayecto (meses de embarazo, certificado médico, etc.). Y, si sigues alguna dieta especial, no olvides advertirlo al hacer la reserva.

Viajar en barco

Los viajes en barcos grandes (no lanchas ni motoras pequeñas) son seguros en el embarazo. No obstante, conviene que te asegures de qué atención médica podrías recibir a bordo si fuera necesario.

Igualmente, infórmate de cuánto tiempo vas a estar sin tocar puerto.

¿Qué se siente en el abdomen a lo largo del embarazo? Sensaciones y posibles molestias derivadas del crecimiento del útero

A lo largo del embarazo se pueden sentir molestias, incluso sensaciones dolorosas que son absolutamente NORMALES y, en ningún caso, patológicas. El hecho de saber qué está pasando realmente en tu cuerpo te tranquilizará y te permitirá poner el remedio oportuno.

Como es evidente, cuantas menos cosas duelan, mejor. A continuación vamos, pues, a comentar no sólo por qué aparecen dichas molestias, sino cómo prevenirlas y/o mejorarlas.

Las articulaciones del canal óseo del parto

El canal óseo del parto es el «túnel» formado por el conjunto de huesos que se denomina *pelvis*: sacro, coxales, pubis y coxis (véase fig. 18). Cuando no estás embarazada, el útero es pequeño (7-8 cm) y está «enterrado» en el fondo de ese embudo que forman los huesos de la pelvis. Pero a lo largo del embarazo va creciendo y sobrepasa el anillo óseo, de modo que el niño va a tener que atravesarlo en su salida al exterior.

Los huesos de la pelvis están articulados entre sí, aunque dichas articulaciones sólo van a ser «móviles» en el embarazo (nunca se mueven en los varones ni en las mujeres fuera de la gestación). Pero como la naturaleza es muy sabia, la placenta segrega estos meses una hormona, que ya hemos citado, llamada relaxina, que relaja estas articulaciones, haciendo que puedan «moverse» y, por tanto, modificándose los diámetros de la pelvis, lo que permite que el niño atraviese el canal óseo más fácilmente. Ahora bien, dado que estas articulaciones no se habían «movido» nunca hasta ahora, al hacerlo pueden originar algunas molestias.

Vamos a ver qué puedes sentir a consecuencia de esa movilidad, que por supuesto no significa que «se abran los huesos».

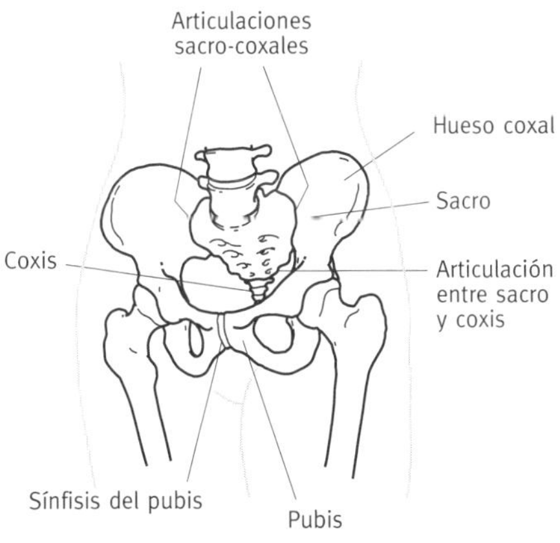

Fig. 18. Canal óseo del parto.

1. Sínfisis del pubis

—Es una curiosa articulación que une las dos ramas del pubis (véase fig. 18) y que se modifica en todas las embarazadas, aunque sólo algunas sentirán pinchazos o dolor detrás del vello del pubis.

—Las molestias aparecen, generalmente, al andar deprisa, incorporarse bruscamente de una silla o realizar algún ejercicio de gimnasia no adecuado. No tienen importancia alguna, y evitando movimientos bruscos y andando más despacio puedes prevenir el dolor.

—En cuanto a la gimnasia durante el embarazo, debes evitar los ejercicios que fuerzan y movilizan esta articulación (por ejemplo, la cinta de andar con elevación o ciertos movimientos con los aductores...); producen un dolor totalmente innecesario y pueden llegar a afectar la sínfisis de modo importante (*diástasis del pubis*). Sin embargo, otros ejercicios pueden aliviarte extraordinariamente si los practicas de modo regular. Pide consejo al profesional que dirige tu gimnasia estos meses.

—La movilidad de la sínfisis del pubis puede permanecer un tiempo después del parto. No te asustes en absoluto, pero sigue evitando los movimientos bruscos. Ésta es una de las razones por las que resulta fundamental que elijas bien el centro donde realizar la gimnasia postparto. Si los ejercicios abdominales o de piernas no son adecuados para una mujer que acaba de tener un niño, pueden traccionar excesivamente de la sínfisis produciendo y/o alargando la sensación dolorosa. (Véase en pág. 359 lo referente a la gimnasia en el puerperio.)

2. Articulaciones sacro-coxales

—Son las dos articulaciones que unen el sacro con ambos huesos coxales (véase fig. 18). Su relajación produce «pinchacitos», como sensación de agujetas, en la línea que une los dos huesos (no debes confundirlos con la ciática, de la que hemos hablado en la pág. 49).

—Esta molestia es mucho menos frecuente que la de la sínfisis del pubis y, después del parto, va a desaparecer inmediatamente.

3. Coxis

—Es el conjunto de huesecillos que forman el final de la columna vertebral (véase fig. 18).

—Al hacerse móvil la articulación del coxis con el sacro, permite que, en el expulsivo, se pueda desplazar hacia atrás, ampliando así el espacio óseo que tiene el niño para salir.

—A algunas embarazadas les resulta francamente incómodo estar sentadas rectas, apoyadas sobre el coxis; el único remedio es hacerlo sobre un glúteo u otro. Las almohadas no suelen ser suficientemente eficaces.

—Tras el parto, la molestia va a ir cediendo paulatinamente y, cuando tus puntos estén bien, ya podrás sentarte confortablemente.

—El desplazamiento del coxis en el parto es, en raras ocasiones, muy forzado. Si esto ocurre, puedes sentir un dolor importante en el hueso (*coxigodinia*), algo que ocurre con mayor frecuencia en mujeres que han sufrido luxaciones o fracturas del coxis por algún accidente antes del embarazo. Si notas que te duele el coxis después del parto, comunícaselo al ginecólogo, quien confirmará si, efectivamente, se trata de este problema y te prescribirá los analgésicos necesarios.

Ligamentos

También los ligamentos de la zona pélvica se ven afectados por el embarazo. Vamos a ver cómo:

1. Ligamentos redondos

—Son los ligamentos que sujetan el útero a los huesos del pubis (véase fig. 15 a, pág. 79). Al hacer un movimiento brusco, toser, estornudar, dar la vuelta en la cama..., los ligamentos se acortan bruscamente para evitar el desplazamiento excesivo del útero. Esto puede producir dolor, como una punzada, en uno o en ambos lados, a unos

4 cm por dentro del «hueso de la cadera». No tiene importancia alguna, aunque el dolor te deje sin habla durante unos segundos.

—Como prevención, evita siempre que puedas los movimientos bruscos: anda despacio, sujétate la tripa cuando tosas o estornudes, gira despacio...

—Y, en el momento que te duela, flexiona las piernas hacia el abdomen, hazte un ovillo, sujétate la tripa y ¡quieta...! Es una punzada que suele desaparecer en unos segundos. Pero si el dolor sólo disminuye y permanece sordo, o se repite muy frecuentemente, consulta con el ginecólogo, ya que a veces puede recomendarte algún medicamento que relaje algo el ligamento.

2. Ligamentos pubo-coxales

—Son los ligamentos que van desde el pubis a los huesos coxales de ambos lados (véase fig. 15 b). Al ser móvil su inserción en el pubis, los ligamentos se mueven cuando andas o inicias el movimiento, produciendo «pinchacitos» no muy molestos y totalmente inofensivos.

—Esta molestia, más frecuente en los últimos meses de embarazo, desaparecerá nada más tener al niño.

Nervios genitocrurales

Son dos de los nervios que inervan el aparto genital. Al ser presionados por todo lo que va creciendo en el interior del abdomen (niño, líquido amniótico, placenta...), provocan una especie de «calambrazo», bien hacia los genitales (clítoris, labios, vagina...), bien hacia el interior del muslo, llegando incluso a la rodilla (por lo general, sólo de un lado).

Aunque esta molestia suele ser más frecuente al final del embarazo (todo pesa más) no significa en ningún caso que el niño esté demasiado bajo ni que el parto sea inminente. Simplemente resulta incómodo y, por supuesto, desaparecerá de forma inmediata tras el parto.

Neuritis del intercostal

Es la inflamación de alguno de los nervios que se encuentran entre las costillas. Como puede observarse en la figura 15, en los últimos meses de embarazo los órganos desplazados por el útero (intestino, hígado...) presionan las costillas y, en consecuencia, los nervios intercostales.

Esta presión puede originar tres síntomas diferentes:

—*Dolor*: generalmente sólo en un lado, recorriendo la costilla por delante y en ocasiones hasta la espalda.

—*Presión*: te parece que el sujetador te resulta pequeño, pero ¡no compres inútilmente uno nuevo! Fíjate bien y verás que desnuda también sientes la molestia, porque la presión no proviene del exterior.

—*Escozor*: como si la piel estuviera rozada o enrojecida.

Si ya tienes alguno de estos síntomas, a veces bastante desagradables, puedes:

—Sentarte recta, así alejas las costillas del útero.

—Levantar el brazo del lado afectado. Ciertos ejercicios de gimnasia pueden aliviarte; pregunta en el centro donde acudas en tu embarazo.

—Aplicarte calor con una manta eléctrica enrollada, pero ¡sólo en las costillas!, nunca en el abdomen.

—Vigilar que no se acumulen los gases en el intestino, para que la presión en las costillas sea menor.

Taquicardia leve

Además de las modificaciones que se producen en el corazón y en la circulación de la gestante, totalmente fisiológicas y que aquí no vamos a detallar, podemos ver en la figura 15 que, según avanza el embarazo, el corazón se encuentra cada vez más desplazado hacia arriba. Esto puede producir una pequeña y transitoria taquicardia que no debe preocuparte en absoluto.

Puede aparecer más frecuentemente después de comer (el estómago está lleno y presiona), si tienes gases y al estar acostada.

Procura hacer la digestión bien sentada, evitar los gases (véase pág. 84) y colocar unos libros bajo la cabecera del colchón para dormir algo incorporada; así, el útero no presionará tanto las estructuras del tórax.

Dificultad para respirar

Por el mismo desplazamiento de los órganos intestinales hacia el diafragma al final del embarazo, las respiraciones pueden hacerse más frecuentes y poco profundas. Esto origina que, en ocasiones, sientas que no entra todo el aire que necesitas.

Por supuesto, ello no quiere decir que el niño no reciba suficiente oxígeno. En el embarazo, el centro respiratorio presenta una mayor sensibilidad a los incrementos de la presión parcial de dióxido de carbono (CO_2). Si ésta se incrementa, se compensa con una mayor ventilación pulmonar mediante una respiración más profunda (casi un gran suspiro).

Todas las recomendaciones anteriores son válidas para este problema (sentarte erguida, elevar el colchón, etc.). También puedes añadir algún ejercicio respiratorio que te ayude a que el intercambio de aire sea más correcto: sentada o de pie, inspira —coge mucho aire— sacando la tripa, mantén el aire dentro unos segundos y espira —sopla— metiendo la tripa hacia la espalda.

La neuritis del intercostal, la taquicardia y la «falta» de aire pueden mejorar mucho si el niño «baja» algo en las últimas semanas de embarazo. Pero no olvides que también es completamente normal que el niño descienda a la pelvis el mismo día del parto.

Contracciones en el embarazo

Toda mujer embarazada tiene contracciones a lo largo de su embarazo. Lo importante es saber reconocerlas e interpretar su significado.

1. ¿Qué es una contracción? ¿Cómo sé que tengo una?

—Se dice que una mujer tiene una contracción, ya sea de embarazo, de parto o de puerperio, cuando siente la tripa *dura* unos *segundos*: al presionar el abdomen, lo encuentra francamente duro y no puede hundir los dedos.

—Es evidente que hay que tocar esa parte del abdomen en la que se encuentra el útero en cada momento del embarazo: el fondo uterino llega a la altura del ombligo, aproximadamente hacia el 5º mes. Si a partir de ese momento, presionas entre el ombligo y el vello del pubis, estarás tocando, a través de la piel y la pared abdominal, *sólo* útero; si tocas más arriba, y estás de pocos meses, te podrías confundir, ya que estarías tocando el intestino y, por tanto, lo notarías siempre blando.

—Si notas sólo una parte de la tripa dura, como una pelota, puede ser el niño, no una contracción. Presiona ligeramente pero *sin* miedo (¡algunas embarazadas ni siquiera se atreven a rozarse la piel...!). El niño se moverá y el bulto desaparecerá.

—En el embarazo las contracciones no suelen superar los 30-40 segundos, aunque si alguna dura más no te inquietes.

—Son *irregulares*, es decir, puedes tener 2 o 3 seguidas (por ejemplo, si corres unos metros porque llueve) y luego ninguna otra en las horas que siguen.

—Para saber si lo que notas en la tripa —tensión, presión, etc.— es una contracción, aprieta ligeramente encima del vello del pubis. Si está duro, será efectivamente una contracción; si puedes hundir los dedos, será cualquier otra cosa.

2. ¿Cuándo aparecen las contracciones de embarazo?

—Aparecen a lo largo de *todo* el embarazo. Recuerda que el útero es un músculo que se mueve incluso fuera de la gestación, por ejemplo al tener la regla.

—Los 2 o 3 primeros meses pueden pasarte desapercibidas (son escasas, cortas y muy suaves), pero a medida que el útero crece podrás darte cuenta claramente de que las tienes.

—Si ya has tenido otro niño, puedes sentirlas antes y con mayor nitidez.

3. ¿Por qué se producen? ¿Son normales?

—Se producen porque el útero está «practicando». Durante el embarazo, hay un aumento de fibras musculares además de una, cada vez mayor, distensión de las mismas. Para que estas fibras estén listas para trabajar eficazmente el día del parto, abriendo el cuello y expulsando al niño, tienen que ejercitarse. Este entrenamiento se realiza mediante contracciones, producidas, a lo largo de todo el embarazo, por el influjo hormonal de los estrógenos.

—En conclusión, podemos decir que las contracciones en el embarazo no sólo son normales, sino *necesarias*, y *toda embarazada* las tiene.

4. ¿Duelen las contracciones?

—La gran mayoría de las contracciones de embarazo *no* duelen. Muchas de ellas ni siquiera son perceptibles dada su baja intensidad.

—Al final de la gestación, si eres primípara, y en los últimos meses, si eres multípara, puedes notar alguna contracción desagadable, incluso dolorosa, en el abdomen (entre el ombligo y el vello) y/o en la parte inferior de la espalda (aunque siempre acompañada de tripa dura). No te preocupes en absoluto, es normal. No obstante, si son muy molestas y/o frecuentes, consulta con tu ginecólogo, quien valorará los síntomas y te tratará adecuadamente si fuera necesario.

5. ¿Qué número de contracciones se considera normal?

—Durante los seis primeros meses puedes notar alrededor de seis contracciones por día, pero en el último trimestre, hasta diez diarias, y algo más si eres multípara.

—Por supuesto, no debes obsesionarte con el número de contracciones que notas ni estar tocándote la tripa continuamente. Calcula su número y duración sólo en el caso de que su frecuencia te llame la atención.

6. ¿Qué puede producir un exceso de contracciones?

—Hay tres causas diferentes que pueden producir un mayor número de contracciones:

* *Estímulos físicos*: correr, andar deprisa, ir de compras, levantarte rápidamente del suelo, etc.

—No hay una regla ni límite fijo para todas las mujeres. Algunas embarazadas tienen una actividad física intensa y su útero no reacciona con un exceso de contracciones, y otras, en cambio, ante el más mínimo esfuerzo, desencadenan una mayor actividad uterina.

—Si sientes muchas contracciones, debido a la actividad física que estás realizando o has realizado en las horas anteriores, procura ir a casa o por lo menos descansar, a ser posible tumbada del lado izquierdo. En pocas horas tu útero se relajará y las contracciones desaparecerán. Y ¡aprende lo que *tu* útero «no te deja» hacer. Si hoy tu plan ha sido: trabajo-compra-trabajo-cena fuera..., y ves que ello te ha producido un exceso de contracciones, al día siguiente limita tu actividad. A veces es preferible «bajar algo el ritmo de vida» y poder seguir con tu actividad habitual, que querer hacerlo todo y terminar en reposo en la cama algunas semanas.

* *Estímulos psíquicos*: el estrés, el exceso de preocupaciones en el trabajo, una discusión con tu pareja, un familiar enfermo o un problema puntual pueden desencadenar tantas o más contracciones que los estímulos físicos. En tal caso sería absurdo decir a una embarazada simplemente que descanse; su cabecita seguiría trabajando y el útero no se relajaría.

—En ocasiones, si el problema es alguna preocupación leve, puede ser suficiente con distraerte leyendo algo ameno, viendo un rato la televisión o charlando; pero si la causa es importante y seria, esta solución resultará claramente insuficiente. Comenta tu problema con el ginecólogo, quien valorará la actividad uterina que presentas y, en último caso, la necesidad de medicarte.

—El aprendizaje y la práctica a lo largo del día de *técnicas de relajación específicas* es bueno para ayudarte a minimizar el efecto de la tensión y el estrés diario. Volveremos a hablar de ello en los capítulos dedicados a la psicología.

* *Otros estímulos*: infecciones urinarias, vaginales y otras patologías pueden, asimismo, producir un exceso de contracciones.

—Si percibes un aumento del número de contracciones y no encuentras una justificación física o psíquica para ello, consulta con tu médico, quien te diagnosticará y tratará adecuadamente.

7. ¿Cuándo debo avisar al médico o ir a la clínica u hospital?

—Debes avisar al médico o acudir a la clínica:

* Si, antes de terminar la semana 37 de gestación, notas contracciones con RITMO, aunque no te duelan, ya que puede significar una amenaza de parto prematuro.

* Si tienes más de veinte contracciones al día, claras y largas (más de 40-50 segundos), aunque sean sin ritmo, pero que no desaparecen con el descanso.

* Si, por un mínimo esfuerzo (peinarte, andar poco, ducharte), tienes contracciones repetidas. El ginecólogo valorará la información que le des, objetivará las contracciones y decidirá si es necesario el reposo y/o la medicación. En ocasiones, esto significa que tienes un *útero irritable*, es decir más propenso a contraerse por pequeños estímulos. El médico, dependiendo de tu actividad diaria (trabajo, otros niños en casa...) y de la importancia de tus contracciones, te aconsejará una disminución del ritmo de vida o, si es necesario, un mayor o menor reposo.

RESUMEN

—Las contracciones son normales y necesarias.

—Si hay un exceso injustificado, debes avisar a tu ginecólogo.

—Cada mujer tiene un límite en su actividad completamente distinto. Así pues, ¡OBEDECE A TU ÚTERO!

Hipertonía uterina leve

1. ¿Qué es? ¿Qué se siente?

—La hipertonía uterina leve es el aumento de tono del músculo del útero. Se percibe como una sensación de peso, de tensión fuerte en la parte inferior del abdomen, que puede llegar a ser molesta. En ocasiones, sientes como si fueras a tener la regla e, incluso, tienes que andar algo encogida y sujetándote la tripa. Por lo general, cede al descansar.

2. ¿ Por qué aparece?

—Se podría decir que porque el útero «se queja», ya sea de un exceso físico o psíquico.

—Se suele percibir al final del día, tras una jornada dura, o al realizar ciertas actividades: andar, sobre todo deprisa, nadar, viajar...

—Como en el caso de las contracciones, no se puede delimitar el nivel de actividad que produce la hipertonía. Algunas mujeres andan 2 o 3 horas diarias y su útero permanece relajado, y otras, en cambio, van simplemente a comprar el periódico y notan la tripa tensa y pesada. También se puede observar que la sensibilidad del útero es variable de un día a otro.

—La hipertonía NO está relacionada con la preparación física previa al embarazo. Una embarazada en perfecta forma, habituada a un ritmo de vida y trabajo imparable, incluso practicando deporte y/o gimnasia, puede sentir en estos meses que el útero no le deja hacer la misma actividad. Eres una mujer del siglo XXI, pero tu útero sigue siendo «del XIV», contempla atónito el ritmo de vida que llevas habitualmente y te avisa para que frenes. Debes escucharle y limitar tu actividad.

3. ¿Cómo puede prevenirse la hipertonía?

—Como ya hemos comentado, la mejor prevención es conocer el límite de tu útero y procurar no sobrepasarlo.

—Intenta, pues, encontrar a lo largo del día momentos para dar un respiro a tu «fatigado» útero. Descansa o, mejor aún, practica alguno de los ejercicios de relajación cortos que hayas aprendido en tu centro de preparación. Siempre puedes encontrar unos minutos, aunque trabajes fuera de casa, para «frenar» unos instantes (a la hora de comer, en el cuarto de baño...) y así poder llegar al final del embarazo sin interrumpir tu trabajo o actividad cotidiana.

4. ¿Qué hacer cuando se nota la hipertonía?

—Lo primero, NO ALARMARSE. Simplemente frena tu ritmo y trata de descansar un rato (preferiblemente tumbada del lado izquierdo). La sensación de pesadez, de tensión, desaparecerá en poco tiempo.

—Al llegar a casa ese día, procura irte pronto a la cama; concéntrate en descansar, cuídate y que te cuiden. Tu útero se relajará y podrás reanudar tu actividad normalmente al día siguiente.

Movimientos del niño

Puede afirmarse que todo movimiento *sin ritmo* que percibas en el abdomen es un movimiento de tu hijo.

1. ¿Cuándo se empieza a notar al niño?

—En las primíparas, alrededor del 5º mes, aunque algunas lo notan ya en el 4º y otras, en cambio, no sienten nada hasta cerca del 6º.

—En las multíparas, sin embargo, suele ser alrededor del 4º mes.

—En cualquier caso, es importante que no te agobies si otra embarazada con las mismas semanas de gestación ya siente al niño y tú todavía no.

2. ¿Qué se siente?

—Toda mujer que haya tenido un hijo sabe qué conjunto de sensaciones se tiene cuando, por primera vez, aparece ese culebreo o burbujeo en la tripa y piensa que puede ser su hijo. ¿Alegría, responsabilidad, miedo...? Un abanico de emociones se abre ante la evidencia de que realmente tienes a un nuevo ser, TU HIJO, dentro de ti.

—Los primeros movimientos del niño se pueden describir como una burbuja, como un aleteo que a veces se confunde con gases. Recuerda que el útero ha llegado al ombligo al 5º mes, por lo que todas las sensaciones que tengas en esa parte del abdomen provienen sólo del útero, no del intestino.

—Al principio puede ser que no notes al niño todos los días. Es posible que percibas su movimiento una vez y que luego pasen un par de días sin que lo sientas. Es completamente normal.

—A lo largo de las siguientes semanas, los movimientos del bebé se harán más evidentes y los sentirás *todos* los días. Éstos se perciben de forma diferente de una embarazada a otra, de un momento del día a otro y de un día a otro. Unas describen el movimiento de su hijo como una onda suave que recorre su tripa, otras como verdaderas volteretas o remolinos, otras como «pataditas», incluso «patadas» no tan agradables. Todo puede pasar y todo es absolutamente normal.

—La sensación de cómo se mueve el niño puede variar a lo largo del embarazo. En la semana 28-30 de gestación se puede notar grandes vuelcos y, al acercarte a la 36-37, sentir más claramente el movimiento de las extremidades. El feto ha crecido y ya no tiene tanto espacio.

—Por supuesto, no existe relación alguna entre lo «movido» que sea un feto en el útero y la actividad o temperamento del niño después de nacido. Niños muy activos en la tripa pueden luego ser muy tranquilos y viceversa.

—Hablaremos también de los movimientos del niño en las páginas sobre la psicología del embarazo.

3. ¿Cuánto se tiene que mover?

—No hay una regla fija al respecto; ésta varía muchísimo de un niño a otro, incluso, en la misma mujer, de un embarazo a otro. Además, el bebé «duerme» a lo largo del día y puedes no sentir sus movimientos durante su sueño.

—En todo caso, tienes que notar que el niño se mueve varias veces al día, pero no te agobies: no hace falta estar todo el día controlando los movimientos fetales. Te acostumbrarás a ellos y los echarás de menos si disminuyen o desaparecen.

—En general el niño se mueve más :

* Por la tarde.

* Después de ingerir alimento.
* Cuando estás relajada o descansando.

—Es decir, con frecuencia notarás más al niño cuando te vas a la cama después de cenar. Por supuesto, esto no quiere decir que el resto del día el niño no se mueva. Algunos de sus movimientos, incluso, no son perceptibles para ti, porque estás distraída y ocupada, porque son menos intensos o por la posición del feto. Si te hacen una ecografía es posible observar movimientos del feto que tú no has percibido.

4. ¿Hasta cuándo se nota al niño?

—Desde el momento que empiezas a sentir al niño a diario, debes notar sus movimientos TODOS LOS DÍAS del resto del embarazo, incluido el del parto.

—Es posible que hayas oído que al final del embarazo el niño no se mueve porque «está encajado» o porque «ya es muy grande». Esto es absoluta y peligrosamente FALSO. Los movimientos del niño pueden variar, pero nunca desaparecer.

5. ¿Qué hacer si no se nota al niño?

—Lo primero que hay que recordar, es que el niño puede moverse algo menos durante algunas horas o días y ser completamente normal. Pero si al llegar la tarde no has notado al bebé *en absoluto*, debes:

* Tomar algo dulce (chocolate, miel, azúcar...), ya que la glucosa va a estimular los movimientos fetales.

* Descansar tumbada del lado izquierdo, así no presionarás ni la aorta (arteria que va por la espalda y lleva sangre a todo el cuerpo) ni la cava (vena por la que vuelve la sangre al corazón), y conseguirás que llegue más sangre al útero y a la placenta, recibiendo el niño más oxígeno y alimento, lo que estimula sus movimientos.

* Mover tu abdomen con las manos para despertar al niño si está pasando por una fase de «sueño».
* Hacer un ejercicio de relajación, respirando suavemente para favorecer el mejor riego y oxigenación del niño.

—Si a los 20-30 minutos de haber realizado todo esto el niño no se ha movido, repítelo una hora más tarde; y, si a pesar de ello, sigues sin percibir ningún movimiento, sería conveniente que llamases al ginecólogo o que acudieses al hospital o clínica, para que un profesional escuche a tu hijo y se cerciore de que está bien.

Movimientos rítmicos en el abdomen

Algunas embarazadas perciben movimientos con ritmo, como latidos, en cualquier parte de su abdomen o en la parte superior de los muslos. Esto puede deberse a:

1. Percepción del «latido» de una de tus arterias

—Cuando te tomas el pulso no haces otra cosa que presionar con los dedos sobre una arteria y sentir la llegada pulsátil de la sangre. Si piensas que el útero, cada vez mayor y lleno de líquido, presiona múltiples arterias que van por tu espalda (aorta, renales, iliacas...), podrás entender cómo se puede sentir el pulso de la sangre a través de él.

—Si notas un movimiento rítmico en tu tripa y quieres saber si es una arteria, tómate el pulso. Si los dos «latidos» van al mismo ritmo, no lo dudes, es la llegada de sangre a una de tus arterias.

2. Movimientos respiratorios del niño

—Puedes notar movimientos rítmicos en tu tripa que no siguen el mismo ritmo del pulso. El feto presenta episodios más o menos rítmicos de movimientos respiratorios que se pueden observar por ecografía a partir de la semana 11 de gestación, aunque son más frecuentes y evidentes a partir de la semana 24. Parece que se relacionan con la maduración del control central de la respiración y pueden percibirse más fácilmente por la tarde y tras tomar algo dulce.

—Todos los niños lo hacen —vulgarmente se llama «hipo»—, aunque no todas las madres lo perciben y, por supuesto, es algo completamente normal.

Dudas que se plantean frecuentemente en el embarazo

El cordón umbilical

El cordón umbilical es el nexo de unión entre la placenta y el feto. A través de él se realiza el flujo de sangre entre ambos. En su interior discurren dos arterias (que llevan la sangre fetal, pobre en oxígeno y llena de desechos, hacia la placenta) y una vena (que lleva al feto la sangre proveniente de la madre, rica en oxígeno y alimento).

1. ¿Se puede ver en una ecografía?

—Es posible visualizar parte del cordón en una ecografía, pero no todo su recorrido.

2. ¿Se puede «ahogar» el niño si tiene una vuelta de cordón al cuello?

—Lo primero que hay que recordar es que el feto NO respira inspirando aire por la nariz ni por la boca. Está inmerso en líquido amniótico y recibe el oxígeno necesario a través de la sangre que fluye por el cordón umbilical.

—Por otra parte, es prácticamente imposible que el cordón

se comprima hasta llegar a interrumpir el flujo de sangre, ya que los vasos que contiene (dos arterias y una vena) están rodeados de una sustancia (*gelatina de Wharton*) que los protege e impide que se colapsen por una vuelta.

—Por todo esto, la palabra «ahogo» no tiene sentido.

3. ¿Qué pasa cuando un niño sale con una «vuelta de cordón»?

—En ocasiones, el ginecólogo puede visualizar mediante una de las ecografías realizadas en el embarazo una vuelta de cordón. Ésta puede permanecer hasta el día del parto, pero también es posible que desaparezca antes.

—En el parto, si el niño tiene una o más vueltas de cordón alrededor del cuello, el ginecólogo o matrona podrán quitarlas perfectamente, una vez que su cabeza esté fuera de la vagina de la madre. Esto se realiza tirando suavemente del cordón si la circular lo permite, o pinzando y cortando el cordón previamente, si la vuelta se encuentra muy apretada. Es algo que ocurre con frecuencia y se considera una actuación normal en la práctica obstétrica.

—En ocasiones, una circular de cordón puede motivar una cesárea si se plantea algún tipo de problema (por ejemplo, que impida que el niño baje adecuadamente por el canal del parto).

—En todo caso, ¡no te preocupes!; estás atendida por profesionales perfectamente preparados para hacer frente a estas eventualidades tan comunes en la práctica diaria.

Mi hijo está de nalgas

Se dice que un niño está de nalgas (*presentación podálica*) cuando la parte del cuerpo que se presenta sobre el cuello del útero es sólo las nalgas (*nalgas puras*) o las nalgas y los pies (*nalgas completas*).

1. ¿Hasta cuándo se puede volver?

—Si tu ginecólogo te informa que tu niño está de nalgas antes de la semana 32, no pienses mucho en ello. Hay tiempo y espacio suficientes para que el niño pueda girarse y volverse fácilmente, y quedar con la cabeza hacia abajo (presentación cefálica), aunque también puede quedarse de nalgas hasta el final de la gestación.

—Según va avanzando el embarazo, el feto es más grande y las posibilidades de girar en las últimas semanas son menores, pero siempre se puede mantener la esperanza hasta las dos últimas semanas.

2. ¿Puedo hacer algo para que el niño se vuelva?

—En realidad nada. Todos los trucos que puedas leer no son realmente eficaces.

—Lo único es intentar aplicar por la tarde las técnicas de relajación que has aprendido, respirando suavemente. Esto favorecerá la movilidad del niño en un útero relajado, dándole una oportunidad para que se vuelva.

—La versión externa (dar la vuelta al niño en el embarazo) ha sido utilizada durante años pero, actualmente, está casi en desuso, ya que conlleva riesgos para el niño que no se corren con una cesárea.

3. ¿Voy a tener un parto vaginal o una cesárea?

—La decisión de que el niño nazca por una vía u otra corresponde por entero al ginecólogo que lleva tu embarazo.

—En las primíparas, si el niño está de nalgas la cesárea se hace casi en el 100 por cien de las mujeres; en las multíparas, el médico valorará cada caso atendiendo a diversos criterios: parto anterior, peso del feto, etc.

—Si finalmente se decide hacer una cesárea, puede que la fecha escogida sea unos días antes de la fecha probable de parto. Esto es debido a que resulta preferible evitar riesgos (prolapso de cordón, urgencias innecesarias, etc.), y a que la posibilidad de que el niño se vuelva en los últimos días es prácticamente nula.

—Si se va a intentar un parto por vía vaginal, pide instrucciones concretas a tu ginecólogo para saber cuándo debes acudir a la maternidad. En general, en cuanto empieces a notar contracciones con ritmo, sea el que sea, para que te atiendan adecuadamente. No esperes a tener contracciones frecuentes. Necesitas una vigilancia especial.

—En el caso de que rompas la bolsa, es importantísimo que te tumbes, porque el riesgo de prolapso de cordón, que ya comentaremos, es mayor en esta presentación. Acude, sin esperar a nada ni a nadie, a la maternidad.

—En los partos de nalgas, tu colaboración en el paritorio resulta imprescindible. Te pedirán que empujes o que no lo hagas, y tienes que saber y poder obedecer. Aprende, pues, a empujar en un centro de preparación: tu hijo te necesita muy especialmente.

Placenta previa: ¿qué es?, ¿puede «subir»?

Se denomina *placenta previa* a la placenta que se inserta total o parcialmente en el segmento inferior del útero, pudiendo incluso taponar el orificio por el que tendría que salir el niño.

Se diagnostica mediante una ecografía y su frecuencia es de 1 embarazo cada 125-250. Es más frecuente en multíparas y en mujeres con una intervención anterior en el útero (cesárea, miomas, legrados, etc.).

1. Precauciones

—Si en una exploración ecográfica observan que tienes una placenta previa, tu ginecólogo te indicará algunas precauciones a tomar:

* *Durante los primeros meses*

—Se suele recomendar no mantener relaciones sexuales.

—No hacer esfuerzos físicos, e incluso, en ocasiones, estar en reposo.

—Avisar a tu ginecólogo cuanto antes si manchas.

* *En la segunda mitad del embarazo*

—El principal problema de la placenta previa en estos meses es la presentación de una hemorragia de menor o mayor intensidad. Si sangras, aunque no duela nada, acude *de inmediato* al hospital o clínica, donde valorarán la intensidad del sangrado y la madurez fetal, y adoptarán las medidas necesarias.

—Al llegar a la maternidad es MUY IMPORTANTE que informes a la matrona o al médico que te recibe que tienes una placenta previa, porque en estos casos se evita hacer un tacto vaginal ya que éste puede incrementar la hemorragia.

2. ¿Parto vaginal o cesárea?

—Si la placenta es *previa oclusiva*, es decir, se encuentra delante del orificio cervical interno del útero, obviamente será una cesárea, ya que es imposible que el niño salga por la vagina.

—Si la placenta es *marginal*, es decir, no obstruye totalmente el orificio cervical interno, depende de las condiciones obstétricas (grado de hemorragia, dilatación, estado del feto, etc.) y será el ginecólogo quien decida en cada caso.

3. ¿Puede subir la placenta?

—Si te diagnostica una placenta *baja* (lateral o segmentaria), el médico puede decirte que no te preocupes porque ésta «va a subir». A esto se le llama *migración placentaria*: no quiere decir que la placenta se desplace por las paredes del útero, sino que cambia la relación útero-placenta a lo largo del embarazo: la parte inferior del útero crece más, por lo que la distancia entre el borde inferior de la placenta y el orificio cervical es cada vez mayor. Al final del embarazo la placenta ya no está cerca del cuello. Esto ocurre con frecuencia y permite un parto vaginal.

Deportes y gimnasia en el embarazo

Hoy en día muchas mujeres realizan ejercicios de gimnasia o practican habitualmente algún deporte, y se plantean la posibilidad de continuar esa actividad durante el embarazo. En ausencia de complicaciones médicas, puedes seguir haciendo ejercicio durante la gestación. Mantenerte en forma física va a ayudarte a superar los cambios físicos que se producen estos meses, pero no se puede generalizar. La posibilidad de continuar tu actividad depende no sólo del deporte o ejercicio que quieras practicar, sino de tus condiciones personales.

Siempre debes consultar con tu ginecólogo *antes* de seguir con tu actividad habitual. Él te aconsejará de acuerdo con tu historia y tus necesidades individuales. Está claro que una embarazada que haya tenido un aborto previo o que haya sangrado algo en esta gestación, deberá interrumpir, al menos momentáneamente, la práctica de ejercicio. En otras ocasiones, la causa para restringir la actividad deportiva aparece en el embarazo: incompetencia cervical, sangrado, hipertensión, amenaza de parto prematuro, crecimiento del feto insuficiente, anemia importante, irritabilidad uterina, etc.

Indicaciones generales para la práctica de ejercicio en el embarazo

En toda embarazada hay que tener en cuenta las modificaciones que se producen en el aparato respiratorio y cardiovascular, así como los cambios de equilibrio producidos por el aumento de tamaño del útero y las mamas. Por otra parte, en estos meses se producen cambios metabólicos y de termorregulación.

Por todo ello, hay que tener en cuenta las siguientes indicaciones:

—El ejercicio moderado y regular es una de las actividades recomendadas en el embarazo.

—Debes prevenir la hipoglucemia, tomando algo de alimento una media hora antes de hacer ejercicio.

—Evita el calor excesivo, sobre todo en el primer trimestre, y manténte hidratada.

—Bebe lo que necesites y no sudes en exceso.

—El límite en la actividad varía de mujer a mujer. Reduce, o incluso suprime, cualquier ejercicio, si, cada vez que lo realizas, te produce un exceso de contracciones, hipertonía uterina persistente o cansancio. *Nunca debes* llegar a la fatiga.

—No hagas ejercicios tumbada sobre la espalda mucho tiempo. Si te mareas en esta posición (*síndrome de hipotensión supina*), gira un poco hacia el lado izquierdo para no presionar ni la aorta ni la cava inferior, y así mejorar la circulación. Te recuperarás enseguida.

—Consulta con el médico si sientes dolor en el abdomen o en otra parte del cuerpo (espalda, pubis, articulaciones...), sangras, tienes taquicardia, te mareas o te cansas excesivamente.

—Empieza siempre con ejercicios de calentamiento y termina la sesión con ejercicios de relajación para evitar lesiones y recuperarte mejor.

Deporte

Si el médico lo permite, podrás seguir practicando alguno de los deportes que realizas de forma regular; pero, obviamente, el embarazo no es el momento adecuado para iniciarte en un deporte.

Si ya estás habituada, se suele admitir que continúes disfrutando de:

—Golf, natación (véase pág. 160), paddle y tenis practicados suavemente.

—Bicicleta estática sin resistencia.

Practicados con moderación, no producirán fatiga ni un exceso de contracciones, y puedes continuar su práctica hasta el final, o casi, de la gestación.

Sin embargo, la práctica de otros deportes está claramente prohibida a lo largo del embarazo, por los riesgos que conllevan:

—Los violentos o de competición (squash, tenis intenso, jogging...).

—Los que puedan suponer un golpe en el abdomen (baloncesto, voleibol...).

—Los de alto riesgo (alpinismo, parapente, esquí de nieve o acuático, patinaje, equitación, buceo...).

—La bicicleta, tanto por las cuestas o por el estado del suelo, como por la falta de equilibrio.

No olvides que, a pesar de las inmensas ventajas que tiene la práctica del deporte, nunca puedes arriesgar el bienestar de tu hijo. Si detectas algún problema, ponlo en la balanza de tus prioridades y abstente, si es preciso.

1. Piscina y mar

—Una de las actividades deportivas más frecuentemente recomendada en el embarazo es la natación; sin embargo, conviene matizar algunos detalles:

* Puedes meterte en el agua de la piscina o en el mar hasta 3 semanas antes de la fecha probable de parto.

* Debes extremar las medidas de higiene: no sólo para prevenir las infecciones vaginales (no te sientes en el borde de la piscina, ni en los vestuarios, el césped o la arena; mejor hazlo sobre *tu* toalla), sino para evitar los problemas en los pies (hongos, etc.).

* Ten cuidado con el oleaje: puedes bañarte en el mar, pero no si las olas son fuertes.

* Si te adentras en el mar, ve siempre acompañada, mide tus fuerzas y vuelve antes de que sientas cansancio.

—En lo que se refiere a la *forma de nadar*:

* Es preferible el estilo de espalda tanto con patada de braza como con patada de *crawl*.

* Puedes practicar el estilo de braza moderadamente, procurando no arquear la espalda para no agudizar la lordosis lumbar.

* No debes nadar a *crawl* (estilo libre), ya que facilita la aparición de contracciones y aumenta el arco de la espalda, originando lumbalgia y/o ciática.

* No puedes tirarte de cabeza ni entrar bruscamente en el agua.

* No puedes bucear, aunque sea sin botella.

—Respecto al tiempo que es aconsejable nadar, no existe una regla fija; el límite se encuentra en la aparición de un exceso de contracciones o hipertonía uterina (véase pág. 147). Algunas mujeres nadan veinte largos y no tienen ninguna contracción de más, y otras, en cambio, con sólo unos metros sienten su tripa dura y molesta. Por tanto, tienes que acoplar el tiempo que nadas a lo que tu útero te «permite».

Gimnasia

El ejercicio físico ayuda a mantener una buena salud en cualquier momento de la vida. El embarazo no constituye una excepción a esta regla. Hacer gimnasia *correcta* y *adecuadamente* puede ser una de las mayores ayudas para llegar al final de tu gestación más ágil, guapa y con menos limitaciones.

Como en el caso del deporte, tienes que *consultar con el ginecólogo previamente*, ya que en la mayoría de los casos habrá que acoplar los ejercicios a tu nuevo estado.

1. ¿Cuáles son sus ventajas?

—Los ejercicios de gimnasia BIEN practicados te ayudan a:

* Controlar física y psíquicamente tu cuerpo.

* Aumentar el tono muscular: trabajando la musculatura permitida en el embarazo, mantendrás tu espalda, glúteos, muslos y brazos fuertes y duros. No tienes por qué perder el tono de la mayoría de tu cuerpo.

* Aumentar la elasticidad y flexibilidad de ligamentos y articulaciones.

* Aumentar la resistencia física o impedir que disminuya excesivamente; así podrás aguantar mejor el cansancio que supone el parto.

* Prevenir y mejorar los problemas de espalda (lumbalgia, ciática, etc.).

* Prevenir y mejorar los problemas circulatorios (varices, retención de líquido, hemorroides, contracturas en las piernas...).

* Mejorar las molestias en el pubis mediante ejercicios específicos para cada embarazada.

* Ayudar a prevenir el estreñimiento.

* Ayudar a dormir mejor, sobre todo si va acompañada de ejercicios de relajación.

* Complementar la dieta en lo que al control del peso se refiere. No debes ver en la gimnasia una forma de quemar calorías, sino una ayuda para mantener el tono muscular.

* Prevenir una mayor aparición de celulitis.

* Recuperar mejor tu figura después del parto.

2. ¿Dónde se puede practicar gimnasia estando embarazada?

—La respuesta es clara: en un centro cuyos profesionales tengan experiencia en trabajar con embarazadas. En él encontrarás un *programa específico* sólo para gestantes (no incorporadas a un grupo general, en el que simplemente se abstienen de hacer algún ejercicio). No es suficiente la recomendación de «no saltes, no te canses». Una mujer acostumbrada a hacer gimnasia va a provocar «cansancio» en su útero (contracciones, hipertonía...) mucho antes de sentir fatiga en el resto del cuerpo.

—La elección del centro debe ser comentada con el ginecólogo, quien podrá recomendarte uno de su confianza en el que se conjuguen los dos objetivos de la práctica de la gimnasia en el embarazo, salud y belleza, *sin* provocar contracciones no deseadas ni otras complicaciones.

3. ¿Qué ejercicios están prohibidos?

—No debes practicar a lo largo de todo el embarazo ejercicios:

* Realizados con saltos o movimientos bruscos.

* Abdominales: salvo los que trabajan el músculo transverso del abdomen y, muy suave y controladamente, los rectos superiores y oblicuos; es decir, nunca deben practicarse ejercicios como hacer tijeras o bicicleta con las piernas, ya que pueden provocar contracciones y separar aún más los músculos rectos (véase pág. 339).

* Los que agudizan la lordosis lumbar, es decir, todos en los que se arquee la espalda hacia atrás.

* En aparatos.

* Con pesas: salvo los de brazos, si estás sentada, y con pesas inferiores a 500 g.

* Con el pie en flexión dorsal (hacia la pierna) porque favorecen la aparición de ciática.

* Los que movilicen la sínfisis del pubis: algunos movimientos de piernas y glúteos, que fuera del embarazo resultan útiles, ahora pueden producir dolor o molestias en dicha articulación.

4. ¿Qué ejercicios sí se pueden hacer?

—Un correcto progama de gimnasia para embarazadas debe tener en cuenta, ante todo:

* *Ejercicios de calentamiento y circulatorios*: deben ser un paso previo y obligado en cualquier tabla.

* *Pies*: en la pág. 94 ya vimos por qué es tan necesario trabajar los pies en el embarazo.

* *Piernas y glúteos*: son las partes del cuerpo que, trabajándolas adecuadamente, pueden mantenerse con mejor tono y firmeza, sin efectos perjudiciales para el útero.

* *Espalda*: debemos cuidarla no sólo con ejercicios específicos y orientados al problema de cada mujer (escoliosis, hiperlordosis...), sino que hemos de tenerla en cuenta al practicar cualquier ejercicio realizado para otras partes del cuerpo, atendiendo a la diferente estática de la columna. Se buscará fortalecer especialmente la musculatura lumbar para prevenir las lumbalgias y ciáticas, así como trabajar la musculatura cérvico-dorsal que tanto va a sufrir al coger al niño en brazos los primeros meses de vida.

* *Cintura*: se puede trabajar con ejercicios modificados. Aunque no veas el efecto en estos meses, te ayudarán a recobrar la figura después del parto.

* *Abdominales*: se ejercita fundamentalmente el transverso del abdomen, porque es el músculo que va a empujar al niño en el paritorio. El resto debe limitarse como ya hemos comentado.

* *Brazos*: puedes realizar cualquier ejercicio de brazos, siempre que no vaya acompañado de un esfuerzo de la musculatura abdominal.

* *Pecho*: puedes practicar los ejercicios que trabajan los músculos que rodean y sujetan la mama, incluso con pesas pequeñas.

* *Cuello*: como parte de la columna vertebral, se debe cuidar especialmente, ya que por un lado sufre la diferente alineación de las vértebras en el embarazo y, por otro, su musculatura padece frecuentemente contracturas por la tensión y el estrés diario.

* *Ejercicios de estiramiento* suave y controlado de la musculatura trabajada.

* *Ejercicios de relajación*: son esenciales. En nuestro centro de preparación a la maternidad realizamos ejercicios de sofrología adaptados a las necesidades del embarazo (cansancio, control, falta de sueño...) y del parto (técnicas específicas, mayor capacidad de control, mayor dominio del cuerpo y la mente...).

—En cuanto a la duración, es preferible repetir a diario 20-30 minutos de gimnasia que hacer una hora dos días a la semana, porque se controlan mejor los efectos secundarios (cansancio, contracciones, hipertonía...).

> **RESUMEN**
>
> Puedes hacer gimnasia para *mujeres que están embarazadas,* pero siempre bajo la dirección y el control de un profesional cualificado.

5. Tabla básica de gimnasia

—Salvo contraindicación del ginecólogo, puedes hacer a diario estos ejercicios, repetidos diez veces cada uno:

* *Circulatorios*:
—Flexión dorsal y plantar de los pies (flexión arriba y abajo).
—Círculos hacia fuera.
—Círculos hacia dentro.

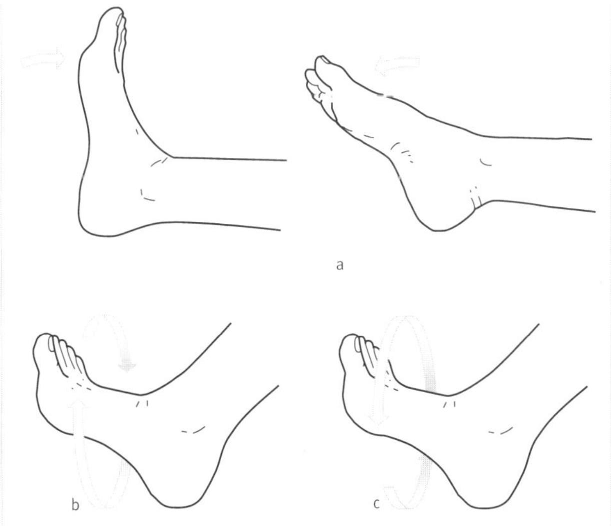

Fig. 19. Ejercicios circulatorios.

* *Basculación de la pelvis*: tumbada sobre la espalda, con las piernas flexionadas, inspira (coge aire) arqueando ligeramen-

te la espalda y espira (eche aire) acercando la cintura al suelo, rotando la cadera hacia atrás y metiendo la tripa.

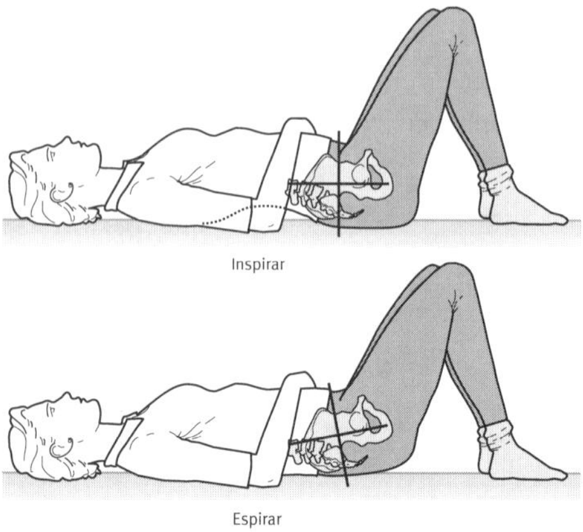

Fig. 20. Ejercicio de basculación anteroposterior de la pelvis.

* *Aductores* (parte interna del muslo): sentada, con las manos apoyadas atrás, eleva la pierna lateralmente. Flexiónala y extiéndela con el pie horizontal, girado hacia fuera. Luego, repite el ejercicio con la otra pierna.

Fig. 21. Ejercicios de los aductores del muslo.

* *Abductores* (parte externa del muslo): tumbada de perfil, con la cabeza sujeta con una mano y la otra sobre el hueso coxal de la cadera, eleva lateralmente la pierna con el pie relajado. Repite con la otra pierna.

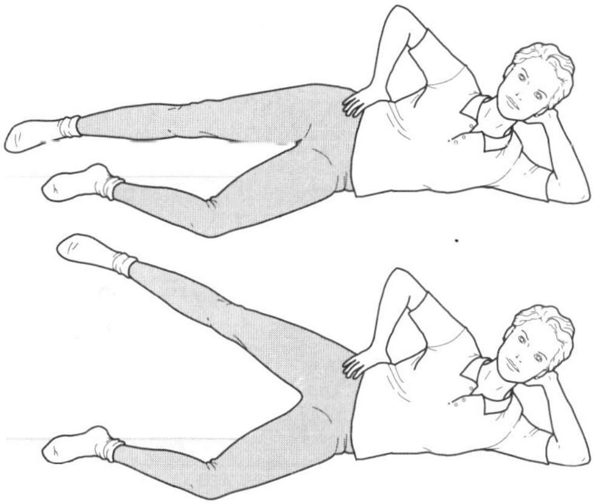

Fig. 22. Ejercicios de los abductores del muslo.

* *Cintura*: de rodillas, con la tripa y los glúteos contraídos, espira flexionando lateralmente el tronco hacia un lado e inspira volviendo al centro. Repite al lado contrario.

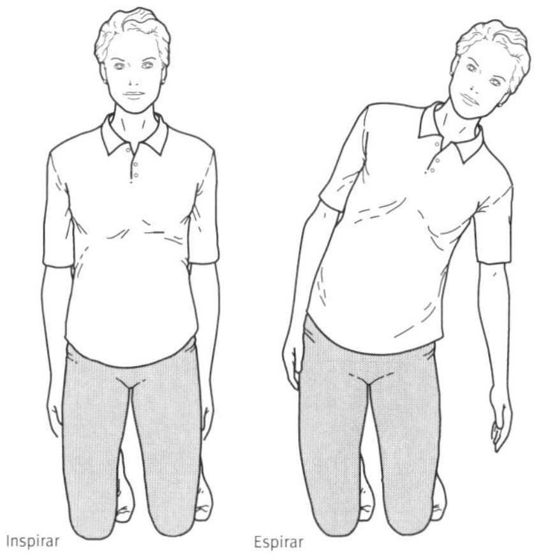

Fig. 23. Ejercicio de cintura.

* *Gato* (véase fig. 12 y pág. 59).
* *Ejercicios de mamas* (véase fig. 14 y pág. 74).
* *Ejercicios de Kegel* (véase pág. 91).

6. Andar

—Una de las actividades físicas que puedes realizar más fácilmente en el embarazo es pasear. Pero, ¿es siempre bueno andar?

—Como diría nuestro ilustre Larra, andar en el embarazo no es «ni bueno ni malo sino todo lo contrario». Se podría decir lo mismo que en el caso de la natación: algunas mujeres pueden andar durante horas todos los días (¡afortunadas las que tienen tiempo!), mientras que otras no pueden ni ir a comprar el periódico sin sentir contracciones frecuentes o molestia en la parte inferior del abdomen.

—Si estás paseando y sientes que tu tripa está dura y pesada, o se suceden las contracciones, deténte, descansa y haz el próximo paseo más corto; si, por el contrario, te apetece andar y la tripa no se queja, sigue paseando y ¡disfruta de tu tiempo libre!

—En todo caso, conviene puntualizar que:

* Andar despacio y en llano es mejor que hacerlo deprisa y en cuesta.

* Andar rodeada de polución puede no ser la actividad ideal en el embarazo.

* Andar no es indispensable en el embarazo, así que no te sientas obligada a hacerlo. Ciertos ejercicios de gimnasia son mucho más eficaces para las piernas y el resto del cuerpo.

* Y siempre recuerda: ¡TRIPA METIDA Y GLÚTEOS DUROS!

7. Ejercicios para embarazadas en reposo

—Las mujeres que, por alteraciones en su embarazo, deben guardar reposo, presentan unos problemas que es preciso cuidar. Si éste es tu caso, comenta con el ginecólogo la posibilidad de realizar los siguientes ejercicios *antes* de empezar su práctica:

* *Problemas circulatorios*: obviamente, se agravan las dificultades del retorno venoso por la quietud. Puedes hacer los ejercicios circulatorios que acabamos de describir, libremente en la cama varias veces al día, elevando siempre la parte del colchón en la que se apoyan los pies.

* *Disminución del tono de la musculatura de las piernas y glúteos*: si el reposo dura poco tiempo, no es un problema serio, pero si se prolonga puede dificultar la marcha tras el parto. Como prevención, existen dos ejercicios básicos:

—Tumbada boca arriba, con el tronco incorporado unos 25 cm, la cabeza apoyada en almohadas y las piernas extendidas, debes forzar la extensión de las rodillas presionando contra el colchón, mantenerte así 5 segundos y a continuación relajar. Repítelo varias veces al día.

—En la misma postura, contraer los glúteos, mantenerlos así 5 segundos y relajar.

* *Dolor de espalda*: éste es uno de los problemas más llamativo de una estancia prolongada en la cama. Puede hacerse *suavemente* el ejercicio descrito de basculación de la pelvis (véase pág. 166), pero sin contraer el abdomen, sólo la espalda y los glúteos.

—En el puerperio, la recuperación física de una embarazada que ha pasado un largo reposo debe ser paulatina, pero lo antes posible, comenzando incluso en la misma maternidad. Salvo casos muy especiales, podrás empezar allí tu rehabilitación haciendo los ejercicios anteriormente descritos. Con paciencia y constancia llegarás a tener la misma forma física (y por qué no, mejor) que antes del embarazo. Consulta con un profesional qué ejercicios puedes realizar ya en las primeras semanas de puerperio, dependiendo de tus condiciones físicas en ese momento.

8. Ejercicios para mujeres con un embarazo gemelar

—La espera de gemelos supone una sobrecarga física evidente, y todos los problemas —estática, lumbalgia, distensión abdominal, etc.— se agudizan. Además, es muy frecuente que tengas que guardar un reposo relativo (bajar el ritmo y descansar más) o absoluto (en cama) en las últimas semanas.

—Por todo ello, es necesario que te preocupes de tu cuerpo desde el principio del embarazo, empezando la gimnasia en los meses que todavía puedes realizarla.

—En este tipo de embarazo es más importante, si cabe, la elección de un centro en el que haya profesionales con experiencia en el cuidado y trato de estas gestaciones. Allí te indicarán, dependiendo de tus condiciones médicas, qué ejercicios puedes realizar en cada fase del embarazo. Incluso, si es necesario que guardes reposo, puedes y debes cuidar algunos aspectos de tu cuerpo como hemos visto anteriormente. No obstante, consulta con tu médico antes de tomar cualquier decisión.

Belleza y estética femeninas

Cada vez hay un mayor número de mujeres a las que les preocupa que su estética en el embarazo no se vea alterada. Vamos a analizar ciertos aspectos que pueden interesarte:

Depilación

No te depiles el exceso de vello que te ha podido salir en la cara o en la línea nera del abdomen, ya que si lo haces te volverá a salir como un pelo más fuerte. En los meses siguientes al parto suele desaparecer en el 98 por ciento de las mujeres.

¿Qué puedes utilizar para depilarte el resto del cuerpo?

1. Cera

—No utilices cera caliente salvo en las axilas. En piernas y pubis favorece extraordinariamente la aparición de varices.

—La cera fría no es tan perjudicial como la caliente, pero el «tirón» puede afectar a la pared vascular ya debilitada por el embarazo.

2. Aparatos caseros de depilación

—Los aparatos, de cualquier marca, que extraen el pelo mediante su pinzamiento y tracción, son los mejores para depilarse estos meses. Aunque duela un poco, resultan menos agresivos para tus venas.

3. Cremas

—No existen estudios serios sobre su uso en el embarazo; sin embargo, parecen totalmente inocuas, si su uso se limita a los meses de verano y al vello del pubis.

4. Depilación eléctrica y por láser

—Hasta que haya datos definitivos sobre sus efectos, es preciso contraindicar este tipo de depilación en el embarazo.

Mechas, tinte, moldeado o permanente

1. Mechas

—A lo largo del embarazo, puedes darte mechas libremente. Con cualquiera de los métodos que se emplean para ello (papel de plata, peine...), se impregna mínimamente el cuero cabelludo. En el resto del cabello no hay vasos sanguíneos; por tanto las sustancias que se emplean para la coloración nunca pueden ser transportadas hasta el niño.

—No obstante, algunas mujeres refieren que, a pesar de utilizar los mismos productos, la coloración obtenida es algo diferente a la de antes del embarazo. Puede ser debido al alto nivel de hormonas femeninas que se tiene en la gestación.

2. Tinte

—En esta técnica, por el contrario, el contacto con el cuero cabelludo de las sustancias empleadas es total. Por ello es preferible que uses tintes exclusivamente vegetales, aunque su duración sea más corta y no tan perfecta.

3. Moldeado o permanente

—Sería conveniente que esperaras al final del embarazo para moldear tu cabello, ya que no hay trabajos serios que indiquen la inocuidad o no de los productos utilizados.

—No obstante, hasta ahora no se ha encontrado ninguna asociación entre estas sustancias y la aparición de malformaciones en el feto.

Celulitis

—En el embarazo puedes sentir que la celulitis te «invade». Hay que tener en cuenta que las dos causas principales para la aparición de esa feísima piel de naranja se dan con extraordinaria frecuencia en la gestación:

* Alteración en la circulación de retorno.
* Retencion de líquidos.

—En las págs. 92 y 107 hemos hablado de cómo prevenir estos dos problemas, pero podemos añadir:

1. Masajes

—Están permitidos los masajes en las piernas, ya sea efectuados por profesionales o por ti misma. Tienen que ser siempre suaves y ascendentes, de pie a ingle, con algún aceite que permita el deslizamiento de las manos.

—Está especialmente indicado el *drenaje linfático*, ya sea manual o por medio de una máquina de presoterapia. En ambos casos, debes acudir a un centro habituado a tratar embarazadas.

2. Cremas anticelulíticas

—No se deben emplear en el embarazo, ya que todas ellas contienen sustancias vasoconstrictoras (que disminuyen la luz de los vasos). Al tener que ser extendidas diariamente por una gran superficie de la piel, disminuirían la llegada de sangre al feto y, por tanto, de oxígeno y alimento.

—Si ya has utilizado alguna de estas cremas, no te preocupes, pero es conveniente que dejes de utilizarla hasta que termines la lactancia.

3. Gimnasia

—No cabe duda de que una tabla de ejercicios adecuada va a mejorar tu circulación y prevenir la total «invasión» de tus piernas.

4. Dieta

—Una dieta sana, equilibrada y pobre en sal va a ayudarte mucho en tu batalla contra la celulitis.

—Bebe al menos 1,5 litros de agua al día, así tus riñones funcionarán mejor.

5. No presión

—Es importante que no lleves prendas ajustadas que, por

la presión, dificulten la circulación de retorno (calcetines apretados, fajas, etc.).

Baño, ducha, sauna y jacuzzi

1. Baño

—Si sueles bañarte a diario, o utilizas la bañera para relajarte de vez en cuando, no existe motivo alguno para que alteres tu costumbre. Aunque el agua entre en la vagina, el cuello del útero está cerrado con el tapón mucoso, por lo que el líquido no llega al interior del útero.

—No obstante, debes tomar alguna precaución:

* El agua no debe estar demasiado caliente (agradable, pero que no queme). El calor produce vasodilatación y favorece la aparición de varices. De hecho, si ya las tienes, sería preferible que sólo te duchases.

* Al terminar el baño, date una ducha de agua fría por las piernas para compensar la vasodilatación producida (véase pág. 95).

* Prescinde de la bañera —y sólo dúchate— unos 15 días antes de la fecha probable de parto que te haya dado el ginecólogo, ya que el tapón mucoso puede estar ablandándose. Por supuesto, tampoco puedes bañarte si empiezas con contracciones de parto o rompes la bolsa.

2. Ducha

—Puedes seguir duchándote a diario como de costumbre hasta el último día de tu embarazo, incluso con contracciones de parto. En la pág. 229 veremos qué hacer si has roto la bolsa.

—Tanto en la ducha como en el baño puedes utilizar gel o jabón, preferiblemente neutro.

—Las duchas o *irrigaciones vaginales* están totalmente prohibidas en el embarazo. Para la higiene vaginal bastará con la ducha o el baño diario. Si lo prefieres, puedes usar jabones vaginales específicos.

3. Sauna y jacuzzi

—No debes utilizar la sauna en el embarazo porque :

* La excesiva vasodilatación que se produce por el calor puede originar mareos y desvanecimientos.
* El exceso de calor puede, sobre todo en los primeros meses de embarazo, provocar alteraciones en el feto.
* Con el sudor se pierden los electrolitos que son necesarios para tu niño.

—Sin embargo, puedes meterte en un jacuzzi si:

* No recibes los chorros directamente en el abdomen, sólo en las piernas y la espalda (no se deben emplear las bañeras con hidromasaje).
* El agua no está muy caliente.
* No la utilizas las tres últimas semanas de gestación.

Productos de belleza

En ocasiones, los productos de baño o cremas faciales que has empleado siempre sin ningún problema pueden producirte una reacción alérgica en la piel (granitos, picor...). Si confirmas que la causa es un producto en concreto, bastará con no utilizarlo más. Ensaya con otro preparado, probando con precaución, en una porción pequeña de piel.

1. Cuerpo

—Puedes utilizar las cremas, aceites o leches hidratantes que usabas habitualmente, salvo las ya mencionadas anticelulíticas.

2. Cara

—También puedes seguir utilizando tus cremas, tónicos y lociones habituales. La única excepción son los tratamientos a base de ácido retinoico para el acné.

—El maquillaje (rímel, colorete, etc.) es totalmente inocuo para el niño. Pero si tu piel se ha llenado de espinillas en el embarazo, limita el uso de fondo de maquillaje a los días que quieras ir más arreglada.

3. Cabello

—Los champús y suavizantes se pueden utilizar tan frecuentemente como necesites, aunque siempre es preferible que sean suaves. Por supuesto, también el secador de pelo.

—No debes usar ninguna loción o tratamiento para prevenir la caída del pelo sin haber consultado con el ginecólogo.

El sol y los rayos UVA en el embarazo

Respecto a la *exposición al sol*, puedes tomarlo pero con ciertas precauciones:

—*En el cuerpo*

* Utiliza una crema con un factor de protección bastante más alto que el habitual.

* Reduce el tiempo de exposición, sobre todo los primeros días. De todos modos, te pondrás morena enseguida porque en el embarazo, como ya dijimos, aumenta la secreción de melanina.

* Evita tomar el sol, de forma prolongada y directa, en el abdomen (el calor excesivo puede dañar al feto) y en las piernas, por el riesgo de aparición de varices. Si ya las tienes, NO tomes el sol en ellas.

—*En la cara*

* Si no tienes cloasma, utiliza una crema con una protección mínima de 30.

* Si ya estás algo manchada, sigue las indicaciones comentadas anteriormente (protección 60, no exposición al sol...).

En cuanto a los *rayos UVA*, no es el momento idóneo para exponerte a ellos. Sin embargo, dos o tres sesiones cortas, con la debida protección en la cara, el escote y los brazos, no van a afectar al feto.

Si tienes varices, NO los tomes en las piernas.

Trabajo

En casa

Es obvio que, en circunstancias normales, no puedes, ni debes, interrumpir el trabajo en casa, pero puede ser necesario que modifiques algo tu modo de realizar las tareas domésticas, para acoplarte a tu nuevo esquema corporal y a los requerimientos de tu embarazo. Por ejemplo:

—*Guisar*: procura no estar mucho tiempo de pie delante de una encimera y siéntate siempre que puedas (al pelar, partir...). Si ello te resulta imposible, acuérdate de corregir la postura (tripa metida, glúteos duros) y alternar el peso de una pierna a otra.

—*Planchar*: si te es posible, plancha sentada, pero si te resulta imprescindible hacerlo de pie, levanta la tabla de modo que tu cuerpo esté recto y no tengas que inclinarte hacia delante.

—*Poner la lavadora o el lavaplatos, pasar la aspiradora y hacer camas*: ya hemos hablado (véase págs. 55-56) de la importancia de cuidar las posturas al realizar estas tareas.

—*Hacer la compra*: procura no cargar un peso excesivo, reparte el esfuerzo entre ambos brazos y ¡PIDE AYUDA!

—*Bañar a otro niño*: hazlo de rodillas, nunca de pie, porque la espalda se resentiría.

—*Coger en brazos a otro niño*: ya hemos hablado de ello en la pág. 57.

Fuera de casa

Actualmente, un gran número de mujeres trabajan, también, fuera de casa. Esto origina un esfuerzo añadido al embarazo, no sólo físicamente, sino por la sobrecarga que supone, en algunos trabajos, la presión recibida y/o en muchos casos autoimpuesta. Muchas mujeres quieren demostrar que, por el hecho de estar embarazadas, su rendimiento laboral no disminuye en absoluto; incluso es frecuente el caso de las mujeres que trabajan a un mayor ritmo, porque tienen que compensar la tarea que no van a realizar los meses que estén de baja tras el parto. No obstante, salvo que, por indicación médica, se deba modificar o suprimir el trabajo, no hay por qué interrumpir dicha actividad.

Ya hemos hablado en otros capítulos de la necesidad de modificar la postura en algunas actividades y de cómo el estrés laboral puede afectar a la producción de contracciones y/o hipertonía.

1. ¿Hasta cuándo puedo trabajar?

—Obviamente, depende del trabajo que realices. Por ejemplo, una arquitecta podrá seguir trabajando en su estudio hasta el día del parto, pero no subirse a las obras... En líneas generales, se admite que una embarazada puede seguir trabajando hasta el final si sus condiciones médicas lo permiten. Si estás acostumbrada a trabajar fuera de casa, puedes estar más distraída y relajada, aunque parezca una paradoja, que en casa, preocupándote por cada «pinchacito» que sientes en la tripa.

—Por supuesto, ante cualquier síntoma de alarma (exceso de contracciones, sangrado...), o si se presenta algún otro problema (ciática aguda, hipertensión...), será el ginecólogo quien valorará la necesidad de que tomes la baja antes de la fecha probable de parto.

2. Trabajos de riesgo

—Es obvio que algunos trabajos pueden suponer un riesgo para la mujer y/o el feto. En estos casos, está prevista la sustitución del puesto o la baja laboral transitoria.

—Los estudios realizados hasta la fecha consideran trabajos de riesgo en el embarazo:

* Los relacionados con algunos productos químicos tóxicos.
* Los que suponen exponerse a radiaciones ionizantes.
* Ser personal sanitario, con riesgo de contraer infecciones (sida, hepatitis...).
* Los que implican un esfuerzo físico excesivo en número de horas, levantamiento de cosas pesadas, etc.

3. Ordenador y fotocopiadora

—Según los estudios que se han llevado a cabo hasta hoy, no se ha demostrado relación alguna entre el uso de estos aparatos y abortos, malformaciones congénitas u otros problemas en el embarazo, así que puedes utilizarlos libremente en la gestación.

—No obstante, cuida, como en cualquier otro momento de tu vida, la postura, y toma las demás precauciones necesarias para la prevención de los problemas de espalda, visión, circulación, etc. que puedan presentarse con el uso continuado de los ordenadores.

Cuándo llamar al ginecólogo o acudir al hospital o la clínica

A lo largo de este capítulo, hemos comentado las molestias e incomodidades que pueden acompañar a un embarazo normal. Vamos ahora a resumir los motivos de alerta por los que debes avisar a tu ginecólogo o ir a un centro médico:

RESUMEN

—Vómitos intensos y persistentes a lo largo del día.

—Diarrea intensa y duradera.

—Dolor o escozor en la micción.

—Dolor de cabeza fuerte, sobre todo si es con alteraciones de la visión y/o hinchazón de manos y cara.

—Visión borrosa o ver puntitos negros.

—Hinchazón de cara y manos o de tobillos que no cede con el reposo; sobre todo si se produce un aumento brusco de peso y/o va acompañado de dolor de cabeza.

—Sangrado o pérdida de líquido por vagina.

—Picor vaginal y/o flujo que no sea blanquecino o amarillento claro.

—Fiebre alta (38°-39°).

—Dolor abdominal constante.

—Contracciones uterinas regulares y/o dolorosas.

—Falta de movimientos del niño en 12 horas, desde que los mismos se notan a diario.

—desmayo o pérdida de conciencia.

Recibiendo sin tardanza la atención médica adecuada, estarás dando a tu hijo, y a ti misma, todas las oportunidades para tener el mejor embarazo y parto posible.

3. Aspectos psicológicos del embarazo

(Por la Dra. Mª Concepción Díez Rubio)

Generalidades

Antes de empezar a hablar de lo que le ocurre, desde el punto de vista psicológico, a la mujer embarazada, creo que es básico señalar el hecho de que *no existen dos embarazos iguales*, ni siquiera los que se dan en la misma mujer. Pero además es importante tener en cuenta que cada embarazo es diferente también por las circunstancias en las que se produce, tanto en lo que respecta a la situación de la mujer, como a la de la pareja o del resto del entorno de la embarazada.

Aquí vamos a tocar, en líneas muy generales, los aspectos psicológicos de los embarazos que la mujer decide llevar adelante, con todas las dificultades que ello pueda conllevar. Quedan fuera de los objetivos de este libro los aspectos psicológicos y de conflicto psíquico que afectan a la mujer embarazada que no puede o no desea llevar la gestación a término.

Algunas mujeres llegan al embarazo por un deseo bien concreto y tras el acuerdo con su pareja de tener un hijo; incluso tenerlo en un periodo de tiempo determinado. Pero sabemos que las cosas no siempre son, ni pueden ser así. En los últimos años se ha logrado un control anticonceptivo bastante preciso, que facilita, en muchos casos, el poder elegir el momento de la maternidad pero, lógicamente, los embarazos siguen produciéndose —como ha sido y como seguramente seguirá siendo— en situaciones muy variadas.

No siempre, ni todas las parejas, programan el nacimiento de sus hijos, lo cual no significa que estos embarazos «por sorpresa» sean menos deseados que los otros. Ni siquiera en embarazos que se producen en situaciones claramente inoportunas para la madre o para la pareja, podemos hablar de embarazos no deseados. Como ejemplo de ellos podríamos citar cuando el embarazo se presenta en una madre excesivamente joven, o excesivamente mayor, o cuando ésta no va a poder compartir la crianza del hijo con el padre del niño, o cuando los problemas económicos son muy importantes... De hecho, estas situaciones de «inoportunidad» del embarazo son muy frecuentes, y todo ello forma parte del trabajo psíquico que va a tener que hacer cualquier mujer recién embarazada para ir adaptándose a su gestación y acoplando su vida a la nueva situación.

En otras situaciones, sólo aparentemente opuestas a las descritas antes, el embarazo surge tras muchas tentativas e, incluso, con mucha necesidad de ayuda de la tecnología médica, a menudo después de haber sufrido abortos previos. Esto también va a ser un condicionante en lo que se refiere al estado psíquico de la embarazada, especialmente durante los primeros meses.

Todo lo anterior es importante para explicar el hecho de que la aceptación del embarazo por parte de la mujer supone para ésta resolver siempre, hasta en los idílicos casos enumerados al principio, una importantísima crisis psicológica.

El embarazo supone, en cualquier caso, un cambio vital de primera magnitud. La mujer no sólo ha de adaptarse a un cambio de identidad: *no se es, ni se va a ser la misma, antes y después de un embarazo*. Además, va a vivir durante nueve meses en una relación muy directa con la propia realidad corporal y psicológica, a través de los cambios que se van produciendo en ella, a ambos niveles, día a día. Es una etapa de la vida en la que conceptos como fertilidad, vida o muerte pasan a ser realidades concretas que están en primer plano, con lo que ello supone de angustia para la mujer. A todo esto se le suma la preocupación ante las nuevas responsabilidades que empieza a adquirir frente a otro ser vivo.

Es inevitable, y a la vez comprensible, la enorme sobrecarga psicológica que supone para la mujer el hecho de estar embarazada, independientemente de que, además, pueda sentirse feliz e ilusionada ante la expectativa de tener un hijo. Es interesante señalar esto, pues actualmente se tiende a mitificar términos como «embarazo deseado», «rechazo del embarazo», «hijos deseados», «hijos no deseados», etc. Creo que, cuando se habla en estos términos, se están simplificando peligrosamente las cosas.

Todo embarazo, como todo hijo tras el parto, supone para la madre (y también para el padre) un conflicto a resolver entre la *aceptación* y el *rechazo* de su estado. Siempre existe esta tensión, que en mayor o menor grado se mantiene durante todo el embarazo. Lógicamente, cuando las dificultades para acoplarse al nuevo estado son muy grandes, pueden aparecer problemas que lleguen a requerir de la ayuda exterior para irlos encauzando.

Además, hay también que aclarar que, cuando se habla de aceptación o de rechazo, tanto del embarazo como del nuevo hijo, esto se refiere siempre a aspectos parciales de los sentimientos de la mujer. Que una mujer sienta temor o incluso llegue a vivir momentos en los que desearía no haberse quedado embarazada, no significa, necesariamente, que esté rechazando el embarazo ni mucho menos al hijo. Esos sentimientos forman parte de la normalidad de cualquier embarazo, aunque no siempre la mujer sea del todo consciente de ellos.

Los inicios del embarazo

El embarazo se acompaña siempre de grandes cambios no sólo físicos, sino también psicológicos, de manera tal que pueden afectar al desarrollo del propio embarazo.

Los fenómenos físicos del embarazo —vómitos, molestias de espalda o el mismo parto— pueden verse influidos por las dificultades de orden psicológico que pueda tener la mujer. Pero también el hecho de estar embarazada condiciona cambios psíquicos en ella, incluso, como decía antes, cambios en su propia identidad.

No es infrecuente, sobre todo en las primíparas, el no poder creerse al principio que ELLAS puedan estar embarazadas, a pesar de los cambios corporales que perciben ya desde el inicio y que con frecuencia les hacen pensar en la posibilidad de un embarazo. Aquí habría que añadir que este sentimiento de incredulidad y desconcierto suele afectar también al padre primerizo, aunque se trate de un embarazo buscado. En este sentido, la confirmación de la gestación a través de la prueba de embarazo actúa de manera tranquilizadora, pues permite ya poner un nombre a lo que la mujer está sintiendo.

La embarazada tiene ante sí un trabajo psíquico que incluye la aceptación del embarazo como algo que pasa a formar parte protagonista de su vida, para ir a lo largo de éste diferenciando entre el feto y ella, y poder así aceptar la separación del hijo en el momento del parto. Todo esto implica para la mujer vivir situaciones y estados de ánimo muy diferentes a lo largo de los nueve meses a los que nos referimos aquí. De todas formas, aunque vayamos a hablar en muchos momentos en términos cronológicos, no se puede establecer en la realidad una cronología exacta de la evolución del embarazo desde el punto de vista psicológico.

Cambios en el ritmo del sueño

En el comienzo de la gestación, a menudo el único cambio que se siente es la somnolencia junto con cierto retraimiento y ensimismamiento de la mujer. Puede necesitar dormir bastante más de lo que dormía hasta entonces. Se han dado muchas explicaciones a este aumento del sueño pero, en cualquier caso, guarda mucha relación con la necesidad que tiene la mujer en esa etapa de «desconectarse», parcialmente al menos, de las tensiones externas e internas ajenas a lo que ella está viviendo y así poder ir creando un espacio interior para ese hijo que acaba de concebir.

No sólo es necesario que el cuerpo se prepare para acoger su desarrollo. También la mente necesita «librarse» de lo que puedan ser, en ese momento, sobrecargas externas, para centrarse más en su vida interior y poder así ir organizando ese espacio mental y afectivo en la madre, que el hijo también necesita. En este sentido, el sueño y el retraimiento actúan como mecanismos protectores que permiten a la mujer vivir más vuelta hacia sí misma, en un momento de su vida en el que aún no se manifiestan llamativamente los cambios externos del embarazo, aunque sí está comenzando a sentir que algo cambia en su interior.

Naturalmente, el sueño es, además, una defensa biológica de primer orden, ya que permite al organismo un mayor reposo de cara al esfuerzo que tiene por delante. Desde todos los puntos de vista, es muy importante facilitarle este espacio de reposo a la mujer embarazada.

Por el contrario, cuando en las primeras etapas del embarazo lo que aparece es insomnio, tenemos que pensar que la situación psicológica que la mujer está viviendo supone una sobrecarga que le está resultando excesiva y puede estar desbordándole.

Los hijos

Cuando la embarazada tiene otros hijos, este estado, de mayor ensimismamiento y retraimiento, favorece el que éstos perciban enseguida el sutil cambio de actitud materna y «diagnostiquen» el embarazo de su madre muy precozmente. Los niños, cuanto más pequeños, tanto más sensibles son a los cambios de su entorno, especialmente cuando éstos se refieren a sus padres.

Es muy frecuente que reaccionen al embarazo materno con bruscos cambios de conducta: pueden empezar a dormir mal, o a comer peor, o a querer ir a la cama de los padres, o ser más caprichosos, o, incluso, pueden llegar a tener alguna pequeña enfermedad. Todo esto complica aún más la situación de la embarazada con más hijos. Entonces, la mejor ayuda pasa porque los padres puedan ir explicando a sus hijos el proceso de la gestación, lógicamente en términos adecuados a su edad, convirtiendo así el embarazo en un tema común a la familia, y compartido de esta manera por todos.

Cambios emocionales

Estos sutiles, pero importantes, cambios psicológicos incluyen también un aspecto que va a estar presente durante todo el embarazo: la *gran labilidad emocional*. Esto supone para la mujer embarazada vivir los hechos de la vida cotidiana ordinaria con una gran sensibilidad y reaccionar a ellos con estados de ánimo, a veces, muy extremos y, sobre todo, cambiantes; cambiantes no sólo de una etapa a otra del embarazo, sino también de un momento a otro del día. Este «síntoma» produce a veces mucha angustia a la mujer, pues le puede resultar difícil entender y aceptar este estado de cosas. Ese pasar de la risa al llanto con tanta facilidad, o emocionarse, o irritarse por cosas que en otras condiciones no le hubieran afectado especialmente, incluso vivir sentimientos como el amor o el odio con tanta intensidad, no es fácil de aceptar ni por la embarazada ni, en ocasiones, por quienes la rodean, especialmente por su pareja. No obstante, hay que aclarar que todo esto forma parte del embarazo normal y es reflejo del delicadísimo proceso que se está dando en el interior de la madre.

Este estado de cosas puede ser peor tolerado por las mujeres que llegan al embarazo con un gran deseo consciente de ser madres. A éstas les puede crear un estado de perplejidad o, incluso, de inquietud el hecho de descubrirse a sí mismas sintiendo cosas tan contradictorias, cosas que ellas no contaban con sentir respecto a su propio embarazo, por otra parte tan deseado.

El embarazo genera también momentos de mucha angustia en mujeres que desarrollan una actividad muy valorada por ellas, o que sienten como básica su independencia personal, al descubrirse, en cierto modo, mermadas en sus capacidades físicas e intelectuales. Me refiero a esas capacidades que se desarrollan de cara al exterior, pues el hecho de vivir un embarazo no es ninguna merma. Gestar un hijo es un logro y un esfuerzo tan importante, que requiere desplazar muchos de los intereses y energías que antes estaban puestos en otras ocupaciones hacia el desarrollo de la capacidad de dar vida a un hijo física y psicológicamente.

Cambios corporales

Están muy presentes, en las primeras semanas del embarazo, las preocupaciones y temores de la mujer respecto a los cambios corporales que va a vivir. También pesa la pérdida del control sobre el propio cuerpo, que va a ir modificándose ya desde el primer momento: el aumento del tamaño del pecho, que se hace además más sensible, incluso doloroso; la pérdida de la figura (y las preocupaciones a nivel estético que esto supone); la alimentación durante el embarazo; el cansancio, que aparece más fácilmente...

En el primer trimestre de embarazo se dan además, con una cierta frecuencia, náuseas y vómitos, que suelen presentarse en la mañana tras el despertar. Estos síntomas, que no siempre surgen, parecen tener relación con el estado hormonal que determina el embarazo, pero no sólo con ello. Se sabe que están muy determinados psicológicamente; sin embargo, no en todos los casos se deben al mismo tipo de conflictos. Con frecuencia, guardan relación con el estado de incertidumbre que vive la mujer en las primeras semanas, cuando, como hemos dicho, aún «no puede creerse» que el embarazo lo esté viviendo ella. Es como si las náuseas y los vómitos fuesen una confirmación de su estado y, en ocasiones, una manera de comunicarlo a los demás.

A veces, estos síntomas pueden adquirir una mayor gravedad y prolongarse durante más tiempo: estaríamos ante la llamada *hiperemesis gravídica*. En estos casos puede ser necesario esclarecer más en profundidad las dificultades que la mujer puede estar viviendo, a causa, o como consecuencia, del embarazo. No es infrecuente que sienta temor de no ser capaz de dar a luz y de criar a un niño, o de que el niño que está gestando pueda carecer de algún miembro o tener alguna malformación. Ir esclareciendo estos temores, estas fantasías, es de una gran ayuda para la mujer.

Las ecografías

La primera ecografía marca un hito en el embarazo. Es la visualización de ese pequeño embrión que confirma en la mujer la existencia *real* de un hijo en su interior.

En la actualidad, la frecuencia de las ecografías, con la posibilidad de visualizar al feto desde etapas muy tempranas, facilita el que los temores antes expuestos sean menos intensos y la mujer pueda vivir, en general, el embarazo con menor carga de angustia y, por tanto, llevando mejor los síntomas físicos.

El hijo es ahora menos «desconocido» que lo era hace unos años, cuando no era posible verle en la pantalla de un ecógrafo. No obstante, las mujeres sabemos bien la necesidad de ver, tocar y sentir a nuestros hijos para terminar de disolver a ese «fantasma» que es el feto para la madre.

Creo que hay que hacer aquí mención a la importancia que tiene para la madre, y también para el padre, el sexo del hijo que esperan. En la actualidad, éste puede conocerse desde etapas relativamente tempranas del embarazo, lo que seguramente facilita el ir encajando las posibles decepciones que puedan darse en este terreno, antes del nacimiento del niño.

No obstante, no todas las parejas desean conocer el sexo del niño, quizá como una manera de «proteger» la posibilidad de soñar con su hijo, con ese «cómo será» del que hemos hablado otras veces. Esto puede ser especialmente importante para ellos para construir, a su manera, el espacio interior que cada hijo y sus padres necesitan. Desde esta perspectiva, es importante que los profesionales sepan dar valor a estos deseos, ya que no son caprichos sino algo que forma parte de las diferentes formas personales de vivir los embarazos.

Las condiciones externas

Igualmente son importantes las fuentes de angustia que surgen, en muchas ocasiones, por la situación material en la que pueda encontrarse la embarazada: cuando las dificultades económicas están presentes, o cuando ya hay muchos hijos o son muy seguidos, o bien, cuando el embarazo afecta a una mujer que se encuentra sola, etc. Todo esto supone para la mujer dificultades extras que pueden llegar a tener muchísimo peso en la evolución de su gestación. La posibilidad de recibir ayuda y apoyo del exterior va a determinar que el embarazo y el parto puedan desarrollarse con normalidad o puedan estar salpicados de problemas también de orden físico.

Sexualidad

Ya desde el primer trimestre suelen ocurrir cambios en el apetito sexual de la mujer. Con frecuencia ese estado de introversión que hemos descrito, pero también el cansancio, las náuseas o el pecho dolorido pueden favorecer una disminución del deseo sexual en la mujer. Pero están también en juego otros factores de tipo psicológico que pueden afectar a la pareja, como el temor —infundado— a dañar al feto o los sentimientos de culpa ante unas relaciones sexuales no destinadas a procrear.

En otras mujeres, aunque esto sea muy poco frecuente, puede darse un cambio en sentido contrario, con un aumento del apetito sexual en las primeras etapas del embarazo.

En cualquier caso, estos cambios en las actitudes sexuales, junto con las súbitas variaciones del estado de ánimo, tan características del embarazo, pueden reforzarse mutuamente, llegando a perturbar relaciones conyugales, por lo demás razonablemente estables. Respecto a estas dificultades, el conocimiento por parte de la pareja de estos *problemas transitorios* va a facilitar el clima de comprensión y tolerancia mutua ante un momento de la vida de la pareja que supone una crisis para ambos miembros, independientemente de que esta crisis tenga matices diferentes para hombres que para mujeres.

Temores y preocupaciones

Quizá, el temor que domina durante los tres primeros meses de embarazo es el miedo al aborto. El miedo a perder al hijo que se espera es, lógicamente, mucho más importante en las mujeres que ya han sufrido abortos previos, o que han llegado a la gestación con mayores dificultades. Pero este temor está siempre presente de una forma consciente o inconsciente.

Es un temor que tiene una base de realidad, en el sentido de que es, durante las primeras semanas de gestación, cuando se produce el mayor porcentaje de abortos. Pero este temor está, además, muy condicionado y reforzado por el estado psicológico de la mujer en esa etapa: por su propia inseguridad ante el hecho de poder llevar a cabo con éxito el embarazo, por el miedo a los cambios que el embarazo va a generar en ella y en su vida; pero también por el hecho angustioso de que el embarazo supone que, en su interior, está desarrollándose un nuevo ser completamente desconocido para ella. Un ser que, como dijimos, aún no siente ni percibe, pero que sabe destinado a separarse de ella un día y a hacerse independiente, con toda la incertidumbre que este cambio le genera respecto a su propia vida.

Frente a este estado de cosas, sabemos que, cuanto más apoyo y aceptación del embarazo reciba la mujer por parte de las personas de su ambiente más cercano, especialmente el padre del hijo que espera, más fácil le será ir aceptando y desarrollando su tendencia a la maternidad.

Segundo trimestre

Hacia el final del primer trimestre, la embarazada ya va saliendo de esa situación de somnolencia y retraimiento vivida en los tres primeros meses. No obstante, se mantiene en ella una actitud de introspección, volcada a lo que ella va sintiendo de forma más evidente cada vez: la presencia de su hijo, de ese hijo que le va a facilitar el ir adquiriendo su identidad de madre.

Al segundo trimestre se le ha llamado el «trimestre de la tranquilidad». El embarazo ya está más asentado, ganar peso ya no importa tanto y además los síntomas molestos del principio se han aminorado o incluso han desaparecido. Por otra parte, el parto se siente aún muy lejano, por lo que esta preocupación, aunque presente, no agobia excesivamente.

En esta época la mujer empieza a interesarse, en muchas ocasiones, por lo que ha sido la relación con su propia madre, como una forma de ir reprocesando este importantísimo punto de referencia en su interior y, desde ahí, poder ir adquiriendo su propia identidad maternal, que siempre va a ser diferente a la de su madre. Dicha identidad se va enriqueciendo con nuevos matices en los embarazos sucesivos de la mujer, al ser diferentes unos de otros y al tener ya más experiencia acerca de la relación madre-hijo y de toda la complejidad emocional que encierra.

Además, en esta época el embarazo pasa ya a ser algo evidente: el cuerpo ha cambiado claramente y precisa también de un cambio en la forma de vestir. Lo que hasta hacía poco parecía sólo un cambio de talla, se ha convertido ahora en la necesidad de adoptar una ropa claramente maternal. Este momento, en general, produce una enorme satisfacción en la mujer, que puede al fin hacer partícipes de su estado a los demás; algo que, por otra parte, da lugar a una respuesta social que suele ser protectora hacia la mujer, aunque no podemos ser ingenuos y olvidar que, a veces, da lugar a problemas de maltrato, especialmente en el medio laboral, en el que con una cierta frecuencia los embarazos dan lugar a despidos o cambios negativos en sus puestos de trabajo.

Los movimientos fetales

La percepción de los movimiento fetales, que empieza a ser posible a partir del cuarto mes, marca un cambio muy importante para la embarazada. Su hijo empieza a ser ya una presencia sentida por ella y, aunque esta percepción pueda ser fuente de angustia, supone sobre todo una ilusión y un alivio: su gestación es evidente, y no porque lo diga un test médico o porque lo vea en la pantalla de un ecógrafo, sino porque lo siente como una presencia viva en su interior; una presencia que al principio sólo ella siente, y que puede, incluso, confundir con otras sensaciones corporales, pero que poco a poco va a ser cada vez más evidente, llegando incluso a poder hacer partícipe de esa actividad de su hijo al padre. Esto es también muy importante para el hombre, pues le va a facilitar el ir desarrollando su propio sentimiento paternal, independientemente de que algunos hombres puedan sentir un cierto grado de angustia al tocarlo.

No obstante, la percepción de los movimientos fetales, como comentaba anteriormente, también es fuente de angustia para la mujer, y no sólo por la preocupación que siente la embarazada cuando, durante algún periodo de tiempo, deja de percibirlos. Tampoco podemos olvidar el hecho de que tradicionalmente se habla de estos movimientos llamándoles «patadas», como si, de forma inconsciente, fuesen vividos como algo que pudiera ser potencialmente dañino para la madre. Y claro que hay algo de cierto en todo ello: al fin y al cabo, la embarazada está gestando en el interior de su cuerpo a un ser, a un «casi desconocido», pero que ya muestra una vida propia y que con su crecimiento va generando nuevos cambios en el cuerpo y la vida de su madre. Un ser vivo diferente a ella, pero que vive en su interior y del que un día sabe que tendrá que separarse en un proceso siempre temido, pero también esperado: el parto.

Sueños y fuentes de angustia

Quizá, como una defensa inconsciente ante la incertidumbre y la angustia, son muy frecuentes en esta etapa del embarazo los sueños que incluyen el propio parto, como si éste ya se hubiese producido. Puede aparecer incluso el hijo ya criado, como una manera de poder estar «en sueños» del otro lado, con todos los peligros, tanto para la madre como para el hijo, ya salvados.

Este tipo de sueños constituye también una defensa frente a otra fuente de preocupaciones muy importantes durante el embarazo: el miedo a las malformaciones fetales y el temor, tan frecuente en las embarazadas, de alumbrar un hijo al que pueda faltarle alguna parte de su cuerpo; un temor que los ecografistas están muy habituados a calmar, cuando la madre les pregunta, por ejemplo, si el niño tiene todos los dedos. La frecuencia de estos temores, que guarda tan poca relación con las probabilidades reales de que ocurra una eventualidad así, está muy relacionada con los sentimientos de culpa inconscientes de la madre en relación con la maternidad y con la sexualidad que, evidentemente, está tras todo embarazo. Como si de ellas temieran que no pudiera nacer una criatura normal.

Una de las fuentes de angustia más importantes de esta etapa está muy relacionada por lo que la mujer experimenta en la relación con el hijo que se está desarrollando en su interior: la unión única, íntima y exclusiva con otro ser. Algo maravilloso pero que, sin embargo, también puede asustar.

Relaciones de pareja

Hemos hablado hace poco de los cambios corporales, evidentes ya a estas alturas del embarazo: lo que para algunas mujeres y sus compañeros puede representar un cambio deseado y placentero, para otras puede suponer la aparición de un sentimiento de fealdad, que produce depresión e inseguridad en la relación de pareja.

En este segundo trimestre, gran parte de las parejas recuperan el ritmo de sus relaciones sexuales. No obstante la mujer, en el proceso de adaptación a sus cambios corporales, puede sentirse insegura y esto generar en ella sentimientos de celos y temor a perder a su compañero. El hombre, por otra parte, también está viviendo una situación compleja, aunque quizá para él sea más fácil entender y aceptar los cambios que percibe en su mujer, a partir de que el embarazo empieza a ser más evidente y, aún más, cuando puede reconocer los movimientos fetales en su abdomen. Así, puede vivir de forma algo más amortiguada la ansiedad que el embarazo le genera y que se manifiesta de muchas maneras, dependiendo de la personalidad previa del hombre, pero también de cómo haya sido la relación de pareja hasta entonces y de cómo ambos vayan logrando elaborar juntos los cambios y reajustes que el embarazo está generando en ellos.

Algunos hombres pueden vivir el embarazo de la mujer como si ésta estuviese en una situación de fragilidad exagerada y pueden reaccionar con un exceso de protección, llenos de temor ante los posibles daños que la mujer puede sufrir. Otros, en cambio, pueden vivirla como afeada y experimentar rechazo hacia ella.

Es inevitable que el embarazo de la mujer genere en el hombre sentimientos envidiosos. Al fin y al cabo, la mujer está siendo depositaria de algo que él no tiene, pero que también es suyo. Cuando el hombre puede hacer conscientes estos sentimientos, comprenderlos y aceptarlos, le puede resultar más fácil el permitirse participar, también él, del embarazo de su mujer. Esto va a facilitar que pueda ir desarrollándose en él el amor paternal, que no es algo innato, sino un sentimiento que va a ir surgiendo y evolucionando con el tiempo, enriqueciéndose, además, con la relación de pareja.

Es importante aceptar esta envidia como algo normal e inevitable. Negarla supondría darle salida por otras vías, poco beneficiosas para la relación de pareja y para la relación con el hijo.

Ni que decir tiene que *la actitud que el padre adopte en este periodo, en el que tan necesitada de apoyo y comprensión está la mujer, es fundamental para el desarrollo del embarazo y de la relación maternal con el hijo que se está gestando.*

Los otros hijos

Cuando además hay otros hijos, la evidencia del embarazo da lugar en éstos a actitudes de celos claras y directas. En este sentido, es muy importante que los padres mantengan una línea de diálogo, comprensión y esclarecimiento con ellos, evitando siempre la mentira o la ocultación de lo que está ocurriendo en la familia. En las situaciones de ocultación, es mucho más frecuente la aparición de problemas graves en los niños, no sólo de tipo psicológico, como pueden ser los terrores nocturnos, sino también síntomas físicos que puedan llegar a revestir una cierta gravedad.

Preparación a la maternidad

Al comenzar este segundo trimestre es importante iniciar las clases de preparación a la maternidad. No sólo favorecen el control de la sintomatología física que pueda darse (jaquecas, hipertensión arterial, calambres, etc.), mediante el aprendizaje de técnicas de respiración y relajación, sino que también mejoran los síntomas provocados por la situación de tensión psicológica que se está viviendo. Pero no sólo eso: el poder compartir las ansiedades, tensiones, preocupaciones e ilusiones con otras mujeres que están viviendo igual situación facilita el ir sobrellevándola y desdramatizándola.

La preparación, desde el punto de vista psicológico, no sólo al parto, sino también al embarazo y el puerperio, facilita, entre otras cosas, el que las mujeres se acerquen a la maternidad con menos temor a lo desconocido, con más posibilidades de haber ido procesando internamente sus ansiedades y temores en relación con esta etapa de su vida. Asimismo, facilita el sentirse arropada, comprendida y protegida, por profesionales con experiencia, habituados a detectar y ayudar, no sólo desde el punto de vista físico a la mujer, sino también de cara a todas estas dificultades y ansiedades de las que venimos hablando aquí.

Para una buena preparación sería positivo el conocimiento y el contacto antes del parto con otros recién nacidos. Al fin y al cabo, ésta era la preparación que, en otros tiempos, tenían las niñas y jovencitas en familias más amplias que las actuales. En esa situación, las futuras madres habían oído hablar a las embarazadas y puérperas de su estado psicológico durante estas etapas. Tenían, además, la oportunidad de haber ayudado en la crianza de otros bebés antes de hacer frente a la del suyo, lo cual suponía una experiencia tranquilizadora y desdramatizadora de los avatares de los primeros meses de la vida del niño.

Tercer trimestre

Adentrarse en el tercer trimestre del embarazo supone afrontar ya un cambio muy claro a nivel corporal y una convivencia con el hijo, cuya actividad forma ahora parte de las percepciones habituales de la vida de la madre. Además, en este periodo, la mujer suele sentirse muy orgullosa y feliz con el embarazo, a pesar de las incomodidades que conlleva, del miedo a lo desconocido, al dolor y al sufrimiento físico que puede suponer un parto.

Si en el primer trimestre, aproximadamente la mitad de los embarazos se viven como inoportunos o muy inoportunos, durante el tercero suelen desaparecer esos sentimientos negativos, a pesar de que esté siempre y cada vez más presente el miedo físico al parto y la preocupación y el temor ante la crianza del hijo.

Durante esta época del embarazo, la mujer suele gozar de toda una serie de atenciones y prerrogativas por parte de quienes la rodean, incluso entre los desconocidos, ante los cuales lo único que puede desplazarla es otra mujer con un embarazo más avanzado que el suyo o una madre con un recién nacido. Todas estas atenciones son de una enorme importancia para la mujer, pues la ayudan a reforzar un sentimiento que puede llegar a ser de una cierta superioridad. Esto le facilita el neutralizar las grandes angustias y miedos que la embarazada, inevitablemente, va a tener que enfrentar y manejar en este periodo. No obstante, existe el riesgo, sobre todo en embarazadas muy jóvenes, de que ante esta respuesta social y familiar se produzca una infantilización que no sería lo más adecuado para una mujer que tiene ante sí una tarea de tanta responsabilidad.

Pero no sólo eso. Es una época de grandes dificultades en lo que se refiere a la vida cotidiana: para algunas mujeres puede ser inevitable tener que interrumpir ya su vida laboral, con los problemas económicos que este hecho puede implicar en muchos casos. Algunas pueden incluso tener que hacer reposo, con la angustia suplementaria que este hecho provoca, sobre todo si no se cuenta con ayuda y se tienen otros hijos pequeños aún. En otros casos, hay que renunciar a una actividad que puede ser fuente de muchas satisfacciones para la mujer y que, en este momento además, podría ayudarle a distraerse y a diluir las angustias y temores de la espera del parto.

Cuando se trata de mujeres que tienen más hijos, la situación se complica, a pesar de que, con frecuencia, se piensa de ellas que, «como conocen ya la experiencia, lo tienen todo ya más controlado». Y claro, las cosas no son así. Aunque la experiencia del parto ya es conocida, y en muchos casos precisamente por eso, tienen más difícil que la primípara hacer uso de la negación del temor como defensa y protección frente a la angustia. Todo esto, junto a la presencia y exigencias de los otros hijos, que se suelen incrementar con el embarazo materno, la mujer tiene más complicado asistir a las clases de preparación al parto o, simplemente, tener tiempo para sí misma o para organizar el ajuar del hijo que espera.

Como compensación a todo este esfuerzo y a su cansancio, la multípara tiene la posibilidad de disfrutar de este embarazo, respecto al cual tiene ya otros puntos de referencia en los anteriores. La posibilidad de comparar la actividad o los movimientos intrauterinos de este hijo frente a los de los otros embarazos, el conocer la experiencia del parto y de la crianza como algo que ella ha comprobado ya, por propia experiencia, que es capaz de afrontar, el sentimiento de asentamiento familiar en muchos casos, con la llegada de más hijos, etc. Al fin y al cabo, aunque ella sabe que las cosas en un parto o en la crianza podrían ir mal, su experiencia le dice que también pueden ir bien.

Hacer el nido

Son también los momentos en que se ultima el ajuar y, con frecuencia, esto incluye el que la embarazada sienta la necesidad de hacer obras o cambios importantes en la casa, incluso mudanzas, como si en la hembra humana también apareciese, al igual que en otras especies animales, la necesidad de preparar el nido para el recién nacido. De hecho, son cambios destinados a crear un espacio físico, pero también psíquico para el nuevo hijo. Algo a lo que también contribuye *la búsqueda de un nombre*, esa búsqueda que con frecuencia se comparte con la familia y con los amigos más cercanos y que contribuye a crear y definir un espacio para el nuevo miembro de la familia.

El miedo al parto

El temor al parto, que está presente durante todo el embarazo aunque la mujer no sea consciente de ello, se va haciendo más evidente a medida que la gestación avanza. El temor al dolor es el más frecuentemente expresado por la mujer, aunque actualmente, con la aplicación, cada vez más habitual, de la anestesia epidural, va pasando a un segundo plano en las ansiedades de la mujer respecto a su parto.

El miedo a lo desconocido juega un papel muy importante en la vida de toda embarazada. La mujer está viviendo una situación cambiante día a día, que va a desembocar, inevitablemente, en un cambio vital de primera magnitud, para ella y para los suyos. Toda la incertidumbre que conlleva este cambio (cómo será el parto, cómo será el niño, cómo se desenvolverá ella después...) genera este estado de temor y preocupación. Una eficaz preparación a la maternidad ayuda a modular estos temores, poniendo al alcance de la futura madre la información y los instrumentos necesarios para hacer frente a estos miedos.

Una fuente de preocupación, más llamativa a medida que se acerca el final de la gestación, está en relación con el miedo de la mujer a perder el control de sí misma en el momento del parto o, bien, a no ser capaz de aplicar en ese momento las técnicas aprendidas en los cursos de preparación. Estos temores, que con tanta frecuencia expresan las embarazadas en sus charlas de los grupos de preparación, hablan de la enorme autoexigencia con la que muchas mujeres se enfrentan el parto, como si, en esta circunstancia, también tuvieran que dar una talla que nadie, salvo ellas mismas, les exige.

Un miedo siempre presente, aunque no siempre expresado por la mujer si no se la interroga, es el temor a que su hijo presente algún problema, a que «el niño no esté bien». Hemos ido hablando de ello a lo largo de este capítulo, pero hay que recalcar que, a pesar de que los cuidados médicos actuales (ecografía, analítica, etc.) deberían limitar este temor, es un sentimiento presente en toda mujer hasta que, por fin, ve a su hijo.

No podemos no nombrar además el ancestral temor a la muerte en el parto: el temor a la muerte de la madre, pero también a la muerte del hijo; un temor a menudo inconsciente pero siempre presente, aunque no se verbalice directamente como tal. Expresiones como el miedo a lo desconocido pueden englobar, entre otras cosas, este temor, en el cual no sólo se está depositando el miedo a la muerte real, sino también la fantasía materna de un renacer, también de ella, tras el parto. Al fin y al cabo, el parto marca, también para la mujer, un antes y un después, tras el que algo nuevo y desconocido de su propia vida también empieza, y en el que se cierra un capítulo de su vida para siempre.

El sueño

Durante esta época suelen disminuir las horas de sueño de la mujer y no es infrecuente que aparezca incluso un cierto grado de insomnio, lo cual también puede ocurrirle al padre.

Los sueños en esta época suelen tener como protagonista al niño y su crianza, aunque también puede aparecer en ellos la angustia de perderlo.

En este periodo, el tema de la crianza del bebé está en primer plano en las conversaciones maternas, pero también el especular con cómo será, a quién se parecerá, etc., y esta preocupación está también presente en los contenidos de los sueños.

La preocupación por la crianza

Todo lo dicho anteriormente incrementa la otra gran fuente de ansiedad durante el embarazo: el miedo ante la crianza del nuevo hijo. Un miedo que, junto con el miedo al parto, ha estado presente durante todo el embarazo, pero que al final ocupa un primer plano. El temor y la inseguridad frente a la crianza del bebé están en nuestro medio muy incrementados, pues a la embarazada suele faltarle la experiencia del contacto y el trato con recién nacidos; algo que sería de una enorme utilidad a la hora de enfrentar la crianza de los propios hijos. En este sentido, son muy importantes las clases de puericultura y orientación psicopedagógica que se imparten en los cursos de preparación a la maternidad, pues ayudan a que el temor y la angustia disminuyan para, así, facilitar la relación con el hijo, que ha de ser lo más espontánea y fluida posible.

La pareja

También para el padre es ésta una época difícil. De hecho, con frecuencia él mismo participa de alguno de los síntomas físicos que afectan a su mujer. Costumbres como la *couvade* hacen referencia a todo lo que se remueve en el hombre, cuya mujer espera un hijo de él. No es tan infrecuente, aunque se hable poco de ello, que algunos «futuros padres» cambien sus costumbres alimenticias durante el embarazo de sus mujeres, o que durante este periodo se pongan enfermos con más facilidad.

Los sentimientos de responsabilidad, así como el temor a lo desconocido, al parto y a sus consecuencias, marcan en él un estado de ansiedad muy importante, al que se suman la ansiedad y los miedos que exprese y transmita su mujer.

Es ésta una época muy importante para el equilibrio de la pareja: la mujer tiene una enorme necesidad de ser reafirmada y tranquilizada por el padre del hijo que espera, pues se siente muy diferente de las otras mujeres y necesita más que nunca sentirse confirmada en el amor, aunque puedan ser difíciles en este momento las demostraciones sexuales.

Las relaciones sexuales, aunque no sean siempre posibles al final del embarazo, pueden resultar muy beneficiosas, pues contribuyen a la armonía conyugal, disminuyendo los celos de ambos: del marido hacia el hijo y de la mujer hacia las otras mujeres «no embarazadas». También ayudan a mantener la capacidad libidinosa de la mujer y favorecen la elasticidad y flexibilidad de los músculos perineales, que van a tener que distenderse al máximo en el parto.

Actividad uterina

En este periodo, en el que, como hemos dicho antes, los movimientos fetales son mucho más claros, también las contracciones uterinas se perciben más fácilmente. La percepción de estas contracciones puede ser fuente de ansiedad en la mujer, creándose a veces un peligroso círculo vicioso: la ansiedad, sea del origen que sea, juega un papel importante en el aumento del tono muscular uterino, lo cual provoca un aumento de los niveles de ansiedad materna, lo que vuelve a estimular las contracciones del útero, etc.

En estas situaciones, actualmente tan frecuentes y facilitadas por el estrés en el que suele vivir la mujer, es muy importante no sólo la ayuda desde el exterior, sino también las técnicas de relajación aprendidas que ayudan a controlarlas. No olvidemos que las contracciones excesivas suponen un riesgo de parto prematuro.

Precisamente, la fantasía del parto prematuro es muy frecuente a partir del séptimo mes, en que el niño suele haberse colocado ya cabeza abajo y está presente en la madre la idea de que el feto podría vivir ya separado de ella. Esta fantasía guarda mucha relación con el estado de angustia de la mujer en relación con la proximidad del parto, también por lo que éste conlleva de separación del hijo: durante el embarazo, el hijo ha sido sólo suyo; dar a luz supone no sólo separarse de él, también, pasar a compartirlo con los demás, con todos los conflictos que con frecuencia ello acarrea. Y esto a pesar de lo importante que es para todos, y muy especialmente para el niño, que pueda darse ese proceso de «compartir» al hijo con el padre, con el resto de la familia y con el mundo.

Somatizaciones

El otro peligro frente a tanta angustia es la aparición de somatizaciones varias: gripes, cólicos, lumbalgias, calambres, edemas, nerviosismo, etc., que, en algunas ocasiones, se dan al final del embarazo y en cuyo desencadenamiento juegan un papel muy importante la angustia reforzada por los cambios y las readaptaciones físicas.

Estas somatizaciones sabemos que son más frecuentes, cuando la embarazada se encuentra en un ambiente en el que se tienden a negar los temores o incluso está censurado el hablar de ellos.

Además, todos estos síntomas, especialmente los calambres y las lipotimias, expresan una demanda de ayuda y protección por parte de la embarazada que puede sentirse incapaz de enfrentar por sí sola la situación. La evolución va a depender mucho de la respuesta y la ayuda que la embarazada reciba de las personas de su entorno inmediato, pero, además, de cara al control de estos síntomas es fundamental la respuesta sensible, y no sólo desde el punto de vista médico, de los profesionales que la atienden.

Las últimas semanas

El octavo mes suele ser el más incómodo, pues el bebé es ya muy grande y la sensación de limitación física se va incrementando. Es muy frecuente en esta época, sobre todo en las primíparas, el deseo de que el embarazo termine, no sólo por la ilusión de conocer al hijo, sino también porque las molestias (pesadez, cansancio, falta de sueño, etc.) que origina el volumen de la tripa van en aumento.

En esta época, algunas mujeres que a lo largo del embarazo habían tenido muy negado el temor al parto, buscan de inmediato un curso de preparación como si, de repente, todo se centrase en el parto y aparecieran todos los miedos de golpe.

Curiosamente, los últimos días del embarazo, la mujer puede sentirse más ágil y activa. La hiperactividad es bastante frecuente, lo que constituye una buena defensa frente al miedo a perder el control del propio cuerpo, que cambia por días, pero también ante la incertidumbre que supone la espera de la fecha del parto: cuándo y cómo será, cómo será el hijo, etc.

Frente a todas estas angustias y temores, que pueden llegar a ser muy intensos, aunque no siempre del todo conscientes, el riesgo es no poder tolerar la espera y la incertidumbre.

El parto prematuro

Durante el tercer trimestre no podemos menos que hablar de esos embarazos que, debido a problemas específicos, concluyen con un parto prematuro. En estas situaciones, los padres no sólo han de hacer frente a los problemas derivados de la prematuridad de su hijo, también ellos mismos, en cuanto padres, son aún «prematuros»; el nacimiento les llega sin haber tenido, ellos también, su tiempo para prepararse, a lo que se suma el «extra» de cuidados que el bebé pueda requerir, como puede ser la permanencia en la incubadora o en la clínica después de haber sido dada de alta la madre, hasta la sensación de fragilidad que puede producir un bebé tan pequeño y delicado.

Son situaciones en las que los padres necesitan mucho apoyo y ayuda exterior, para ir adaptándose a la relación con su hijo a pesar de lo difíciles que pueden llegar a ser las primeras semanas o meses.

Embarazos con problemas

Hasta ahora hemos estado hablando de situaciones referentes al embarazo normal, pero sabemos que también pueden aparecer problemas de diversa gravedad, como la placenta previa, las malformaciones fetales e incluso la rarísima muerte real del feto. En la inmensa mayoría de los casos, estos eventos forman parte de los temores más habituales de las embarazadas, aunque sin una correspondencia en la realidad. Pero, a veces, ocurren y en estas situaciones la embarazada necesita un soporte psicológico importante. No es fácil sostener la ilusión por un hijo cuando se sabe que está corriendo o va a correr con riesgos que no estaban previstos, o no desesperarse y sentirse muy sobrecargada de responsabilidad ante la indicación de un reposo prolongado.

En estas situaciones se pone a prueba la capacidad de espera de la mujer para tolerar la incertidumbre y la decepción que supone, siempre, cualquier anomalía en el curso de la gestación.

A menudo, nos olvidamos de que el embarazo constituye una prueba física y psicológica de primera magnitud para la mujer, y de la enorme necesidad de ayuda que ésta tiene, especialmente en los casos en que las cosas no se desarrollan con la normalidad esperada. Es esta «normalidad esperada» lo que dificulta el hacer frente a los sentimientos de culpa que surgen en la mujer, especialmente cuando los problemas afectan al hijo que espera.

La mujer tiende a sentirse responsable, de forma consciente o inconsciente, de lo que ocurre en el interior de su útero; más tarde, este sentimiento se traslada a lo que les pueda ocurrir a los hijos ya nacidos. Es ese sentimiento de responsabilidad el que juega, junto con los conflictos inevitables de cualquier relación humana, un papel muy importante en la génesis de los sentimientos de culpa, y de la depresión consiguiente, que puede afectar a la mujer en estas situaciones.

Segunda parte

El parto

4. El parto: tan esperado y tan temido

Vamos a dedicar este capítulo a hablar de ese momento tan esperado y, a veces, tan temido: el parto. Ese proceso, tan complejo y sorprendente, por el cual el niño sale del útero de la madre al exterior.

Lo primero que debemos hacer es definir el concepto de parto, entendiendo por tal el proceso que incluye *tres fases*:

—*Dilatación*: apertura del cuello del útero.

—*Expulsión*: salida del niño al exterior a través del canal del parto.

—*Alumbramiento*: salida de la placenta y de las membranas.

El parto se desencadena por unos cambios hormonales que tienen lugar en la unidad madre-placenta-feto, los cuales producen en las fibras musculares del útero una mayor sensibilidad a la oxitocina, sustancia capaz de producir contracciones. Asimismo, los cambios a nivel del cuello del útero provocan la liberación de otras sustancias, las prostaglandinas, que colaboran en la actividad contráctil del útero.

Más adelante vamos a detallar cronológicamente los aspectos más interesantes, pero, a pesar de su aparente complejidad, todo se reduce a dos pasos:

—1º. *Abrir la puerta al niño o dilatación*: el útero, que tan celosamente ha guardado al feto estos nueve meses, va a abrir su puerta (cuello).

—2º. *El «viaje» del niño a través del canal del parto hasta el exterior o expulsivo.*

El motor de ambas fases es la potentísima musculatura uterina, que se contrae durante horas para lograr que su, hasta ahora protegido inquilino, salga al mundo. El niño es el viajero, siempre pasivo, de esta travesía, que recorre un angosto camino acoplándose a la forma del túnel que le separa del exterior.

Cuello del útero

En todo el proceso del final del embarazo y el parto, puedes oír al ginecólogo o la matrona que te exploran palabras o expresiones que indican, técnicamente, cómo está evolucionando tu cuello del útero en las últimas semanas de gestación o a lo largo del parto. Asimismo, estas palabras van a aparecer repetidamente en este capítulo. Por ello, vamos a intentar traducir ese «argot» médico para que puedas comprender mejor lo que está pasando.

1. ¿Qué es el cuello del útero?

—Es la parte inferior del útero, cuya última porción penetra en la vagina.

—Su misión durante estos nueve meses es permanecer bien cerrado, manteniendo en el interior del útero al feto, el líquido amniótico, la placenta, etc. En el parto se abre esta puerta para permitir que el niño salga al exterior.

—Por tanto, el cuello será uno de los protagonistas del parto.

2. ¿Qué es el tapón mucoso?

—El tapón mucoso es una sustancia mucosa y gelatinosa que tapona el conducto central del cuello del útero durante todo

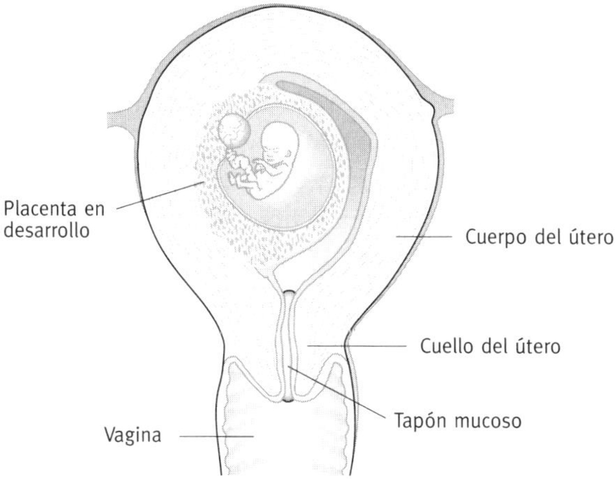

Fig. 24.

el embarazo, aislando el interior del útero de la vagina y por tanto del exterior.

3. Exploración o tacto vaginal. ¿Cómo y por qué se explora el cuello?

—Siempre que sea necesario, especialmente en las últimas consultas del embarazo y a lo largo de todo el parto, el ginecólogo o la matrona van a hacerte algunas exploraciones vaginales.

—Se realizan introduciendo uno o dos dedos en la vagina para llegar a tocar el cuello y saber qué modificaciones se están produciendo en él.

4. ¿Con qué palabras se describe el cuello?

—En las exploraciones, el ginecólogo y/o la matrona pueden hablar de:

* *Cuello posterior-cuello centrado:*

—*Cuello posterior*: a lo largo del embarazo, el cuello del útero va orientándose hacia la espalda, hacia atrás, para que, al estar de pie, el peso de todo lo que contiene el útero no repercuta directamente en él.

—*Cuello centrado*: el cuello se va a ir centrando poco a poco, a veces en las últimas semanas de embarazo y otras con las contracciones del parto.

Si al llegar a la maternidad, te exploran y te encuentran el cuello centrado, ¡buena noticia! Si no es así, no te preocupes; las contracciones lo irán centrando poco a poco.

* *Cuello duro-cuello blando:*

—Otro de los aspectos que se detectan al hacer un tacto o exploración es la dureza del cuello. Éste se puede encontrar duro (a veces se describe como «verde») o blando (maduro).

—Al final del embarazo, o durante el proceso del parto, el cuello se va ablandando paulatinamente debido a diversas modificaciones en su estructura, lo que facilita que las contracciones lo vayan abriendo (dilatando).

—Evidentemente, en el parto será mejor noticia que, tras un tacto, te digan que el cuello está blando a que lo encuentren duro.

5. Borramiento del cuello

Es el proceso por el que las contracciones van acortando poco a poco el cuello del útero (véase fig. 25, pasos 1, 2 y 3, pág. 213).

En algunas mujeres, el borramiento comienza días antes del parto (más frecuentemente en las multíparas) mediante contracciones irregulares que pasan desapercibidas y no son dolorosas. Estas contracciones se parecen a las que estás habituada a tener al final del embarazo. Sólo con una exploración del médico o la matrona se puede saber si el borramiento se ha iniciado.

Otras mujeres, en cambio, no borran el cuello hasta el mismo día del nacimiento y las contracciones que lo acortan pueden simular un parto (ritmo, duración...). Sin embargo, al llegar a la clínica, la matrona que hace el tacto puede indicarte que no estás realmente de parto, que estás borrando cuello. ¡No te

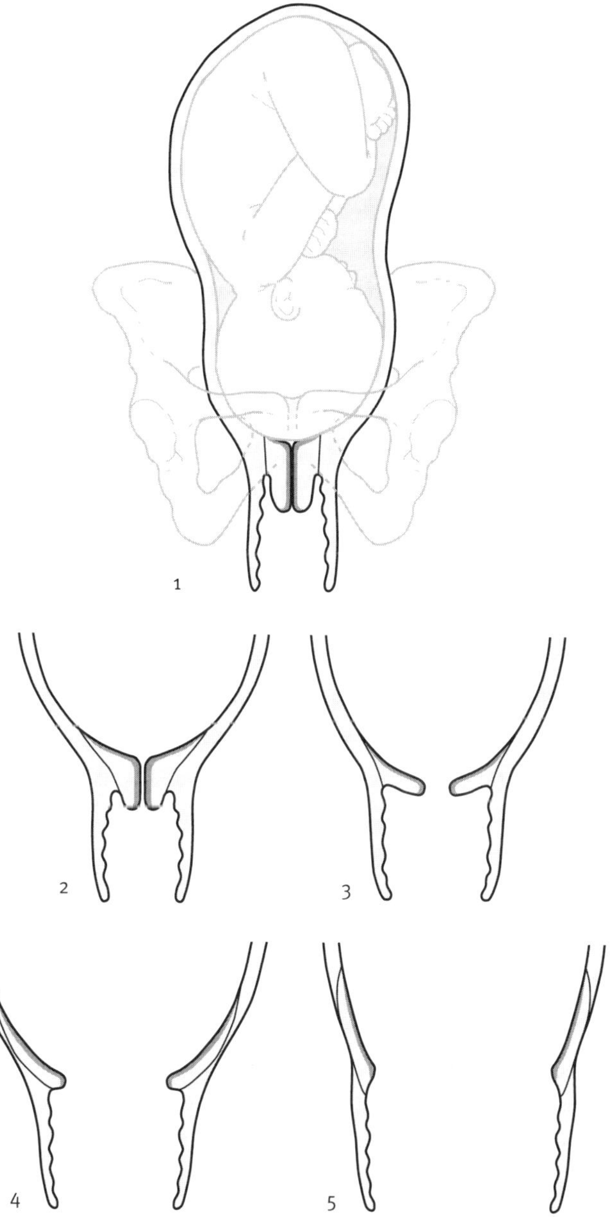

Fig. 25. Borramiento (1-2-3) y dilatación (3-4-5) del cuello del útero. Dilatación completa (5).

desalientes! Ella te dirá cuándo debes volver para una nueva exploración.

RESUMEN
El cuello del útero se borra por contracciones del útero, pero nunca sabrás ni cómo (dolorosas o no) ni cuándo (días antes o en el parto) se producirá.

6. Dilatación del cuello

La dilatación es la apertura del orificio del cuello del útero que permite el paso del niño del útero a la vagina (véase fig. 25, pasos 3, 4 y 5, pág. 213). Lo veremos con detalle más adelante.

¿Cuándo hay que ir a la clínica u hospital?

El ginecólogo te dará las instrucciones concretas, indicando cuándo debes ir a la maternidad. Éstas variarán dependiendo de si tu embarazo o parto requiere algún tipo de atención especial.

Si no existe ninguna indicación concreta, debes acudir al centro donde vas a tener a tu hijo por cualquiera de estos motivos:

—Si sangras.
—Si rompes la bolsa.
—Si tienes contracciones rítmicas.

Sangrar

Si ves que pierdes sangre roja, como si fuera una regla, debes ir a la clínica *inmediatamente*, aunque no sientas contracciones. El ginecólogo o la matrona te explorarán para saber de dónde proviene ese sangrado y tomar las medidas necesarias.

Ahora bien, NO debes ir a la maternidad si:

—*Expulsas el tapón mucoso*: una mucosidad espesa más o menos manchada de sangre puede salir de la vagina cuando el cuello empieza a ablandarse. Puedes perder el tapón desde 10-12 días antes del parto hasta el mismo día del nacimiento, horas antes o durante la dilatación; incluso es posible que no llegues a verlo, porque a veces sale en la clínica cuando el cuello ya está algo dilatado.

—*Manchas algo de sangre roja o marrón tras una exploración*: el ginecólogo realiza un tacto las últimas semanas de embarazo para saber si el cuello del útero ha comenzado a evolucionar. Como en esta etapa el cuello suele estar más blando y sensible, es probable que sangres un poco durante 1 o 2 días después del tacto. No debes alarmarte.

Rotura de bolsa

Decimos que se ha roto la bolsa cuando las membranas que rodean al nino en el interior del útero se rompen, permitiendo la salida al exterior del *líquido amniótico* que contienen. Este líquido está formado por agua, células descamadas del feto, lanugo (pelo finísimo que rodea parte del cuerpo del feto) y vernix caseoso (capa de grasa que cubre en mayor o menor medida la piel del bebé). Se renueva totalmente en 2 o 3 horas a través del feto (que lo traga y lo elimina por vía urinaria, piel y aparato respiratorio), del cordón, de las membranas que forman la bolsa y de la placenta.

La misión del líquido amniótico es dar al feto un entorno seguro y cómodo, permitiendo que se mueva fácilmente, amortiguando los estímulos del exterior (presiones, ruidos, luz...) y manteniendo su temperatura constante e independiente de la de la madre. Asimismo, asegura su hidratación e impide que las membranas se adhieran a su cuerpo.

1. ¿Cuándo hay que ir a la maternidad?

—La salida de líquido amniótico por la vagina es siempre causa para acudir a la clínica, pero la velocidad con la que debes hacerlo dependerá de dos factores:

* *La cantidad de líquido*: se habla de *rotura* de bolsa cuando el líquido que sale es abundante; un chorro como de agua caliente que te moja las piernas y no puede confundirse con nada. Y se habla de *fisura* de bolsa (o rotura alta) cuando la salida de líquido es tan pequeña que simplemente te notas húmeda, por lo que lo podrías confundir con:

—*Orina*: diferenciarlo es fácil porque la orina tiene un olor característico.

—*Flujo*: al final del embarazo es frecuente tener un flujo muy líquido y abundante; para confirmar que es la bolsa, seca la vagina, camina 5 o 6 minutos y observa la ropa interior, que sólo estará nuevamente húmeda si se trata de líquido amniótico.

* *El color del líquido*: si el líquido es *limpio*, será de color transparente o blanquecino, aunque puede verse sonrosado porque esté algo manchado con la sangre del cuello del útero. Si el líquido está *teñido*, su color será oliva, es decir, en toda la gama de las aceitunas.

—Combinando estos dos factores, podemos saber cuándo es preciso salir de casa.

* *Con líquido limpio*: si se trata de una rotura con gran salida de líquido, organiza todo para salir hacia la maternidad. No obstante, puedes esperar a que vengan a buscarte, si en ese momento estás sola. En ningún caso conviene tardar más de una hora sin que un ginecólogo o una matrona estén informados de que has roto la bolsa.

Ahora bien, si se trata de una fisura que sólo humedece la ropa interior, puedes esperar hasta 2 o 3 horas y, no más tarde, debes informar al ginecólogo o matrona para que te confirmen si efectivamente se trata de líquido amniótico.

* *Con líquido teñido*: en este caso, tienes que ir a la clínica INMEDIATAMENTE pero SIN ASUSTARTE, sea cual sea la cantidad de líquido que salga.

Pero conviene aclarar, ya que es una duda y una preocupación frecuente, que el líquido teñido NO es sinónimo de *sufrimiento fetal*. El líquido se tiñe por el *meconio* (mezcla del líquido amniótico tragado por el feto con pelo fetal desprendido, secreciones y células intestinales) que se encuentra en el intestino del feto y que, a veces, es expulsado a través del ano del niño antes del nacimiento. No sólo se expulsa por una *hipoxia fetal* (falta relativa de oxígeno), sino por la estimulación del sistema parasimpático, a causa de la compresión del cordón o incluso por la motilidad gastrointestinal espontánea, que refleja la maduración fisiológica del intestino fetal.

Así pues, ante un líquido color oliva debes acudir a la maternidad cuanto antes, para que el ginecólogo o la matrona escuchen el latido del corazón del bebé y realicen otras pruebas si son necesarias para determinar el significado de la expulsión del meconio.

En muchos casos, se permite que el parto progrese y que el niño salga por vía vaginal, vigilándole cuidadosamente. Ello significa que la bolsa se ha teñido por un problema puntual, pero que los mecanismos de adaptación del feto se han puesto en marcha y que el parto puede evolucionar. Otras veces, al llegar al hospital y estudiar el estado del niño, se detectan signos que indican que no se debe permitir que el parto continúe. En este caso, el ginecólogo opta por hacer una cesárea. No te alarmes excesivamente: se trata de una medida de prevención para evitar que el niño «soporte» el resto de las contracciones que aún se necesitan para terminar el parto; es decir, se realiza una cesárea para evitar que el niño sufra.

2. ¿Cuándo se rompe la bolsa?

—Generalmente, se rompe la bolsa en una de las múltiples contracciones que se tienen a lo largo del parto, ya sea en casa o en la maternidad.

—Sólo en el 15 por ciento de los casos, aproximadamente, la rotura se produce antes de comenzar con las contracciones de parto: es lo que se denomina *rotura prematura de membranas*. De este porcentaje, en la gran mayoría de los casos se rompe pasada la semana 37.

Si rompes la bolsa antes del final de la semana 37, debes ir inmediatamente a la maternidad para que tomen las medidas oportunas dependiendo de la semana de embarazo en la que te encuentres. Valorando la madurez del feto, el riesgo de infección, etc., se provocará el parto o quedarás ingresada; en este caso, se instaurará el tratamiento médico necesario si se decide prolongar la gestación un tiempo más.

En otras épocas, se hablaba de *parto seco* cuando una mujer rompía bolsa antes de que se desencadenasen las contracciones de parto. Se creía, erróneamente, que el líquido había salido del todo y que el niño estaba «seco». Pero, en realidad, el parto seco NO existe. Varias son las razones:

* El recambio de líquido amniótico es constante: si se rompe la bolsa, se produce más líquido, aunque no siempre en la misma cantidad.

* Muchas veces, al bajar, la cabecita del niño «tapona» el cuello impidiendo que salga tanto líquido. Al andar o subir escaleras, la cabeza se mueve permitiendo el paso de fluido amniótico y entonces puedes notar que sale más líquido.

—Por último, si la bolsa no se rompe espontáneamente, el ginecólogo o la matrona pueden hacerlo durante la dilatación mediante un tacto vaginal y una lanceta. Es lo que se conoce como *amniorrexis artificial*. Su objetivo es conseguir:

* Que la cabecita del niño baje y presione más el cuello del útero.

* Que las contracciones sean más eficaces, ya que al salir

el líquido disminuye el volumen uterino. Así, los haces musculares se acortan y son más guesos y potentes, por lo que las contracciones resultan más fuertes y eficaces.

3. ¿Duele la rotura de la bolsa?

—La rotura de la bolsa, tanto si es espontánea como provocada, resulta INDOLORA. Las membranas que la forman no tienen terminaciones nerviosas, por lo que no se puede sentir nada en ellas. Si estás dormida, te despertarás porque te notes mojada, pero nunca por el dolor.

—No obstante, en el caso de la amniorrexis artificial, lo que puede molestar es el tacto necesario para romper la bolsa.

—Si la rotura de la bolsa se produce una vez que ya han comenzado las contracciones, es posible que, a partir de ese momento, las notes algo más dolorosas, puesto que resultan más intensas y eficaces. Piensa que ello puede ayudarte a tener un parto más rápido.

Contracciones

La causa más frecuente por la que se acude a la maternidad es la aparición de las contracciones CON RITMO.

1. ¿Cómo sospecho que las contracciones son de parto?

—Ninguna mujer, ni siquiera una ginecóloga o una matrona que ya sea madre, puede afirmar rotundamente: «Estoy de parto.» Sólo un tacto vaginal podrá confirmar tus sospechas.

—Lo que te hará sospechar que estás de parto son las CONTRACCIONES CON RITMO; ésta es la idea clave. Efectivamente, como ya hemos comentado, durante el embarazo hay contracciones uterinas, pero irregulares. El día del parto éstas empiezan a tener un ritmo, una cadencia, una monotonía en su aparición.

* *Ritmo*: al principio, el *descanso* entre contracciones es de 12-15 minutos, y poco a poco éste se va reduciendo hasta llegar a ser de 1 minuto aproximadamente. Ten en cuenta que no hablamos de regularidad, sino de ritmo; por ejemplo, si decimos que tienes contracciones cada 5 minutos, quiere decir que aparecen, por ejemplo, cada 4 minutos y medio o 5 minutos y cuarto. Es decir, no son matemáticas.

En cuanto a la *duración*, mientras las contracciones del embarazo suelen ser cortas (20-25 segundos), las del parto duran más de 30-35 segundos.

RESUMEN

El ritmo de las contracciones de parto supone que cada vez tenemos contracciones *más frecuentes y más largas.*

* *Dolor*: en contra de lo que muchas mujeres creen, el dolor no es un signo obligado para suponer que estás de parto. Las primeras contracciones no suelen ser dolorosas (véase pág. 222); incluso hay mujeres —aunque muy pocas— que refieren que lo sentido en el parto no puede llegar a calificarse de dolor.

2. Los pródromos de parto (o falso parto)

—En ocasiones, el útero empieza a tener contracciones con ritmo durante unas horas, pero poco a poco van espaciándose y terminan por desaparecer. Son los llamados «pródromos de parto», es decir, ensayos que el útero realiza en algunas ocasiones.

—Puedes tener pródromos uno o varios días antes del parto, más frecuentemente de noche que de día y con contracciones dolorosas o no. Pero también pueden no presentarse y aparecer las contracciones con ritmo que anuncian el parto.

—Si las contracciones no son realmente de parto, suelen espaciarse al cambiar de actividad, es decir, al moverte si estabas descansando o al tumbarte si han comenzado cuando estabas en plena actividad.

3. ¿Cuándo acudir a la maternidad si se tienen contracciones?

—El ginecólogo puede, por una causa médica concreta (embarazo gemelar, cesárea anterior, antecedentes de dilatación rápida, lejanía del domicilio, etc.), recomendar unas determinadas pautas para que sepas cuándo presentarte en la clínica o el hospital. Si no es así, el momento dependerá de si se trata de tu primer parto o de si ya has tenido otro niño por vía vaginal:

* *Si eres primípara*: cuando tengas durante 1 hora y media contracciones cada 5 minutos aproximadamente y más largas de 30-35 segundos.
* *Si eres multípara*: cuando tengas durante 1 hora y media contracciones cada 10 minutos aproximadamente y más largas de 30-35 segundos.

—En ambos casos:

* Se calcula que emplearás media hora en el traslado al hospital.
* Ten en cuenta que la duración de la contracción es la duración de la tripa dura, no el tiempo que dura el dolor de la contracción.
* Si una vez alcanzado el ritmo aconsejado para salir de casa, las contracciones se precipitan y empiezan a ser mucho más frecuentes, tienes que ir a la clínica sin esperar la hora y media en casa.
* Si rompes bolsa o sangras abundantemente una vez comenzadas las contracciones, acude a la maternidad enseguida sin esperar a alcanzar el ritmo antes señalado para ello.

RESUMEN

Si tienes contracciones con el ritmo y la duración mencionados, tienes que ir a la clínica para que una matrona o ginecólogo te explore y confirme si efectivamente estás modificando el cuello.

Si dudas, no dejes de ir tantas veces como sospeches que tu parto puede haber comenzado.

4. El dolor en las contracciones de parto

—Si hay algo que toda mujer admite, espera y teme es el dolor de las contracciones de parto. Por ello, vamos a intentar matizar ciertos aspectos:

* *¿Cuándo duelen?*: las primeras contracciones del parto NO duelen: se notan, son incómodas, pero en general no más que las últimas contracciones que has tenido de modo irregular al final de tu embarazo. En muchas mujeres, estas contracciones pasan desapercibidas, porque están dormidas, absorbidas en el trabajo o muy distraídas.

Poco a poco, según avanza el parto, pueden ser consideradas molestas y al final resultar más dolorosas.

* *¿Siempre duelen?*: a casi todas las mujeres les duelen las contracciones de parto, pero no todas las contracciones del parto duelen. ¿Por qué decimos que a casi todas?: porque de cada 100.000 mujeres hay 3 a las que no les duele *ninguna* contracción de parto. Todos hemos oído hablar de esos partos en casa, atendidos por alguna vecina o por algún servicio de urgencia que llega cuando el niño ya ha nacido. Esas mujeres no saben que la contracción es la «tripa dura», y esperan al dolor como signo de que el parto ha comenzado; al tener un parto no doloroso, no saben que su hijo está a punto de nacer.

Por ello siempre conviene insistir: *hay que ir a la clínica cuando la tripa se pone dura con el ritmo adecuado, aunque las contracciones no duelan.* Al llegar a la clínica, y tras una exploración, la matrona te indicará si efectivamente estás o no de parto.

* *¿Cuánto duelen? ¿Son controlables?*: en este aspecto, entramos en un mundo de claras diferencias entre una mujer y otra, en el que hemos de barajar un sinfín de factores. Si 100 mujeres nos cuentan su parto, probablemente oiremos 100 interpretaciones diferentes del dolor sentido en las contracciones; entre las que refieren un dolor tremendo y las que dicen que es

algo perfectamente soportable, caben todas las variaciones posibles.

En la interpretación del dolor intervienen muy distintos estímulos:

—*Factores objetivos*: las contracciones suelen doler más, entre otras causas:

· A partir de los 5 centímetros de dilatación.
· Con la bolsa rota.
· Por el cansancio añadido cuando el parto se alarga mucho.

—*Factores subjetivos*: pueden agravar la sensación dolorosa (véase págs. 305 y 319, «Psicología del parto») diversos motivos:

· Miedo y ansiedad ante el proceso del parto (tanto referentes a la madre como al niño).
· Problemas personales o familiares.
· Soledad y falta de apoyo eficaz.
· Angustia ante lo desconocido o inesperado.
· Pensar en el «inevitable» dolor.

—Por tanto, podemos decir que una mujer puede influir, en parte, en el modo en el que recibe la sensación dolorosa, modificando positivamente algunos de estos factores (ignorancia, posturas, control...). Todo ello es la meta de la Preparación a la Maternidad (ver pág. 299): Que la mujer consiga controlar las contracciones, no que las contracciones descontrolen a la mujer.

* *¿Dónde duelen?*: las contracciones pueden doler en diferentes lugares del cuerpo:

—En la parte inferior del abdomen, que es lo más frecuente.

—En la parte inferior de la espalda, concretamente a la altura del sacro. Esto ocurre en el 15 por ciento de los partos. Es un «parto de espalda» (el mal llamado «parto de riñones»). En este caso, se puede sentir el dolor de las contracciones sólo en la espalda o comenzar en la espalda e irradiarse hacia el abdomen.

—En los muslos: en rarísimas ocasiones, el dolor que ha comenzado en el abdomen baja hacia los muslos.

—Pero no olvides que, duela donde duela, sabes que tienes una contracción porque la tripa está dura.

* *¿Cómo duelen?*: resulta muy complicado definir un dolor, pero podemos generalizar diciendo que:

—*Si duele la tripa*:

· Es un dolor sordo, como presión o tensión.

· Hay mujeres que lo asemejan a un dolor de regla.

· Sólo duele durante la contracción, pero nada entre una y otra.

—*Si duele la espalda*:

· Puede ser un dolor sordo o punzante (como sensación de pinchazo...).

· Entre una contracción y otra, la sensación dolorosa puede desaparecer totalmente o quedar la zona dolorida. Sabes que la contracción se ha terminado porque la tripa está blanda, aunque el dolor no haya cedido del todo.

5. Cuando duele mucho la regla, ¿significa que el parto también será más doloroso?

—No existe relación alguna entre un proceso y otro. Mujeres con reglas dolorosas pueden tener partos con mucho dolor o, por el contrario, partos muy soportables. Lo mismo se puede decir de las mujeres que nunca han sentido la más mínima molestia en sus menstruaciones.

—Sin embargo, las mujeres que habitualmente tienen reglas muy dolorosas pueden estar «acostumbradas» al dolor, de modo que pueden soportar más las contracciones dolorosas del parto, controlándose mejor durante todo el proceso.

5. Cronología del parto

En casa

¡Ya ha llegado el momento! Sospechas que estás de parto: las contracciones son rítmicas, cada vez más frecuentes y más largas... Y ahora, ¿qué hacer?

¿Qué hago si creo que estoy de parto?

Lo primero que puedes hacer es avisar a tu pareja si no está contigo en esos momentos. Luego, lo mejor es la DISTRACCIÓN. La típica imagen de una pareja expectante, controlando el segundero de un reloj y centrando toda la atención en cada contracción, no es nada recomendable; primero, porque no hay un tiempo exacto entre contracciones; segundo, no es necesario que te cronometren porque vas a notar clarísimamente cuando se aproxima una contracción y, tercero, porque es aburridísimo para los dos y perjudicial para ti que te concentres demasiado en la intensidad, la duración, etc. de las contracciones. Lo único que lograrías con ello es cansarte y que te duelan más.

En la primera fase del parto, cuando todavía ni siquiera estás segura de que el proceso ha comenzado, lo mejor que puedes hacer es pensar en todo menos en que estás de parto. A algunas mujeres les gusta leer, otras prefieren ver una película, coser, guisar... Ocúpate en aquello que te entretenga realmente.

¿Puedo comer y/o beber?

No, no puedes comer ni beber; es una medida de precaución a tomar desde el inicio del parto, tanto si empiezas con contracciones rítmicas, como si rompes bolsa. Ello obedece a varias razones:

—*Anestesia:* puede presentarse una situación en la que sea necesario emplear una anestesia general, aunque en principio estuviera planeada una anestesia epidural.

—*Náuseas y/o vómitos*: el 15 por ciento de las mujeres sienten náuseas o vomitan durante el parto y, obviamente, es más desagradable en este caso tener el estómago lleno.

Cuando sospeches que estás de parto, no tomes nada salvo una cucharadita de miel, que elevará tu nivel de glucosa en sangre y ayudará al útero en sus contracciones (no olvides que es un músculo que va a trabajar mucho). Igualmente, la miel te aliviará la sensación de mareo y decaimiento que puedes tener si pasas mucho tiempo sin ingerir nada.

¿Me puedo duchar? Otros preparativos

1. La ducha

—Si no has roto la bolsa, la ducha (*no* la bañera) no sólo es posible, sino recomendable. Una ducha caliente puede ayudar a relajarte y a descansar mejor.

—También puedes lavarte la cabeza: para algunas mujeres es un paso imprescindible, ya que el pelo limpio les da una sensación de seguridad y dominio. Sécate con un secador y ponte guapa para recibir a tu hijo.

—Si rompes la bolsa al ducharte (¡qué casualidad!) o mientras haces pis, puedes no distinguir nítidamente la salida de líquido en ese momento; pero como la bolsa no se vacía totalmente de una vez, poco después, al andar, levantarte o con las contracciones, seguirás notando que te mojas involuntariamente. Siempre sabrás que has roto la bolsa.

—Si has roto la bolsa, debes estar en posición horizontal el mayor tiempo posible (véase pág. 228), por lo que, si te duchas, hazlo muy rápido y, por supuesto, sin lavarte la cabeza.

2. Laca de uñas y joyas

—Sería conveniente que te quitaras el esmalte de las uñas, incluido el brillo. Algunos anestesistas pueden preferir que lleves las uñas sin pintar.

—En cuanto a las joyas, es mejor que te las quites y las dejes en casa, ya que no van a dejarte entrar en el paritorio con nada de metal. Sin embargo, lleva el reloj, porque durante la dilatación te gustará tener una referencia de cómo pasa el tiempo.

¿En qué postura puedo estar en casa?

1. Si no has roto la bolsa

—Es preferible que adoptes posturas verticales. Todos los estudios realizados indican que aquéllas en las que se emplea la gravedad, manteniendo la cabeza del niño sobre el cuello del útero, ayudan a que las contracciones sean más eficaces y la dilatación más rápida. Además, salvo rarísimas excepciones, las contracciones duelen menos estando en posturas verticales que estando tumbada.

—Por tanto, cuando aparezcan las contracciones rítmicas, prueba a estar:

* De pie, apoyada en una pared.

* Sentada en una silla recta, nunca en un sofá, porque presionarías más el útero y te dolería más.

—Adopta la postura en la que sientas menos dolor y, sobre todo, NUNCA te muevas durante una contracción, aunque es casi innecesario recordarlo, puesto que enseguida aprenderás que las contracciones se controlan mejor estando quieta.

—Entre una contracción y otra puedes pasear si te apetece; en ocasiones mejora la calidad de las mismas. Pero no te canses demasiado, ya que vas a necesitar tus fuerzas para más tarde.

2. Si has roto la bolsa

—Si, como dijimos, la salida de líquido es pequeña (fisura), puedes estar en cualquier postura, incluso hacer los últimos preparativos. Mientras tanto, observa si aparecen contracciones rítmicas o si sale una mayor cantidad de líquido.

—Si la rotura es franca, tienes que ponerte en posición horizontal, preferentemente de perfil, el mayor tiempo posible hasta que una matrona o el ginecólogo te exploren. Con un tacto confirmarán que el cordón del niño no ha salido por el cuello del útero (*prolapso de cordón*) y que por tanto no puede ser presionado por la cabeza del bebé al bajar. Ésta es una complicación muy rara, pero suficientemente importante como para tomar precauciones, aunque las contracciones duelan algo más.

¿Qué hago si rompo la bolsa?

Tanto si la rotura de bolsa es el primer signo de parto, como si rompes las membranas una vez iniciadas las contracciones rítmicas debes:

—Cerciorarte del color del líquido: si es limpio, túmbate, y si tu pareja no está contigo, llámale para que te lleve a la clínica o el hospital; si es teñido, sal enseguida hacia la maternidad aunque sea en un taxi. Y ¡acuérdate!: en cualquier caso, siempre recostada.

—Utiliza compresas o pañales de bebé, pero nunca tampones.

—Si quieres ducharte, que te preparen el agua a la temperatura adecuada, hazlo rápidamente y sécate en posición horizontal en la cama. Recuerda que no se pueden hacer lavados vaginales.

—En el coche, reclínate en el asiento de detrás hasta que llegues a la maternidad.

—Si las contracciones empiezan a ser algo más dolorosas, ¡no te alarmes! Es algo muy frecuente después de romper la bolsa.

¿Qué hago en casa si tengo un «parto de espalda»?

En un «parto de espalda», todo el proceso (borramiento, dilatación, expulsión...) es exactamente igual que si las contracciones dolieran en la tripa. Sin embargo, puede resultar algo más difícil controlar la sensación dolorosa de las contracciones si duele la espalda. En todo caso, no olvides que, independientemente de donde sea referido el dolor, debes intentar distraerte el mayor tiempo posible, ahorrar energía y no cansarte.

Si notas que las contracciones te molestan en la espalda, es conveniente:

—Adoptar *posturas* en las que el útero NO se apoye en la zona lumbar (a cuatro patas, de pie inclinada hacia delante sobre una mesa, etc...). Si entre contracción y contracción queda dolorida la zona, te puede apetecer permanecer en dicha postura todo el tiempo. Si rompes la bolsa, túmbate de perfil, con la pierna superior flexionada y apoyada en el colchón.

—Si la intensidad de la contracción va en aumento, puedes pedir a tu pareja que sostenga una *bolsa de agua caliente o con hielo* sobre la zona dolorida. A unas mujeres les alivia el calor y a otras el frío.

—Por último, un consejo: reserva las demás técnicas (véase pág. 252) para cuando acudas a la maternidad y las contracciones sean más dolorosas. No se pueden agotar todos los recursos en casa.

¿Puedo tener diarrea?

Algunas mujeres refieren episodios de diarrea poco antes de empezar a notar las contracciones rítmicas o una vez iniciadas éstas, confundiéndolas, incluso, con un «cólico». Conviene aclarar que:

—La diarrea no siempre aparece, incluso es poco frecuente.

—Nunca puedes confundir un «retortijón» con una contracción. Durante ésta, la tripa siempre está dura, independientemente del dolor, mientras que si fuera un proceso intestinal, la tripa estaría blanda, aunque doliera.

—Es conveniente que, cuando llegues a la maternidad, comentes a la matrona cuántas veces has ido al cuarto de baño. Ella valorará la necesidad de poner o no un enema.

¿Puedo salir de casa?

En general, es una pregunta que se plantea la embarazada antes del día del parto, pero no una vez iniciado el proceso. La mujer tiende a sentirse protegida en casa, donde se encuentra libre para adoptar las posturas en las que está más cómoda, teme romper la bolsa en la calle... Como cualquier mamífero que va a tener sus crías, busca y prepara un rincón para guarecerse mejor.

¿Cuánto tiempo tendré que estar en casa antes de salir hacia la maternidad?

Esta cuestión es casi imposible de contestar, salvo que el ginecólogo te haya dado claras instrucciones de cuándo acudir, por un problema concreto.

Ya hemos comentado las tres causas que nos obligan a salir hacia la clínica: sangrar, rotura de bolsa y contracciones rítmicas (véase págs. 214-224).

En ningún caso precipites tu salida por presiones familiares o por creer que en la clínica vas a estar mejor. Si tus condiciones médicas no lo requieren, estarás mejor en tu hogar.

¿Qué hago con mis otros hijos?

Si éste no es tu primer parto, tienes una gran ventaja: la «experiencia». Pero en esos momentos puedes encontrarte con un problema añadido: qué hacer con los otros niños.

Por supuesto, si los niños tienen edad suficiente, ya habrás hablado con ellos del nuevo hermanito. Una vez llegado el momento, dependiendo de su edad y de la propia evolución del parto, tomarás la mejor decisión. En principio, sería preferible que no salieran de su casa; por ello es importante que alguien los cuide y los distraiga mientras tú y tu pareja os ocupáis de ti y del nuevo hijo. No es un momento para compartir con niños pequeños, ya que ellos estarán pendientes de ti y percibirán, sin comprender del todo, que «algo raro le pasa a mamá», lo que puede preocuparles y asustarles.

Así pues, salvo que sea imposible, es mejor que sigan su ritmo habitual de vida (guardería, comidas, etc.). Ya conocerán a su hermanito cuando nazca.

También puedes optar por mandarlos con alguien de tu confianza a otra casa.

En ambos casos, en las últimas semanas de embarazo

busca a alguna persona que esté disponible con la que sepas que los niños se quedan tranquilos y confiados, y cuando notes los primeros síntomas, llámala. De este modo, estarás libre para poder salir hacia la maternidad en cuanto lo necesites. Sabiendo que tus hijos están bien atendidos, te sentirás mejor para relajarte y concentrarte en tu parto.

¿Qué equipaje preparo?

El equipaje que debes preparar depende fundamentalmente de si vas a tener a tu hijo en un hospital o en una clínica privada. En ambos casos te darán la ropa de cama y cuna, las toallas y las compresas para ti.

1. En el hospital

—No necesitas llevar nada de ropa para el niño durante su estancia allí; sólo aquella con la que quieras vestirlo para volver a casa (pañal desechable, camiseta, pijamita, jersey, patucos, una toquilla...).

—Lleva los productos para su aseo (jabón, toallitas, esponja, leche hidratante, etc.).

—Para ti, no necesitas más que una bata y unas zapatillas, tu ropa interior y las cosas de aseo personal.

2. En una clínica privada

—Tienes que llevar la ropa para el niño durante los días de estancia allí. Para el paritorio puede resultar práctico tener en una bolsa aparte la ropa con la que han de vestir a tu hijo por primera vez:

* 1 pijama
* 1 camiseta o body
* 1 pañal desechable

* 1 toquilla
* 1 gorrito (lo piden en algunas clínicas)

Aunque quieras que tu hijo esté guapísimo, deja los faldones y jerséis para más tarde. En estos primeros momentos de vida, lo que interesa es que el niño esté caliente.

—Para el resto de la estancia, puedes llevar:

* 3-6 camisetas o bodys
* Un paquete de pañales desechables
* 3-6 pijamas
* Jerséis y patucos
* Una toquilla
* Un cambiador
* Cosas de aseo (jabón líquido, toallitas, leche hidratante, etc.) y todo lo que tú quieras llevar (faldones, baberos, etc.)

—Para ti: averigua si la clínica te proporcionará o no un camisón para el paritorio; si no es así, llévate una camiseta o un camisón corto muy cómodo para la dilatación y el expulsivo.

—Para el resto de tu ingreso, puedes llevarte:

* Los camisones que más te gusten (si vas a dar de mamar, son más cómodos los abiertos por delante)
* Una bata y zapatillas
* Dos sujetadores (de lactancia, si vas a dar de mamar)
* Bragas desechables
* Tus cosas de aseo personal

—En cualquier caso, puedes tener preparado, incluso unas semanas antes de la fecha de parto, lo más necesario; así, si tienes que ir directamente a la maternidad sin pasar por casa, será fácil que alguien coja la bolsa preparada y la lleve a la clínica.

—Para salir de la maternidad, puedes usar la misma ropa con la que llegaste. Algunas primíparas afortunadas utilizan su ropa de antes del embarazo, pero si éste no es tu caso, ¡no te deprimas!, volverás a ser la de antes.

¿Qué hago si me pongo de parto por la noche?

Aunque las contracciones rítmicas pueden aparecer a cualquier hora del día, no es infrecuente que empiecen a última hora de la tarde o por la noche. En este caso puedes optar por:

—*Intentar dormir*: si las contracciones son espaciadas y poco intensas, puedes intentar descansar unas horas y reunir fuerzas para cuando éstas te impidan dormir. ¡No te preocupes!, no vas a derpertarte con el niño a tu lado. Las contracciones siempre te van a espabilar, aunque no sean extremadamente dolorosas, y, por supuesto, si rompes la bolsa, lo notarás perfectamente.

—*Mantenerte despierta, controlando el ritmo de las contracciones*: la sospecha de que el parto se ha iniciado puede impedirte conciliar el sueño. Asimismo, las contracciones pueden ser lo suficientemente intensas como para no poder dormir. En ambos casos, no te quedes en la cama con la luz apagada. Bien sola (si prefieres que tu pareja duerma un poco) o bien acompañada, intenta distraerte todo lo que puedas: el tiempo se hará más corto y las contracciones dolerán menos que si te quedas a oscuras en la cama intentando no hacer ruido.

Debes procurar no actuar de forma diferente a como lo harías si el parto empezara durante el día; piensa que los profesionales que se dedican a la obstetricia están acostumbrados a estas situaciones, y no dejes de ir a la maternidad o consultar alguna duda importante porque sea de noche. ¡La naturaleza no entiende de horarios!

¿Qué hago si me pongo de parto en el trabajo?

Hoy en día, dado que un gran número de mujeres trabajan fuera de casa, es cada vez más posible que el parto comience en algún momento de tu horario laboral. ¿Qué hacer entonces?

—*Si rompes bolsa*: túmbate en cualquier sofá y llama a tu pareja para que venga a buscarte. Si el líquido es teñido, pide a un compañero de tu confianza que te lleve a la maternidad, pero ¡nunca conduzcas! Tus reflejos no están en su mejor momento y tu seguridad y la de tu hijo son prioritarias.

—*Si empiezas con contracciones*: valora su ritmo, su intensidad y el trabajo que realizas. Si son todavía espaciadas y tu actividad profesional te mantiene entretenida, continúa trabajando un rato más, y ello te ayudará a que todo te parezca más corto; sin embargo, si tu trabajo es pesado o te sientes incómoda, es preferible que te vayas a casa, pero nunca conduciendo.

¿Tengo que avisar a la maternidad antes de ir?

Tu ginecólogo te dará las instrucciones oportunas. En algunos casos te pedirá que le llames previamente y, en otras, que telefonees a la maternidad para hablar con la matrona de guardia. Pero en la mayoría de los casos, irás directamente a la clínica u hospital, donde te atenderá una matrona que será quien informe al ginecólogo.

¿Con quién voy al parto?

Esta pregunta puede parecer intrascendente, pero no lo es en absoluto. Algunas mujeres tienen clarísima la respuesta: sola con mi pareja; para otras, la presencia de su madre es indispensable; y, por último, en otros casos, la familia da por hecho que debe acompañar a la futura madre.

En los hospitales, generalmente se admite la presencia de una sola persona en la salita de dilatación, mientras que en las clínicas privadas, se suele admitir a más de un acompañante.

Mi opinión sobre el tema, compartida por la mayor parte de los ginecólogos y matronas que atienden partos, es que aunque «socialmente» se admite la presencia de la madre de la parturienta u otros familiares en la dilatación, la persona más adecuada para acompañar a la futura madre en esas horas es el *padre* del niño. ¿Por qué? Podríamos aducir múltiples razones, entre ellas:

—Es la persona copartícipe del embarazo.

—Es la persona copartícipe en la crianza del niño.

—Es la persona con la que compartes tu vida de adulta.

—El control de la mujer en el parto es mayor si no se la trata como a una niña.

—Algunos estudios demuestran que la dilatación puede ser más corta que si vas acompañada de tu madre.

—El padre tiene el derecho y el deber de acompañarte en esos momentos.

Obviamente, para que la presencia del padre sea eficaz y ayude a su mujer y a su hijo cuando lo necesiten, resulta conveniente que acuda también a un centro de preparación a la maternidad. Allí aprenderá no sólo en qué consiste el proceso del parto, sino cómo ser un soporte útil para la mujer en esos momentos difíciles y de tensión. Generalmente no basta con dar cariño y ayuda emocional —tan importante siempre—, sino que la futura madre demanda un apoyo en las técnicas aprendidas para controlar el dolor de la contracción y colaborar ambos en el buen nacimiento del niño.

Por supuesto, siempre hay excepciones en las que es imposible la presencia del padre en el parto (madre sin pareja, padre de viaje o enfermo, etc.). En estos casos, deberías escoger un acompañante que te ayude eficazmente: una mujer de toda confianza (hermana, amiga...) —mejor si ha tenido hijos— que haya acudido contigo a alguna clase prenatal.

Sin embargo, creo que la futura abuela no es la persona idónea para acompañarte y sé que este comentario puede despertar algún recelo. Con ello no supongo que todas las madres son hiperprotectoras, pero tú siempre verás en ella a la *madre* y ella siempre verá en ti a la *hija*. Necesitas alcanzar todo el control que puedas como *adulta*. La capacidad de afrontar una situación como el parto es importante no sólo para ti, sino también para el niño, de quien vas a ser MADRE el resto de tu vida.

En la maternidad

A. Dilatación

El ingreso. La exploración de la matrona o ginecólogo

A cualquier hora del día y de la noche, al llegar a la maternidad, habrá alguien para recibirte. Es posible que te pidan la documentación, así que lleva el DNI, la tarjeta de la Seguridad Social u otros papeles de ingreso que te hayan dado en tu sociedad o seguro. De cualquier manera, si llegas con la bolsa rota o contracciones muy frecuentes, dejarán los trámites burocráticos para más tarde y entrarás directamente en una salita donde la matrona o el ginecólogo te explorarán para determinar si efectivamente estás de parto.

Tras hacerte una pequeña historia (tiempo que llevas con contracciones, ritmo, duración, rotura de bolsa, expulsión del tapón mucoso, etc.), el profesional que te explora te pedirá que te tumbes en una camilla, efectuará un tacto vaginal y oirá el corazón del niño apoyando suavemente sobre tu abdomen una trompeta (estetoscopio) o con un pequeño «micrófono» (ultrasonidos).

1. ¿Duelen estas exploraciones?

—Escuchar al niño no duele nada.
—El tacto vaginal puede doler, por dos razones:

* Porque estés tensa y contraigas involuntariamente los músculos que rodean la vulva. En este caso, lo mejor es practicar la relajación de esa musculatura que has aprendido con los ejercicios de Kegel y procurar dejar floja esa zona del cuerpo. Puedes, incluso, pedir a la matrona que te deje unos segundos para relajarte y apoyar bien los glúteos en la camilla. ¡Seguro que colabora! Una exploración NO DEBE ser dolorosa por este motivo.

* Porque el cuello esté posterior: en la pág. 211 hablamos sobre esta posible posición hacia atrás del cuello en el fondo de la vagina. En tal caso, aunque estés relajada, el tacto puede resultar incómodo. No te contraigas, ya que los glúteos tensos pueden dificultar aún más la exploración, y sobre todo ¡no culpes a la matrona!, porque tiene que tocar tu cuello para saber exactamente en qué condiciones está y tomar las medidas oportunas. Por último, recuerda que las contracciones van a ir centrando el cuello y los tactos serán cada vez menos molestos.

¿Qué pasa si no me dejan ingresada?

Si la matrona encuentra que el cuello no está suficientemente modificado para que quedes ingresada, te pedirá que vuelvas a casa y te indicará cuándo acudir de nuevo a la maternidad. Algunas mujeres se resisten a dejar la maternidad, pero ¡haz caso de la experiencia de la matrona! El mejor lugar para pasar la fase preliminar del parto es tu casa. Salvo que las condiciones médicas aconsejen un ingreso precoz, estarás mucho más cómoda y relajada que en la clínica. A tu regreso a la maternidad, el parto será más fácil gracias a ese tiempo de espera.

Si te agobia volver a casa porque vives lejos, quédate en las proximidades de la clínica (en el coche, en una cafetería, en casa de alguna amiga...), y así combinarás ambas cosas: tu tranquilidad y el consejo de la matrona.

Si, en el curso de la espera, las circunstancias se modifican (por ejemplo, rompes la bolsa) o te preocupa algo, no dudes en regresar. Nunca te avergüences ni pienses: «¡Qué horror, ya he ido una vez y se van a reír de mí!» Sólo un profesional puede ayudarte a ti y a tu hijo y, evidentemente, más vale ir a la maternidad por una falsa alarma que ir demasiado tarde.

La llegada a la habitación

Al llegar a la habitación donde vas a tener tus contracciones de dilatación, la enfermera te hará una pequeña historia: te tomará la tensión arterial, el pulso y la temperatura, y te formulará algunas preguntas, como las semanas de embarazo, las enfermedades anteriores al embarazo, las alergias, los antecedentes familiares, etc.

Al principio, si te dejan levantarte, puedes aprovechar para deshacer el equipaje; te servirá de distracción. Pero si las contracciones son fuertes, deja esos detalles para más tarde y cuídate.

Es el momento de poner en práctica lo aprendido en el curso de preparación a la maternidad, si has asistido a él. Las técnicas de relajación pueden serte ahora extremadamente útiles. El dolor de las contracciones es posible que aún no sea muy intenso, pero los miedos, las preocupaciones y la ansiedad pueden estar aflorando al máximo. ¡Es la hora de la verdad!

Las técnicas aprendidas te ayudarán a sentir que, efectivamente, no sólo eres capaz de controlar la situación y las contracciones, sino que formas parte activa de ese equipo (madre-matrona-ginecólogo) que va a ayudar a tu hijo a venir al mundo. Sabes qué pasos estás dando, entiendes lo que está pasando y colaboras positivamente cuando te lo piden.

—*El enema.* Una vez en la habitación, te pondrán un enema, es decir, un gel que se introduce a través del ano para limpiar el recto de su contenido. Las causas de su empleo son varias:

* Vaciar el recto y tener más espacio para el paso del niño por el canal del parto.

* Por higiene, ya que en el momento de empujar a tu hijo en el paritorio podría resultarte embarazoso sentir que sale el contenido del recto; por apuro y vergüenza reaccionarías contrayendo los glúteos, y eso es justo lo contrario de lo que tu hijo necesita para salir fácilmente. Si has vaciado correctamente el recto, te sentirás más libre y segura, y empujarás mejor.

* Por la episiotomía, ya que después del parto no es conveniente hacer deposiciones en las primeras 24-36 horas para no distender los puntos recién dados. El enema te limpia y en ese tiempo no necitarás evacuar el recto.

Algunas mujeres creen que el enema es algo humillante y molesto. Evidentemente, no se trata de algo muy «estético», pero las matronas o enfermeras que lo aplican tienen muchísima experiencia e, incluso, si padeces hemorroides, no va a resultarte doloroso.

Para que el vaciado del recto sea correcto, es conveniente esperar 2-3 minutos desde el momento que sientes la urgencia de ir al cuarto de baño. Para ello puede serte útil utilizar alguna de las respiraciones que te han enseñado en el centro de preparación.

Como ya hemos comentado en la pág. 230, si has tenido una diarrea importante en las horas inmediatas antes del parto, coméntaselo a la matrona, quien considerará la necesidad o no del enema.

¿Cada cuánto tiempo me explora la matrona?

Si, al ingresar en la clínica, la dilatación está comenzando, la matrona te explorará no muy a menudo. Pero según avance el parto, sus visitas serán más frecuentes, de modo que, al final de la dilatación, los tactos se realizarán muy seguidos para constatar el momento en que es necesario empezar a empujar.

Cada vez que te exploren, pregunta si ha habido algún progreso y aprovecha para consultar cualquier duda que tengas.

¿Qué pasa si llego a la maternidad con la bolsa rota?

La matrona o el ginecólogo te hará una exploración vaginal para saber el estado del cuello de tu útero y oirán los latidos de tu niño. Con estos datos pueden:

—*Esperar la aparición espontánea de las contracciones de parto (si no han aparecido ya)*: esta espera no se va a prolongar generalmente más de unas horas ya que, al estar rotas las membranas que aíslan al niño, existe un riesgo de infección tanto del feto como del interior del útero. Por tanto, si al cabo de un tiempo no aparecen las contracciones, se va a provocar o inducir el parto (véase pág. 253).

—*Poner un goteo al poco tiempo de tu llegada*: una vez valorado que el cuello está en condiciones de empezar el parto y para así prevenir la posibilidad de una infección.

¿Puedo comer y beber algo?

La respuesta sigue siendo la misma que antes: NO, porque nunca puedes saber si va a ser necesaria una anestesia general y para ello es preferible continuar con el estómago vacío.

Si crees que vas a tener hambre, resígnate. ¡Cuántas veces, por estética, has sentido un gusanillo en el estómago y no has comido! Pero no te agobies: si la dilatación se alarga, se utiliza un suero intravenoso (goteo) para mantener a tu hijo y a ti perfectamente hidratados y alimentados hasta el final. Igualmente, este líquido te ayudará a disminuir la sensación de sed que puedas tener.

Una incomodidad muy frecuente en el parto es sentir la boca seca. Puedes enjuagártela tantas veces como te apetezca con agua fresca, manteniéndola en su interior unos instantes, pero *sin tragarla*. También es frecuente sentir los labios secos; puede ayudarte llevar a la maternidad cacao o vaselina para que no se agrieten.

¿Qué hago si tengo la nariz tapada?

Ya vimos cómo en el embarazo es frecuente tener la mucosa de la nariz reseca y cómo ello dificulta la respiración. Esto, que en esos meses no pasa de ser una incomodidad, el día del parto puede impedirte aplicar las técnicas de relajación y respiración aprendidas en tus clases de preparación. Puedes llevar a la maternidad una solución de suero fisiológico o salino para mantener las fosas nasales hidratadas y despejadas.

¿Con quién estoy? El padre en la dilatación

Cuando estás en la habitación o en la salita de dilatación, preferentemente con tu *pareja*, resulta un momento sumamente importante para los dos y vas a necesitar todo su apoyo y ayuda para afrontar esas horas hasta la llegada de vuestro hijo.

Es muy importante que exista una relativa «intimidad». Los familiares y amigos deben comprender que su momento para estar contigo llegará más tarde, cuando el niño haya nacido.

El padre con su presencia, y apoyándote en las técnicas aprendidas, es la persona más capaz para estar a tu lado. Su actuación en estos momentos no puede ser rígida ni preestablecida; variará en cada caso y en cada pareja, pero siempre ha de ser *natural*. Puede ayudarte a distraerte jugando a las cartas o charlando, traerte agua para enjuagarte la boca, recordarte las respiraciones necesarias para el niño o, simplemente, *estando a tu lado* en una de las etapas más trascendentes de vuestra vida en común.

En las exploraciones vaginales que realiza la matrona a lo largo de la dilatación, el padre puede —si él o tú lo preferís así— salirse de la habitación. No compartir ciertos instantes no implica una falta de colaboración por su parte. Comentadlo antes del parto y, cuando llegue el momento, será algo natural que no genere tensión alguna.

¿Qué puede hacer exactamente el padre para ayudar a la mujer?

1. Entre una contracción y otra

—Como no hay dolor, es el mejor momento para hablar, comentar las noticias de una revista o cualquier otra cosa que ayude a que el tiempo no se haga tan largo. Centrarte excesivamente en el parto puede cansarte física y psíquicamente. Procura, no obstante, estar tranquila para guardar toda la energía para empujar mejor en el paritorio.

2. Durante las contracciones

—Es el momento para la concentración. Tú aplicarás la relajación y la respiración, y el padre lo aprendido en los cursos sobre cómo apoyarte, sostenerte, animarte y jalearte en tus técnicas. Esto es vital para que tengas éxito en el control de las contracciones.

—Cuando las contracciones no son todavía muy intensas, y si tu pareja no tiene demasiada experiencia en técnicas de relajación, tendrás que relajarte sola. El papel del padre, entonces, será, simplemente, el de mantener el silencio a tu alrededor. Que te hablen en estos momentos, aunque sea con todo el cariño, puede aumentar la sensación dolorosa y ponerte más tensa y nerviosa. Su presencia, su ánimo y colaborar en tu distracción es suficiente.

—Si las contracciones van aumentando su intensidad, puede ser necesario controlarlas aplicando las técnicas de respiración. El apoyo de tu pareja es cada vez más importante. Siguiendo las indicaciones del curso de preparación, acompañará el ritmo de tus respiraciones y te recordará esos pequeños detalles que puedes olvidar. En esta fase, el tiempo de descanso entre las contracciones es muy corto, por lo que hay que aprovecharlo al máximo para descansar y recuperar fuerzas para la próxima contracción.

En ningún caso es positivo que el padre imponga sus criterios, censurando sistemáticamente a la madre, quien puede llegar a creerse incapaz de controlar sus contracciones. Tampoco funciona la lástima ni el mimo excesivo, que hace sentir a la parturienta que realmente «es muy desgraciada», lo que la llevaría al descontrol.

En definitiva, el padre debe apoyar a la futura madre *positivamente*, mostrando la confianza que tiene en ella y en su capacidad de emplear las técnicas aprendidas para ayudarse a sí misma y al niño hasta el final porque ELLA PUEDE.

3. Respiración profunda

—La mejor ayuda que puede dar un padre a su hijo a lo largo del parto es recordar a la madre que respire profundamente al final de cada contracción. Sabemos que durante las mismas, los vasos que riegan la placenta, y por consiguiente al niño, se pinzan transitoriamente, por lo que puede haber una relativa disminución del aporte de sangre y oxígeno que recibe el niño. Por tanto, es preciso compensarlo haciendo una gran y profunda respiración después de *todas* las contracciones, desde el momento que aparecen cada 4-5 minutos. ¡Por favor!, no te olvides de seguir con dicha respiración si te ponen la epidural. Las contracciones continúan aunque no duelan, y tu hijo te sigue necesitando: ¡el parto es de los DOS!

Las posturas en la maternidad

Sería conveniente que, al menos al principio de la dilatación, pudieras seguir adoptando posturas verticales (sentada, de pie...) como hacías en casa. Sin embargo, puedes tener que variarlas por distintas causas:

1. Si llegas con bolsa rota

—Pide permiso a la matrona o el ginecólogo para sentarte. Valorando cada caso, te podrán aconsejar una postura u otra. Si a pesar de tu petición de estar de pie o sentada te piden que te tumbes, acuéstate y plantea la posibilidad de estar de perfil en vez de boca arriba, así puede dolerte menos.

2. Si llegas con bolsa íntegra

—Habla con la matrona y, seguramente, no tendrá inconveniente en que puedas estar sentada (en una silla o en la cama), de pie o incluso paseando por la habitación entre una contracción y otra.

—En otras ocasiones, en cambio, la matrona te indicará la conveniencia de estar echada; entonces sugiérele la posibilidad de estar de perfil o incorporar algo la cabecera de la cama. Si no existe una indicación médica concreta, te permitirán no estar totalmente en posición horizontal.

3. Si te ponen un goteo

—En la pág. 253 comentaremos detalladamente en qué consiste un goteo.

—A veces te permitirán pasear por la habitación con un pie de goteo móvil, aunque siempre tendrás que detenerte y apoyarte en la pared, o sentarte, durante la contracción.

—Si la matrona te pide, a partir de ese momento, que te quedes en la cama, pregúntale si te puedes incorporar algo e, incluso, sentarte en la misma.

4. Si te ponen un monitor

—En la pág. 257 vamos a dar detalles sobre la monitorización.

—La postura que puedes adoptar depende de si la monitorización es externa o interna:

* *Monitor externo*: es frecuente que te pidan que estés boca arriba en la cama, ya que en esta posición se obtiene un registro más perfecto. No obstante, comenta con la matrona la posibilidad de estar algo incorporada.

* *Monitor interno*: en este caso, la posibilidad de movimiento es algo mayor. En ocasiones, la matrona te permitirá estar sentada o de pie, aunque es frecuente que te pida que estés semisentada en la cama.

5. Si te tumbas de perfil

—A veces, durante la dilatación, la matrona te pide que te gires de un perfil u otro por diferentes razones:

* Porque el niño «aguanta» mejor las contracciones.
* Porque te has mareado un poco y, al tumbarte del lado izquierdo, no presionas la vena cava y te recuperas antes.
* Para facilitar el descenso del niño por el canal del parto.

6. Si te ponen una epidural

—Inmediatamente después de ponerla, tendrás que estar en posición horizontal y, más tarde, algo incorporada o de perfil, según te indique la matrona o el anestesista. Confía en ellos y sigue sus indicaciones.

¿Se siente frío o calor en el parto? ¿Se tiembla?

El proceso del parto no va acompañado específicamente de frío o de calor, pero no olvidemos que las contracciones hacen trabajar al músculo del útero y esto puede hacer que sientas calor durante la dilatación. En tal caso, tápate sólo con la sábana.

En el 20 por ciento de las mujeres que no tienen epidural, y más frecuentemente si se utiliza dicha anestesia, puedes tener sensación de frío y *temblor*. ¡NO ES MIEDO! Puede deberse a una redistribución de la sangre que acude en mayor cantidad hacia el útero que está trabajando intensamente, dejando las extremidades con un menor riego. Incluso en los meses de verano te puede apetecer una manta, sobre todo en los momentos inmediatos tras el parto.

La dilatación en la maternidad

La dilatación es la apertura del orificio del cuello que comunica el útero con la vagina. Las contracciones del útero van a ir tirando de las fibras musculares del cuello de modo que, progresivamente, éste se va adelgazando y abriendo. (Véase fig. 25, pasos 3, 4 y 5, pág. 213.)

1. ¿Con qué dilatación llegaré a la maternidad?

—Es una pregunta muy difícil de responder. En igualdad de condiciones (ritmo de las contracciones, bolsa rota...), unas mujeres pueden llegar borrando cuello y otras, en cambio, con 4-5 cm de dilatación.

—Si eres primípara, es raro que al explorarte la matrona encuentre más de 1-2 cm de dilatación. Si tienes menos, considéralo normal, y si llegas con más, eres afortunada.

—Si eres multípara, la respuesta es aún más difícil. Puedes tener 1-2 cm desde las últimas exploraciones, y no haber tenido aún contracciones rítmicas. Si ya has tenido uno o más partos, las noticias a la llegada a la maternidad pueden ser más optimistas.

2. ¿Cómo se mide?

—Al igual que el borramiento, la dilatación se calcula con una exploración vaginal; los dedos expertos de una matrona o un ginecólogo perciben cuántos centímetros se ha abierto el cuello.

—Al principio pueden decirte que tienes el cuello «permeable», es decir, que se abre con el dedo. Poco a poco, a lo largo de las horas que dura el parto, te darán noticias acerca de su evolución: 2 cm de dilatación, más tarde 4 cm..., hasta llegar a los últimos momentos, en los que estarás de 10 cm, lo máximo que se abre el cuello. Entonces podrás oír que estás «en completa», es decir, en dilatación completa. (Véase fig. 25, paso 5, pág. 213)

3. El ritmo de la dilatación

—El periodo de la dilatación no tiene una evolución uniforme, y varía muchísimo de una mujer a otra. Generalizando, cabría señalar las siguientes fases:

* *Hasta los 2 cm (periodo de latencia)*: el tiempo empleado para borrar el cuello y dilatar 2 cm es enormemente variable. Algunas mujeres emplean en ello 2-3 horas, y otras, en cambio, hasta 7-8. En general, en las primíparas es un proceso más largo que en las multíparas, en las que esta fase no suele durar más de 4-5 horas.

* *Hasta los 5 cm (fase de aceleración)*: es un periodo, en general, más gratificante. En cada exploración la matrona puede encontrar mayores modificaciones en el cuello.

* *De 5 a 10 cm (fase de velocidad máxima)*: es el momento del parto en el que, generalmente, se dilata más deprisa. Los tactos vaginales son más frecuentes para poder determinar la evolución del cuello.

—En todos los apartados anteriores he incluido la expresión «en general». A continuación veremos que la evolución del parto no sólo depende de la apertura del cuello, sino de otros factores que influyen en que dicha apertura sea más rápida, más lenta o, incluso, que no progrese, haciéndose necesaria, en este caso, una cesárea.

4. La duración de la dilatación

—Nadie puede saber cuánto va a durar un parto. En la figura 26 se observa qué variable puede ser la duración de la dilatación de una mujer a otra, incluso en la misma mujer de un parto a otro.

—Actualmente medimos la duración de un parto en horas (no en días, como antes), pero sólo sabrás cuántas has empleado en tener a tu hijo cuando lo tengas en brazos.

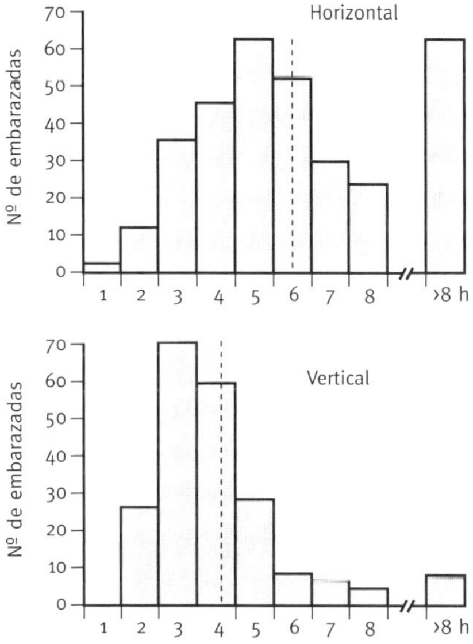

Fig. 26. Número de mujeres primíparas que terminan el periodo de dilatación en diversas fracciones de tiempo, según adopten posiciones horizontales o verticales.

—En general, los partos de las primíparas suelen ser más largos que los de las mutíparas, pero ni siquiera en eso hay una regla fija.

—Hay que recordar que en la velocidad de dilatación intervienen varios factores:

* *El cuello del útero*: si el cuello está duro, la dilatación puede ser más lenta; y si no está todavía borrado, se necesitarán más horas. Igualmente, un cuello posterior puede ralentizar el proceso.

* *El niño*: la altura de la cabeza en el canal del parto contribuye a hacer más variable aún la duración del proceso. A igualdad de dilatación cervical, el parto va a ser más rápido si la cabeza está bajando bien y apoya en el cuello, que si está alta y no presiona sobre el cérvix.

—Cuando te explore la matrona o el ginecólogo, nunca le preguntes «¿Cuánto me queda?», ya que no podrán contestarte exactamente. Preguntas del tipo: «¿Cómo voy?», «¿va mejorando?», «¿qué dilatación tengo más o menos?» sí son, por el contrario, posibles de responder.

El control del dolor

En estos momentos las contracciones van aumentando de intensidad. Por lo general, empiezan paulatinamente a ser molestas y pueden llegar a ser dolorosas. Como ya hemos comentado, ahora es cuando tienes que poner en juego las técnicas aprendidas para el control de la sensación dolorosa de la contracción y pedir ayuda a tu pareja.

No obstante, no se puede ser utópico y afirmar que todos los partos se llegan a controlar «elegantemente» hasta el final; un parto corto será más fácilmente dominable que uno largo, en el que te encontrarás cansada y dolorida. Al fin y al cabo, ¡somos humanas!, y hasta la mujer mejor preparada puede tener un momento de descontrol. Si has perdido *esa contracción*, aprovecha el tiempo de descanso para recapacitar, pide la colaboración de tu pareja y concéntrate en la técnica que has aprendido para afrontar la siguiente contracción. Seguro que puedes hacerlo; tu hijo te necesita.

Si no has seguido un curso de preparación, pide ayuda a la matrona. Es muy posible que, aunque sea como medida de emergencia, te pueda indicar alguna respiración para practicar en las contracciones.

Si vas a utilizar anestesia epidural, el tiempo que sentirás contracciones dolorosas será, en general, más corto y el control de las mismas será más fácil. No obstante, no es conveniente creer que con dicha anestesia no vas a sentir sensación dolorosa alguna en toda la dilatación. Es útil aprender técnicas que alivien el dolor porque, en la mayoría de los casos, van a ser utilizadas en la fase previa a recibir la anestesia; siempre es preferible que sobren algunas de las técnicas aprendidas a que «te sorprendan» contracciones dolorosas no esperadas y difíciles de soportar sin métodos de relajación o respiración.

El cansancio en el parto

El cansancio es, junto al dolor, el gran problema del parto. Puede, incluso, ser la causa por la que la mujer se descontrola, más aún que la sensación dolorosa en sí.

En el parto puedes cansarte por varios motivos. Porque:

—El parto ha comenzado a primera hora de la noche y no has dormido casi nada.

—Las contracciones son un *trabajo muscular* que gasta energía y, si duelen, se acrecienta el desgaste.

—La dilatación dura horas.

—Estás tensa y nerviosa.

Una mujer que se agota en el parto plantea dos problemas:

—Puede perder el control porque siente que «ya no puede más».

—No va a ser capaz de empujar con fuerza a su hijo en el paritorio.

Por tanto, es fundamental ahorrar energía desde el principio del parto, manteniéndote entretenida y con la mente ocupada en las primeras horas y, más adelante, utilizando técnicas de relajación y respiración que NO CANSEN. Por ello, es necesario que emplees técnicas de relajación todo el tiempo que puedas, dejando las de respiración (que no deben cansar excesivamente) para cuando sean realmente necesarias y ya no puedas controlar las contracciones con relajación.

¿Qué hago en la maternidad si tengo un «parto de espalda»?

En la página 229 hablamos del parto de espalda en casa. Al llegar a la maternidad puedes seguir utilizando las mismas técnicas:

1. Postura

—Comenta con la matrona si puedes seguir manteniendo las posturas en las que el útero no presiona la espalda. Si no has roto bolsa será posible, pero si tus membranas ya se han roto, a veces te pide que te tumbes en la cama. En este caso, recuerda que, generalmente, te dolerá menos si estás de perfil, aunque siempre con el visto bueno de la matrona.

—Si resulta imprescindible estar boca arriba (por el monitor, por ejemplo), puedes sugerir a la matrona la posibilidad de incorporarte algo en la cama, apoyando la zona dolorida sobre un rollo de toalla que te presione la espalda.

2. Temperatura

—Al llegar a la maternidad, comenta con el ginecólogo o la matrona que sientes las contracciones en la espalda, y pregunta si es posible aplicar calor en la zona (llévate la manta eléctrica por si puedes utilizarla).

3. Presión

—Según avanza la dilatación, vas a necesitar que alguien (tu pareja si es posible) presione la zona donde te duele. En el centro de preparación os habrán enseñado cómo hacerlo eficazmente. Te aliviará mucho si se lleva a cabo con la fuerza adecuada y en el sitio exacto donde se refiere la sensación dolorosa.

4. Relajación y respiración

—Sigue utilizando estas técnicas porque, si bien son menos efectivas en este tipo de partos, siempre te ayudarán algo en el control de la contracción dolorosa.

El goteo

El goteo es la infusión en una vena (generalmente de un brazo o de una mano) de un suero que cae gota a gota, con una medicación añadida o no. En el parto se añade al suero una sustancia llamada oxitocina: una hormona que, junto a las prostaglandinas, va a ser liberada en mayor cantidad por la mujer el día del parto para producir contracciones.

1. ¿Para qué se utiliza?

—Como inducción del parto

Determinadas razones médicas (embarazo de más de 41 semanas, placenta que no nutre bien al niño, rotura de bolsa, enfermedad de la madre...) aconsejan finalizar el embarazo y provocar el parto. En este caso, te citarán en la maternidad un día determinado y todo el proceso se desarrollará allí.

Después del enema, te pondrán un goteo con oxitocina para ir obteniendo contracciones que, paulatinamente, vayan borrando y dilatando el cuello del útero. Destierra la idea de que inmediatamente después de iniciarse el goteo el dolor va a ser insoportable, ya que una inducción siempre es gradual: se controla el número de gotas que se van administrando, y se aumentan o disminuyen hasta obtener contracciones eficaces dependiendo de la respuesta de cada útero al fármaco. Por eso las contracciones no van a ser dolorosas desde el principio.

Es frecuente que, a lo largo de la inducción, la matrona o el ginecólogo te rompan la bolsa, ya que esto también ayuda a que la cabecita del niño baje y a que el trabajo del útero sea más eficaz. Por tanto, a partir de ese momento es frecuente que las contracciones sean más molestas.

El gel de prostaglandinas. Es un fármaco que se utiliza en determinadas circunstancias para inducir el parto, solo o precediendo al goteo de oxitocina. Se deposita en el fondo de la vagina para que haga su efecto en el cuello. Su misión es doble: madurar el cuello del útero y provocar las contracciones.

¿Es mejor el parto inducido? ¿Duele más? Lo primero que hay que destacar es que, cuando se induce un parto, siempre existe una causa médica. No se provoca un parto por conveniencia del equipo médico. Y en cuanto a la reacción de la madre, caben dos posiciones diferentes:

* Las mujeres que son partidarias de la inducción, porque les tranquiliza saber que todo está planeado: día exacto del parto, equipo médico preparado, etc.

* Las que, en cambio, se sienten angustiadas y temen que éste sea más lento y doloroso.

Ya hemos comentado que las primeras contracciones de una inducción, si no has roto bolsa todavía, no van a ser realmente dolorosas.

En cuanto a la duración de un parto inducido, siempre será más corto que uno natural en las mismas circunstancias. Puedes estar más horas en la maternidad, pero el total del parto será menor.

—Para mejorar las contracciones

En la mayoría de las mujeres, las contracciones espontáneas no son suficientemente *eficaces* para dilatar el cuello en un plazo razonable (no olvidemos los partos de días que tenían nuestras madres y abuelas...). Actualmente contamos con un importante avance técnico: se ha sintetizado la oxitocina que, de forma natural, produce el lóbulo posterior de la hipófisis del cerebro. Gracias a ello, podemos ayudar a la naturaleza acortando la duración del parto, tanto en beneficio de la madre como del niño.

Por ello, si se requieren «mejores» contracciones, se emplea un goteo ya sea desde el ingreso, tras horas de contracciones o simplemente poco tiempo antes de poner una epidural o ir al paritorio.

Mejorar las contracciones quiere decir hacerlas más intensas, más largas y más frecuentes; por tanto, en general, más dolorosas. Pero no olvides que lo único que se está haciendo es adelantar las contracciones que hubieras tenido al final del parto. El goteo de oxitocina NO produce contracciones artificiales ni más fuertes de las que tu útero produciría para dilatar el cuello. Lo que puede «sorprenderte» es la diferencia, en poco tiempo, de la intensidad y la frecuencia de las contracciones comparadas con las que tenías, por ello deberás acudir a técnicas más eficaces para controlar la contracción.

—Para mantener la hidratación

En ocasiones, el goteo contiene sólo un suero, sin oxitocina añadida, para mantener a la madre hidratada y nutrida (agua, glucosa, sales minerales...) durante las horas que dura el parto. En este caso, no se producirá ningún efecto sobre las contracciones que tenías, por lo que no las notarás ni más dolorosas ni más frecuentes.

—Para poner una anestesia epidural

Antes de poner una epidural, se pone un goteo (sin oxitocina) de un líquido que aumenta el volumen del plasma sanguíneo y que previene la hipotensión que podría producir la epidural.

2. ¿Siempre se pone un goteo?

—Por todo lo dicho anteriormente, *casi* siempre se utiliza la infusión intravenosa de un suero. No obstante, hay mujeres que tienen a su hijo sin ningún tipo de goteo. Y si el suero no lleva oxitocina añadida, no sentirás con su empleo un aumento en la intensidad de las contracciones.

3. ¿Qué técnicas de las aprendidas en el curso de preparación hay que utilizar si te ponen un goteo?

—Si el goteo que se administra tiene oxitocina, tu respuesta dependerá de la causa por lo que haya sido empleado:

* *Inducción del parto*: la técnica aplicada será la que la intensidad de la contracción requiera. Parecería absurdo que empezaras a utilizar las más agresivas, destinadas a las últimas contracciones, al principio de la inducción, cuando todavía no te duele nada.

* *Mejorar las contracciones*: aplicarás la técnica que se necesite de acuerdo con la sensación dolorosa que sientas. Es frecuente que, un tiempo después del goteo, pases a utilizar métodos más enérgicos porque, efectivamente, las contracciones pueden resultar más fuertes y molestas. Como el tiempo de descanso suele ser pequeño, conviene que te concentres y lo aproveches al máximo para reunir fuerzas, empezando a usar la relajación o respiración *desde el inicio de la contracción.*

RESUMEN

El hecho de tener un goteo de oxitocina no implica que la contracción sea súbitamente más dolorosa. Aplica, pues, la técnica que tu «tripa» te demande.

La monitorización

1. ¿Qué es?

—La monitorización es una de las ayudas más eficaces con las que se cuenta hoy en día para el control del estado del feto y de la dinámica uterina durante el embarazo y el parto.

—El monitor o *cardiotocógrafo* es un aparato con el que se obtienen dos informaciones simultáneas, que se van registrando en un rollo de papel continuo.

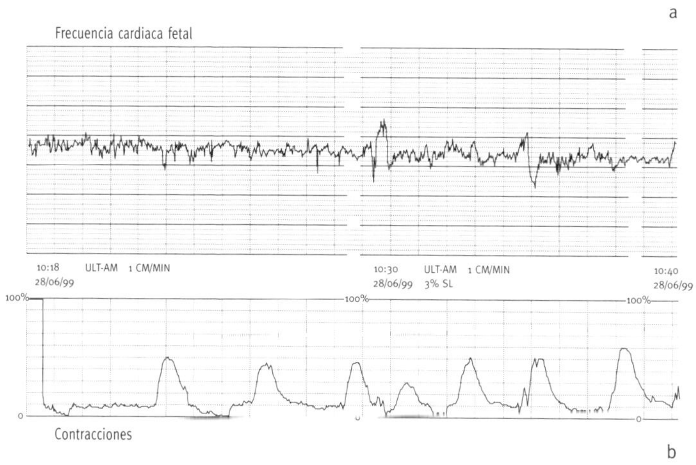

Fig. 27. Registro de un parto.

* La *actividad o dinámica uterina* (a), es decir, el número de contracciones que tiene la mujer durante el tiempo de la exploración, así como su intensidad y duración.

* La *frecuencia cardiaca fetal* (FCF) (b) o ritmo del latido del corazón del feto por minuto.

—Relacionando estos dos datos, el profesional que interpreta el registro va a conocer no sólo la cantidad y calidad de las contracciones, sino la respuesta del niño a dichas contracciones, su recuperación entre contracciones, el estado del feto en las últimas semanas de embarazo, su reactividad cuando se mueve, etc. Resumiendo, proporciona información sobre la llamada *reserva respiratoria fetoplacentaria*.

2. ¿Cuándo se utiliza?

—En el embarazo, la monitorización o *registro basal* se utiliza generalmente en las últimas semanas. Es posible que te pidan que presiones un botón cada vez que notes que el niño se mueve.

—En el parto, no hay un momento fijo para su utilización. A veces te pueden poner el monitor nada más llegar a la maternidad y, otras, a partir de que te pongan la epidural; además, puede ser sólo a ratos, en periodos más o menos largos.

3. ¿Significa que algo va mal?

—En absoluto, hoy en día su uso es rutinario y nunca debes pensar que han detectado algo patológico que requiere una prueba especial.

4. Métodos de hacer el registro

—Existen dos formas de conseguir el registro con un monitor:

* *Monitorización externa*: los dos transductores (plaquitas) se colocan externamente sobre la piel del abdomen de la madre. En el transductor por *doppler* con el que escuchamos el latido del feto, se extiende un poco de gel (el mismo utilizado en la ecografía) y se sitúa sobre el abdomen buscando el foco donde se oye el corazón del niño. El otro transductor, que señala las contracciones y los movimientos fetales, se coloca en la parte superior del abdomen, sobre el fondo del útero. Su empleo no duele en absoluto.

Siempre se utiliza este tipo de registro en el embarazo y en el parto si no se ha roto la bolsa o la dilatación no ha comenzado.

* *Monitorización interna*: la señal que nos indica las contracciones puede ser recibida por un transductor situado en la piel del abdomen, como en el caso de la monitorización externa, o por un catéter introducido por el cuello en el interior del útero. El electrodo que nos informa del latido cardiaco fetal se sitúa, a través del cuello, en el cuero cabelludo del feto.

Sólo cabe su utilización una vez que la bolsa se ha roto y el cuello ya ha dilatado algo. En este caso su uso tampoco es doloroso, aunque en el momento de la inserción del catéter se necesita hacer un tacto vaginal que, como ya hemos comentado, en ocasiones puede resultar molesto.

5. ¿Qué postura tendré al ser monitorizada?

—Si la monitorización se realiza en el embarazo, estarás tumbada boca arriba, generalmente con el tronco algo elevado. Si notas que te mareas, recuerda que puedes estar presionando en exceso las arterias del tronco. Avisa a la enfermera y ponte en seguida de perfil. Te recuperarás en poco tiempo.

—Y si se realiza en el parto, dependerá del tipo de monitorización que se haga, como hemos visto en la pág. 245.

6. ¿Es necesaria la monitorización?

—La monitorización es, insistimos, uno de los grandes avances en el control del bienestar fetal. Si no se utiliza, hay que escuchar periódicamente al niño mediante un estetoscopio (trompeta).

—La matrona y/o el ginecólogo vigilarán periódicamente el registro del monitor para evaluar su información. Si se detecta alguna anomalía en el transcurso del parto, se pondrán en marcha los mecanismos de corrección necesarios, desde simples cambios de posición de la madre, hasta, si se requiere, una cesárea.

—En ocasiones, en la monitorización externa puedes, de repente, dejar de oír el corazón del niño. ¡No te asustes!, tu hijo se ha movido y el transductor no está situado exactamente sobre el foco del corazón fetal; si pasados unos 4-5 minutos no se ha reanudado el sonido, avisa a la matrona, quien lo colocará de nuevo correctamente.

—Las ventajas de la monitorización son infinitamente superiores a sus inconvenientes (postura incómoda, falta de movilidad, etc.). La naturalidad de un parto no puede primar sobre el necesario control del bienestar de tu hijo.

La anestesia

En un parto puede ser necesaria la utilización de uno de estos tres tipos de anestesia:

1. Anestesia local

—Es la infiltración en la zona donde se hace la episiotomía de un líquido anestésico (como en el caso del dentista). Se utiliza cuando es necesario hacer la incisión y no se tiene una anestesia epidural o general.

—Se bloquea localmente la zona durante el tiempo suficiente para realizar el corte y dar los puntos de sutura. Se utiliza sólo en la fase final del expulsivo, por lo que no alivia el dolor de las contracciones.

2. Anestesia general

—Es la utilización de un anestésico por vía intravenosa.

—En ocasiones es necesario «dormir» a la mujer (por ejemplo si se utilizan fórceps y no se tiene una anestesia epidural).

—Se emplea sólo en el expulsivo, cuando el nacimiento es inminente, porque su uso anterior produciría un paso del anestésico a la circulación fetal pudiendo dificultar la reanimación del niño al nacer.

—La mayor utilización de la anestesia epidural ha disminuido el uso de este tipo de anestesia en los partos, aunque se sigue aplicando en ocasiones, por ejemplo en las cesáreas (véase pág. 294).

3. Anestesia epidural

—La anestesia epidural es una técnica muy antigua descrita en 1921 por un médico militar español, el doctor Fidel Pajés, quien empleaba cocaína para lograr el efecto analgésico. Más tarde, en los años setenta, se ponía ocasionalmente, utilizando ya medicamentos y material más modernos. En España comenzó a usarse en los partos, aunque sólo en determinados centros, en los años ochenta, popularizándose en todo el país a partir de 1993.

—La anestesia epidural se utiliza en dosis y concentraciones diferentes según vaya a ser empleada en un parto o una cesárea.

* *En un parto*: en este caso hablamos de una *analgesia*. La dosis y concentración de anestésicos empleados es mínima. Con ello logramos bloquear la sensibilidad, anulando el dolor, pero no se suprimen las contracciones del útero ni la total movilidad de las piernas.

* *En una cesárea*: en este caso se trata de una verdadera *anestesia*. La dosis y la concentración es mayor, por lo que se suprime la sensibilidad y la movilidad de las piernas mientras dura su efecto.

—*¿Cómo y dónde se pone la anestesia epidural?*: se realiza en la zona baja de la espalda (espacio lumbar). La mujer puede estar tanto sentada como tumbada de perfil, algo que decide el anestesista dependiendo de las circunstancias de cada mujer.

Los pasos a seguir son:

1º. Se anestesia localmente la piel.

2º. Se introduce la aguja entre dos vértebras hasta localizar el espacio epidural. Esto no duele, como mucho molesta, ya que la piel se encuentra anestesiada.

3º. Se coloca un catéter muy fino para continuar pasando la medicación de una forma intermitente o continua sin tener que volver a pinchar de nuevo. En ocasiones, este catéter puede desplazarse ligeramente, lo que requiere una segunda colocación para que el efecto de la epidural sea correcto. Esto tampoco molesta.

4º. Se retira la aguja, dejando el catéter en el espacio epidural y se fija éste con un esparadrapo a la espalda de la madre.

En un parto irás notando gradualmente alivio en el dolor de las contracciones, y en 10-15 minutos deberías NOTAR LAS CONTRACCIONES, PERO NO SENTIR DOLOR. Luego, las dosis requeridas se irán acoplando a la sensación dolorosa que refiera cada mujer en cada parto, introduciendo más anestésico por el catéter, pero siempre intentando que la dosis utilizada sea mínima para no bloquear la musculatura abdominal.

Tras la aplicación de la epidural se puede tener un ligero *temblor*, lo que también puede ocurrir en partos sin este tipo de anestesia, como hemos comentado en la pág. 246. Es una reacción normal y se debe fundamentalmente a que los sueros introducidos previamente por el goteo intravenoso están más fríos que tu sangre.

—*¿Cuándo se pone una epidural en un parto?*: el momento de poner una epidural es decidido por el ginecólogo y la matrona atendiendo a las circunstancias obstétricas de cada mujer (dilatación, contracciones, etc.). En general, conviene que haya contracciones eficaces (largas y de una cierta intensidad) y algo de dilatación, variando los centímetros requeridos según las escuelas (2-3 cm o 4-5 cm).

No obstante, si por condiciones obstétricas especiales es preciso aplicar la anestesia con una dilatación mínima, hay que utilizar una dosis muy pequeña para no interferir en el proceso del parto.

—*¿Cómo se sabe cuándo hay que empujar en el paritorio?*: la matrona, tocando tu tripa o mirando el monitor, te indicará cuándo viene la contracción, aunque tú también puedes sentir presión o tensión.

Con las dosis normalmente empleadas y aprendiendo antes a empujar, podrás utilizar la musculatura abdominal y colaborarás en el nacimiento de tu hijo.

—*¿Cuánto dura la anestesia epidural?*: durante la dilatación se puede prolongar la anestesia todo el tiempo que sea necesario, ya que se va introduciendo anestésico por el catéter que se ha dejado situado en el espacio epidural.

Una vez terminado el parto, se recupera la total sensibilidad y movilidad de las piernas en unas horas. El catéter se quita sin dolor alguno, ya sea inmediatamente o unas horas después del parto (por si aparece alguna complicación).

—*¿Qué pasa si hay que hacer una cesárea?*: si por algún motivo es necesario terminar el parto mediante una cesárea, se pasa de la analgesia a la anestesia añadiendo más dosis de anestésico local por el catéter sin necesidad de pinchar nuevamente a la mujer (véase pág. 294).

Asimismo, la anestesia epidural es compatible, en caso necesario, con la anestesia general.

—*¿Qué complicaciones puede haber?*: las complicaciones, tanto en el parto como en el postparto, son prácticamente nulas en manos de un *buen anestesista* habituado a estas técnicas. No obstante, se puede presentar una cefalea (dolor de cabeza) en el 1 por ciento de los casos. Un buen profesional empleará las técnicas adecuadas, solucionando el problema en la mayoría de los casos. Asimismo, se pueden prescribir analgésicos y se mantiene a la madre en la cama en posición horizontal, ya que el dolor sólo aparece al incorporarse. Resulta incómodo, pero es algo *transitorio* (sólo dura días).

No se puede hablar de riesgo de parálisis medular porque

a la altura de la columna donde se realiza la punción no hay médula espinal, sino sólo nervios.

—*¿Puede afectar al niño?*: al ser un anestésico regional, NO afecta al bebé, ya que las dosis empleadas son muy pequeñas y su paso a sangre es insignificante.

—*¿Es necesario hacer preparación al parto?*: el objetivo de la anestesia epidural es que, desde el momento de su empleo, las contracciones del parto no duelan y que la madre tenga a su hijo consciente, sin dolor y menos cansada. No obstante, es necesaria una preparación previa ya que ésta puede ayudar a:

* Tener una información correcta y realista sobre la técnica, lo que permite ayudar al anestesista (estando relajada, no moviéndote, confiando en la técnica, etc.).
* Conocer y aplicar las técnicas de relajación y respiración para controlar las contracciones hasta el momento *idóneo* de poner la epidural (véase pág. 262).
* Aprender la técnica de empujar *específica* para colaborar con el niño en el expulsivo, sin duda una de las ayudas más importantes que puedes dar a tu hijo.

Ganas de empujar

Se trata de una sensación de presión en la vagina o el ano, como si «algo quisiera salir». Pero no todas las mujeres sienten ganas de empujar:

—*Sin anestesia epidural*, las ganas de empujar aparecen en el 85 por ciento de los casos. Es una sensación intensa e instintiva que, al fin y al cabo, es lo que ha motivado a lo largo de la historia que las mujeres ayudaran con su esfuerzo a la salida del niño.

—*Con anestesia epidural*, sólo perciben las ganas un 20-25 por ciento de las mujeres. Se nota como una sensación de presión limitada que puede controlarse fácilmente.

Si tienes ganas de empujar, la percibirás, generalmente, en los últimos momentos de la dilatación, aunque, en muchos casos, no habrás alcanzado todavía los 10 cm. Se siente *durante* una contracción, por lo que nunca puede confundirse, en el caso de notar la presión en el ano, con un resto de enema. Y entre contracciones desaparece cualquier presión.

Si tienes ganas de empujar en 2 o 3 contracciones seguidas, avisa a la matrona, quien te explorará y verá cómo está tu cuello. Si todo está listo para empujar, te dejará satisfacer esa sensación; si, por el contrario, tu cuello no está todavía suficientemente dilatado, o hay que esperar por cualquier otra razón, la matrona te pedirá que no presiones, algo que resulta muy sencillo si tienes una anestesia epidural, porque la sensación de pujo es controlable. Simplemente obedece y ¡NO empujes!

Pero si no tienes epidural, puede resultar casi imposible no dejarte llevar y empujar fuertemente. En tus cursos de preparación te habrán enseñado a *jadear* (inspirar y espirar muy poco aire por la boca abierta) durante la contracción. Es cansado, pero es la única forma de no bloquear el diafragma y los músculos abdominales que van a intervenir al empujar. Jadeando no se quitan las ganas de empujar, simplemente es que no puedes hacerlo.

El padre puede ayudarte muchísimo en esos momentos. Si no puedes empujar todavía, necesitas a alguien a tu lado que te jalee, que te apoye impidiéndote empujar y «obligándote» a descansar entre contracciones. Sola es muy difícil luchar contra el instinto que te hace presionar fuertemente a tu hijo hacia el exterior. Obedece a tu matrona o tu ginecólogo y no empujes si no oyes la orden expresa de hacerlo; puedes entorpecer la salida de tu hijo o facilitar los desgarros del canal del parto. Reúne todas las fuerzas que te queden, pide ayuda y piensa que ya falta poco, que pronto podrás empujar y te sentirás mucho mejor.

B. Expulsivo

El expulsivo es el periodo en el que el útero se contrae para expulsar al niño al exterior.

La sala de partos o paritorio

1. ¿Cómo es un paritorio?

—Es una habitación, generalmente no muy grande, en la que se encuentran la mesa de partos y los instrumentos necesarios para la atención del mismo. «Desgraciadamente», se percibe el ambiente médico y no es muy cálida, pero en esos momentos estarás centrada en tu hijo y en ti, y no en los detalles estéticos de la sala.

2. ¿Por qué se utiliza una mesa de partos? ¿Es siempre horizontal?

—La posición horizontal sobre una mesa de partos, normalmente utilizada, fue introducida en la práctica obstétrica por un médico francés, François Mauriceau, en el siglo XVIII, al generalizarse la atención médica a la parturienta. Es una mesa o «cama» no muy ancha, con dos apoyos para las piernas —las cuales estarán flexionadas y elevadas—, ya sea para las pantorrillas o para la parte posterior de las rodillas. A la altura de las caderas hay unas barras o anillas para poder agarrarse con las manos.

—Actualmente, es frecuente oír comentarios contrarios a la mesa de partos, a la que se acusa de antiestética y de obligar a la parturienta a adoptar una postura de «entrega» y que, además, no favorece la gravedad. Es evidente que esta postura no es la más estética, pero puede ser la más útil para el niño y la madre. De hecho, ya se ha adoptado esa misma postura en las revisiones ginecológicas y en las exploraciones de las últimas semanas de embarazo. No es, pues, utilizada por comodidad del médico, sino porque es como mejor va a poder actuar (protección del periné, ventosa...).

—Respecto a la gravedad, ya comentamos en la pag. 227 lo útil que puede ser la fuerza de la misma en algunos momentos de la dilatación. Sin embargo, en el expulsivo hay que tener en cuenta que el canal del parto NO es un tubo recto por el cual «se cae» el niño al estar de pie o sentada. El canal del parto es una V (véase fig. 28). No obstante, una cierta inclinación de la mesa de partos puede ayudar tanto al niño en su descenso como a la madre para que se encuentre algo más cómoda.

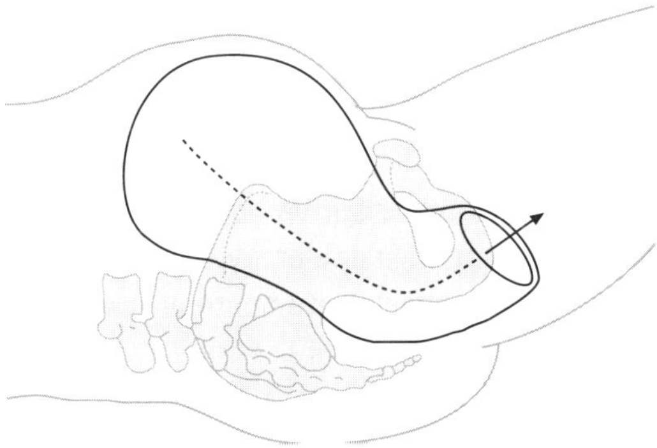

Fig. 28. Forma del canal del parto.

—En cuanto a si la presión ejercida sobre los vasos maternos dificulta la oxigenación del bebé, hay que considerar que en el paritorio se vigila continuamente (por monitor o estetoscopio) la frecuencia cardiaca fetal, de modo que si hay una alteración de su ritmo y se sospecha que es debido a la presión sobre la vena cava, se gira a la madre ligeramente hacia la izquierda.

—Se utiliza una mesa de partos y no una cama normal porque la posición de las piernas flexionadas y apoyadas en alto favorece en algunas ocasiones que los niños puedan utilizar en su salida un espacio (excavación posterior) que necesitan para poder atravesar el canal del parto. Asimismo, el apoyo de las piernas y la tracción con los brazos hace más fuerte y eficaz el trabajo que realizan los músculos abdominales para empujar al niño.

RESUMEN

—Si, como es lo más frecuente, empujas a tu hijo sobre una mesa de partos, ¡adelante! Te verás rodeada del equipo médico que ya conoces, has aprendido a empujar en esa posición y sabes cómo ayudar a tu hijo. Todo está listo para empujar.

—No obstante, puedes comentar con la matrona la posibilidad de incorporar algo la mesa, algo que por lo general se puede hacer, aunque hay determinadas maniobras que pueden requerir que estés totalmente horizontal.

3. ¿Cuándo me llevan a la sala de partos?

—Depende de la maternidad a la que acudas. En algunas permanecerás en la habitación o salita de dilatación hasta que hayas alcanzado los 10 cm de dilatación; en otras, en cambio, te trasladarán al paritorio para ponerte la epidural y te quedarás allí hasta que nazca el niño o te trasladarán nuevamente a tu habitación y regresarás al paritorio definitivamente al llegar a la dilatación completa.

4. ¿Quién está en el paritorio?

—En la sala de partos estarán presentes:

* Tu hijo y tú, ¡los grandes protagonistas!
* El ginecólogo que asistirá el parto.
* La matrona que ayuda al ginecólogo o que atiende personalmente el parto.
* Enfermeras para atender al ginecólogo o la matrona.
* El anestesista, que vigila tu anestesia si la tienes o que simplemente está listo por si es necesaria su actuación.
* El padre (aunque no siempre).

5. ¿Se pueden llevar lentillas y/o gafas al paritorio?

—Si usas lentillas habitualmente, puedes llevarlas al paritorio en el caso de que sean blandas o desechables. No obstante, has de tener en cuenta que, si es necesario hacer una cesárea, tendrás que quitártelas, por lo que la persona que te acompañe a la sala de partos debe tener lo necesario para poder guardarlas si no son desechables. En una cesárea no se pueden utilizar.

—Si necesitas gafas, siempre te van a permitir que las lleves al paritorio. Así podrás ver a tu hijo perfectamente cuando nazca. En una cesárea va a depender del tipo de anestesia: si se realiza con anestesia general, no las necesitas ni puedes utilizarlas, pero si es con epidural, puedes usarlas hasta que el niño salga, aunque luego, si te sedan, tendrás que dárselas a alguien para que las guarde.

6. ¿Se rasura siempre el vello del pubis? ¿Por qué?

—En la mayoría de los casos, se rasura parte del vello púbico porque:

* Si hay que hacer una episiotomía, resulta imposible hacer la incisión y suturar con vello.

* Facilita la higiene de la zona los días que se está sangrando tras el parto.

—Se rasura la parte inferior del vello si es un parto y la parte superior en el caso de una cesárea; por ello se suele esperar hasta que se decide la vía del nacimiento.

—Puede llevarse a cabo en la habitación donde estás dilatando o en el paritorio, y lo hará una enfermera o la matrona. No es recomendable que lo hagas en casa porque no sabes exactamente lo que es preciso rasurar; en la maternidad cuentan con unas maquinillas especiales y la experiencia del personal clínico hace que resulte rápido y fácil.

—En ningún caso utilices cera en esa zona del cuerpo durante el embarazo, porque puede estar algo edematizada o tener alguna variz y agravarse mucho.

El expulsivo: las contracciones de expulsión

1. ¿Cómo sale el niño?

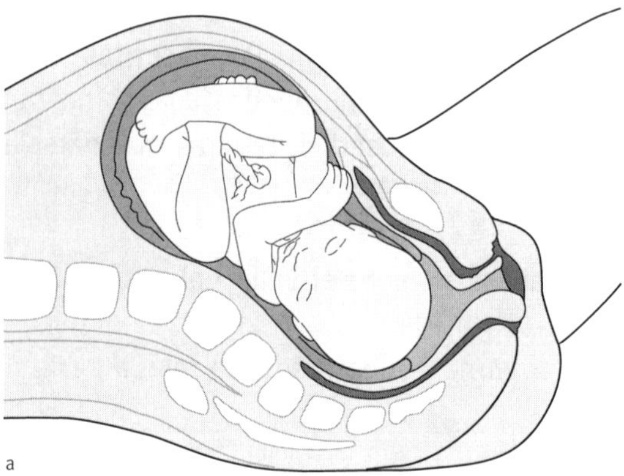

a

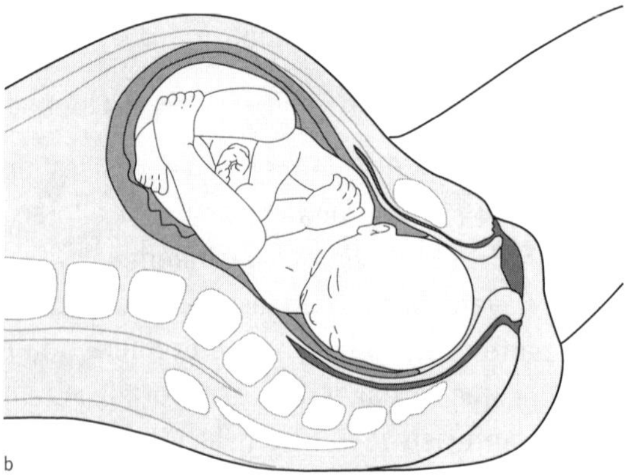

b

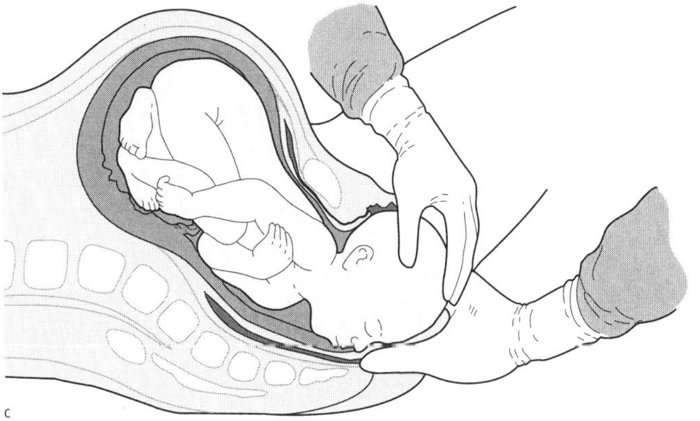

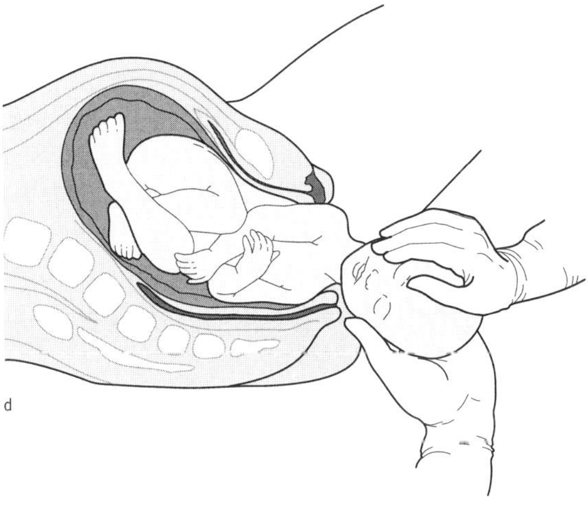

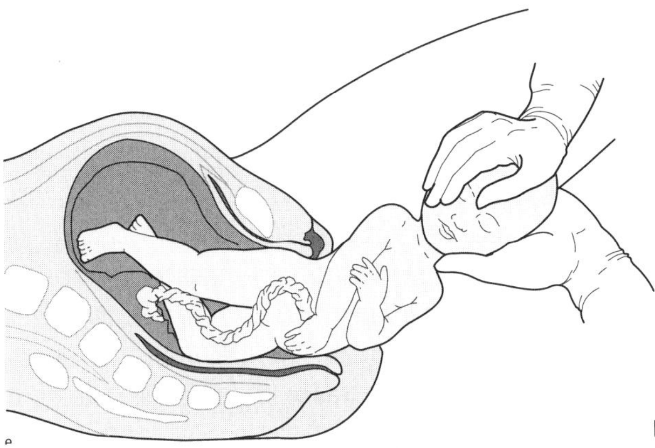

Fig. 29.

—Una vez que el cuello del útero ha dilatado completamente (10 cm), el útero empieza a contraerse para empujar al niño hacia la vagina y de ahí al exterior. Son las contracciones de expulsión. El niño empieza su viaje girando y avanzando al mismo tiempo (como un tornillo), para acoplar los diámetros de su cabeza a los diámetros del canal del parto.

—El niño se introduce en el canal del parto de modo que su cabeza mire hacia un lado de la madre, para acoplarse a la forma aplanada del anillo de la pelvis (fig. 29 a). Luego se escurre lentamente efectuando una rotación interna que sitúa su cabeza flexionada (barbilla hacia el tórax) mirando, en la mayoría de los casos, hacia el sacro de la madre, es decir, hacia abajo (fig. 29 b).

—A continuación, y siempre impulsado por las contracciones y los pujos de la madre, el niño extiende su cabeza (*deflexión*) usando la sínfisis del pubis como eje en el que roza su nuca. Poco a poco, aparece su cara hasta que toda la cabeza está fuera.

—Este mecanismo no debe ser brusco para que el periné no sufra una distensión excesiva que podría incluso provocar un desgarro perineal. Por ello, el ginecólogo o matrona te irán indicando cuándo debes empujar y cuándo dejar de hacerlo. Al mismo tiempo, es preciso proteger el periné con la mano y, frecuentemente, hacer una episiotomía (fig. 29 c).

—Una vez que la cabeza ha salido al exterior, se gira al niño (rotación externa) para situar los hombros en la misma posición que está la vulva, es decir, vertical. Entonces, se tracciona suavemente del niño para sacar el hombro de arriba (desprendimiento del hombro anterior) (fig. 29 d); luego, levantando al niño delicadamente, se extrae el de abajo (desprendimiento del hombro posterior) (fig. 29 e). El resto del cuerpo «casi» se escapa, saliendo rápidamente a través de esos 11-12 cm del canal del parto (cuello, vagina y vulva). Esos sorprendentemente escasos centímetros que separan el cuello del útero del exterior, pero que suponen el trayecto más trascendente en la vida de una persona (fig. 29 e).

—El paso del bebé por la vagina es, salvo excepciones, fácil, ya que ésta se distiende extraordinariamente debido al influjo de la relaxina, que la hace tremendamente elástica.

2. ¿Cuánto dura el expulsivo?

—No se puede contestar a esa pregunta con precisión. Si en el caso de la dilatación, el margen de su duración oscilaba en horas, aquí la diferencia entre una mujer y otra es de minutos. Se puede decir que el tiempo que vas a estar empujando en el paritorio puede ir desde 10 minutos a una 1 hora aproximadamente.

—La mayor parte de ese tiempo se emplea en el viaje de la cabecita, rotando y avanzando por el canal del parto; la parte en la que el ginecólogo o matrona gira la cabeza del niño y extrae los hombros es mucho más rápida y, como hemos dicho, el cuerpo se escurre como si fuera un pez.

3. ¿Cómo puedo ayudar al niño a salir?

—Tu ayuda en el paritorio es fundamental para que el expulsivo de tu hijo sea *más rápido y fácil*. El mecanismo de expulsión NO es algo natural e instintivo en la mujer (se pueden tener ganas de empujar, pero no se empuja correctamente); se necesita un entrenamiento previo al día del parto. Si llegas al paritorio sin haberlo realizado, es difícil que tu esfuerzo sea verdaderamente eficaz. Sin embargo, si has entrenado varias veces durante el embarazo, estarás confiada porque sabes interpretar lo que el ginecólogo o la matrona te piden, es decir, ¡sabes ayudar a tu hijo!

—La mejor forma de colaborar en el expulsivo del niño es aprendiendo a empujar en un centro de preparación. No voy a caer en la tentación de tratar de enseñar la técnica de expulsión en un libro, ya que puede ser *no sólo inútil, sino peligroso*. Efectivamente, la enseñanza de cómo empujar debe ser siempre *individualizada*, atendiendo a las circunstancias que se presentan en cada embarazada (posición de la cabeza fetal, localización de la placenta, contracciones en el embarazo...). Por tanto, nunca puede hacerse a través de libros, revistas, vídeos o aplicando los consejos de las amigas. Si no se tiene esto presente, una enseñanza habitual y necesaria puede convertirse en algo contraproducente e, incluso, perjudicial. Por tanto, esta parte de la preparación ha de ser dirigida personalmente por un médico o una matrona que pueda valorar cada caso.

—Si en el expulsivo es necesaria la utilización de la maniobra de Kristeller, de los fórceps o de la ventosa (véase págs. 280 y 282), no debes sentirte en absoluto culpable achacándolo a que tu colaboración no ha sido eficaz. Como comentaremos en otros apartados, hay expulsivos que son más difíciles y requieren una intervención médica mayor, pero *tu ayuda siempre es necesaria.*

—Si aprender a ayudar al niño a salir es siempre importante, con la epidural se puede decir que resulta IMPRESCINDIBLE. Las sensaciones de tu cuerpo son diferentes y tu control muscular es menor. Por ello, aprender a dirigir la parte efectiva de tu musculatura abdominal es primordial a la hora de colaborar con el ginecólogo o matrona.

RESUMEN

Aprender a empujar en un parto con epidural justificaría, casi por sí sola, la asistencia a un centro de preparación.

4. ¿El niño empuja para salir?

—No. El niño es totalmente pasivo en su paso hacia el exterior; no se impulsa con sus piernas. El motor del parto es, fundamentalmente, el útero, ayudado por el diafragma y los músculos abdominales de la madre.

5. ¿Duelen las contracciones de expulsión?

—Las contracciones de expulsión sólo son referidas como más dolorosas que las de dilatación por el 3 por ciento de las mujeres. El resto define este momento como: «Nada que ver..., un alivio...» Es importante recalcar esto porque muchas mujeres que ya tienen contracciones dolorosas al final de su dilatación, temen extraordinariamente que el dolor aumente en el momento de la salida del niño, llegando incluso a perder el control por miedo a algo que luego resulta diferente de lo que habían imaginado.

—Por otra parte, no se puede olvidar que en esta fase del parto la mujer está activa, colaborando con su médico, sintiendo que ya está llegando al final y que puede ayudar a su hijo. Es jaleada y dirigida por todo el equipo, y pronto va a ver y tener a su niño en brazos.

—Decir que las contracciones de expulsión son menos dolorosas que las de dilatación es cierto en casi el 100 por cien de las mujeres que tienen ganas de empujar. Cuando se le permite empujar, la madre está haciendo lo que su cuerpo le pide, por eso suele exclamar esa frase que en principio parece excesivamente optimista: «¡Qué alivio!»

—Con la epidural, estas contracciones NO van a ser dolorosas. Puedes notar, dependiendo del grado de anestesia, una presión, y sentir cómo sale tu hijo por la vagina, pero no dolor.

—El principal problema de esta fase es el cansancio. Todos a tu alrededor te piden que saques la fuerza que te queda y, a veces, no es mucha. Ves el final cercano, pero puedes llegar a pensar que no serás capaz de conseguirlo. Es frecuente oír en el paritorio a la madre exclamar: «No puedo más...» Pero, sí puedes, ¡seguro!

El padre en la sala de partos

—Muchas parejas preguntan sobre la conveniencia o no de la presencia del padre en el paritorio durante el expulsivo. Realmente, la decisión al respecto depende de muchos factores:

* *Del permiso de la maternidad*: actualmente es cada vez más frecuente que permitan la entrada del padre en el paritorio. No obstante, confírmalo con tu ginecólogo.

* *Del criterio del ginecólogo*: también es cada vez mayor el número de médicos que aceptan la presencia del padre en el expulsivo (en la pág. 297 hablaremos del caso de una cesárea). Coméntalo en alguna de las visitas para conocer su opinión.

* *Del parto en sí*: en algunos todo se desarrolla de forma espontánea y relajada, de modo que la presencia del padre es *casi* natural; en cambio, en otros predominan ciertos aspectos médicos y es preferible, si así lo indica el ginecólogo o la matrona, que el padre se ausente.

* *De la pareja*: la decisión última de que el padre entre en el paritorio ha de ser *libremente adoptada por ambos*. Ni un padre debe ser forzado («no me dejes sola», «te creía más fuerte») ni tampoco imponer su presencia en contra de la voluntad de la madre («es mi hijo, tengo derecho...», «el médico me deja entrar»). La pareja tiene que sentirse cómoda y la madre libre y concentrada para ayudar y empujar a su hijo sin tensiones añadidas por haber forzado la presencia de su pareja o haber sido forzada a ella. Hablad, pues, del tema previamente y, si no tenéis la idea muy clara, dejad para el último momento la decisión. A veces la propia evolución del parto ayuda a decidir.

—En todo caso, permitidme un consejo: si un padre entra en el paritorio, su ubicación ideal es *detrás de la cabeza de la madre*. Desde ahí verá perfectamente la salida de su hijo y no la parte más médica y «antiestética» del parto. Además, si una mujer quiere que su pareja asista al parto, es para que esté CON ELLA y no simplemente mirando o charlando con el equipo médico.

—El padre puede sentir que su papel en la sala de partos es pasivo y secundario. ¡En absoluto! El equipo médico dirige el expulsivo paso a paso, por lo que el papel de «soporte» que tenía en la dilatación ya no es tan necesario. Sin embargo ahora, en los momentos de descanso entre contracciones, su ánimo, su proximidad y su aliento son básicos. Una palabra, una caricia o una mirada hacen que la madre perciba que él está AHÍ, compartiendo el «gran momento».

—En ocasiones, se pide al padre que sujete la cabeza y los hombros de la madre cuando está empujando, lo que le ayudará a controlar mejor sus músculos abdominales para empujar. Pero siempre atendiendo las indicaciones del equipo médico, no entorpeciendo ni agobiándoles. En definitiva, se trata de formar entre todos un equipo que trabaje en bien de la madre y el niño.

—No obstante, no siempre hay que esperar una escena idílica de colaboración. A veces la parturienta está tan concentrada en la situación que no reacciona a las palabras de cariño del padre. No es el momento de sentirse herido, todos estarán centrados en que el niño salga bien y pronto.

—A algunos padres les preocupa marearse en el paritorio. No todos soportan el ambiente médico de una sala de partos y, si el padre siente que se encuentra mal, es preferible que se salga. Nadie va a pensar que ha «fallado».

La episiotomía

La episiotomía es una incisión que se realiza en el periné (zona entre la vulva y el ano) de la madre, antes de la salida de la cabeza del niño, para ampliar el orificio de la vagina y la vulva.

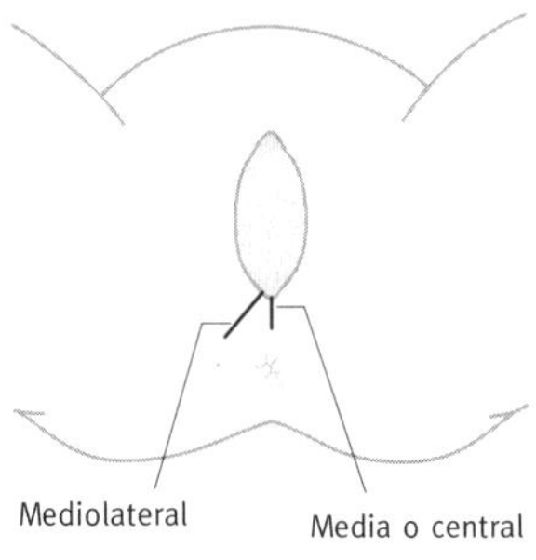

Fig. 30.

1. ¿Se hace siempre?

—Es muy frecuente en la gran mayoría de las primíparas y algo menos en las multíparas.

2. ¿Por qué se hace? ¿Es necesaria?

—Se realiza una episiotomía por varias razones:

* *Para prevenir los desgarros*: el estiramiento que se produce en la musculatura del suelo de la pelvis al salir el niño es muy importante. Esto podría llegar a desgarrarla y, evidentemente, nunca un desgarro es mejor que un corte limpio y controlado, tanto para la sutura posterior, como por la extensión de la lesión, que podría afectar al ano, complicando su reparación y recuperación.

Aunque es evidente que no todas las mujeres se van a desgarrar, es mucho más frecuente de lo que se puede pensar, sobre todo en las primíparas.

Las opiniones que aducen que la práctica de ejercicios previos evita la realización de la episiotomía no tienen en cuenta que, cuanto más fuerte es la musculatura del suelo de la pelvis, con menos facilidad se va a distender. Los desgarros, si no se hace una episiotomía, son más frecuentes en mujeres que, por la práctica de algunos deportes, tienen dicha musculatura más fuerte y desarrollada.

* *Para prevenir la hiperdistensión de los músculos del suelo de la pelvis*: es uno de los más evidentes beneficios que se buscan al hacer una episiotomía. Si evitar un desgarro es importante a corto plazo, impedir que los músculos que sujetan las estructuras que hay en la pelvis (útero, vejiga, recto...) se distiendan demasiado, es la mejor prevención, a medio y largo plazo, de las incontinencias urinarias («se me escapa un poco de pis al toser...») y de los prolapsos de útero («tengo la matriz caída»), entre otras patologías.

Obviamente, para la prevención de estos problemas no sólo será suficiente la realización de la episiotomía. Habrá que rehabilitar la musculatura del suelo de la pelvis con ejercicios adecuados (véanse en pág. 340, los ejercicios de Kegel en el puerperio), pero la recuperación del tono muscular necesario para soportar el contenido de la pelvis será mucho más fácil si no se deja que dichos músculos sufran una distensión excesiva.

* *Para acortar el periodo expulsivo*: en todos los casos en los que sea necesario acelerar la salida del bebé (por ejemplo, niños prematuros para evitar una presión prolongada sobre su cabeza, casos de sufrimiento fetal, etc.).

* *Para poder aplicar una ventosa o fórceps*: si las condiciones obstétricas lo requieren y se necesita ayudar al niño con uno de estos instrumentos, va a ser necesario hacer una episiotomía para evitar desgarros peligrosos.

—En ningún caso se realiza porque el médico tenga prisa: la episiotomía debe suturarse y cuidarse en el postparto, empleando pues más tiempo y trabajo en el parto y el puerperio que si no se practica.

3. ¿Dónde se hace?

—Existen dos tipos de incisión:

* *Media o central* (fig. 30): va de la vulva hacia el ano en línea vertical. Durante el postparto apenas molesta y no se ve prácticamente la cicatriz. Pero sólo puede hacerse en mujeres que requieren un corte muy pequeño o con el periné muy ancho, ya que si no se pueden alcanzar las fibras del esfínter del ano y lesionarlas.

* *Mediolateral* (fig. 30): parte de la vulva y continúa en línea oblicua hacia un lado u otro del periné. Es la más utilizada porque se aleja del ano y previene su desgarro.

4. ¿Cuándo se hace?

—Cuando la cabeza del niño haya presionado y distendido algo el periné. Así, se logra que la incisión no sangre excesivamente y que la musculatura no sufra una hiperdistensión excesiva.

5. ¿Duele?

—Aunque parezca imposible, hacer la incisión de una episiotomía no duele NUNCA. Vamos a intentar justificar esta afirmación antes de que cunda el escepticismo:

* *Si tienes cualquier tipo de anestesia* (general, epidural o local), ésta habrá sido aplicada antes del corte y, por tanto, la incisión no puede doler. Al dar los puntos, si tienes anestesia epidural o local, puedes notar que te tocan o tiran, pero no propiamente dolor.

* *Si no tienes anestesia*, la presión que ejerce la cabeza del niño sobre el plano perineal es tal, que la zona se «duerme» y el corte no resulta doloroso. Además, para dar los puntos siempre se utiliza, si no lo tenías previamente, un anestésico local.

—El dolor de la episiotomía puede ser un problema en los días posteriores al parto (véase pág. 335), pero no en el paritorio. Es una preocupación frecuente en las embarazadas, pero no debes temer ni agobiarte demasiado por un aspecto del parto que no lo merece.

El parto instrumental: fórceps, ventosa, espátulas

Se habla de parto *instrumental* cuando se acude, al final del expulsivo, a la utilización ya sea de unos fórceps, de una ventosa o de las espátulas. Hoy en día se utiliza siempre que sea necesario *ayudar* a un niño a nacer, pero nunca para forzarlo a salir por la vagina. Así se acorta y facilita la salida del niño por el canal del parto.

Se emplean por:

—*Causas maternas*: enfermedad cardiaca, cesárea anterior, actividad uterina insuficiente...

—*Causas fetales*: signos de sufrimiento fetal, falta de rotación o de flexión de la cabeza...

La utilización de un método u otro depende del criterio médico del ginecólogo que atiende el parto, pero ninguno de ellos supone en la obstetricia actual riesgo alguno para el niño. Si su uso pudiera significar un peligro, no se dudaría en acudir a la cesárea. No obstante, si es algo que te preocupa especialmente, coméntalo con tu ginecólogo, quien te informará y tranquilizará.

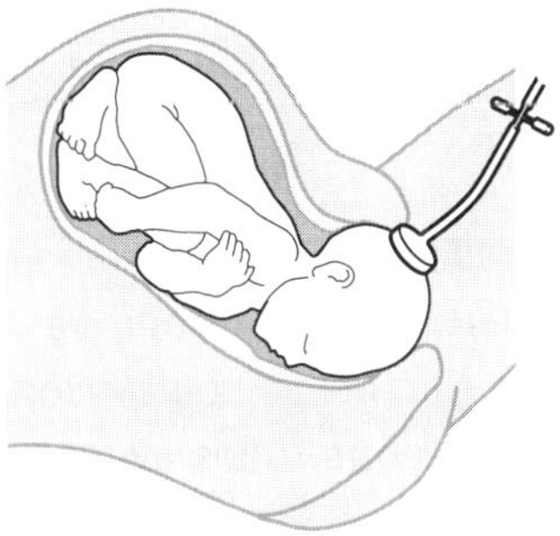

Ventosa

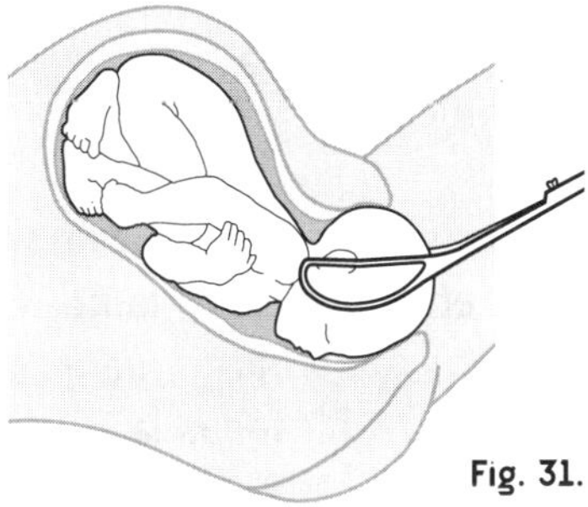

Fórceps

Fig. 31.

1. Ventosa

—Consiste en una cazoleta que se coloca, introduciéndola por la vagina, en la parte posterior de la cabeza fetal. Se conecta con una bomba que hace el vacío, traccionando suavemente durante una contracción y ayudando a bajar al niño (véase fig. 31).

—El niño puede nacer con una pequeña marca, como si fuera un bonete, en la cabeza donde se ha aplicado la cazoleta. Es una señal en el cuero cabelludo que, por supuesto, NO afecta a su cerebro, y va a desaparecer entre 2 y 8 días tras el parto sin consecuencia alguna.

2. Fórceps

—Son dos ramas articuladas que se introducen en la vagina y se aplican lateralmente en la cabeza fetal para ayudar a rotar y descender al niño (véase fig. 31).

—Hoy en día se utilizan los fórceps «bajos», es decir, cuando el niño se encuentra muy bajo en el canal del parto. Los tan agresivos fórceps «altos», que frecuentemente se han utilizado hace años, ya no tienen razón de ser, puesto que la cesárea ha perdido su peligrosidad y las técnicas anestésicas han avanzado enormemente.

3. Espátulas

—Son unas ramas parecidas a las de los fórceps, pero no van articuladas entre sí.

Sea cual sea el instrumento utilizado, si tienes una anestesia epidural y, por tanto, estás despierta, el ginecólogo va a pedir tu colaboración para que empujes durante la contracción. Hay que reunir todas las fuerzas posibles y entre todos ayudar a tu hijo.

Maniobra de Kristeller

Esta maniobra se realiza empujando con los puños o el antebrazo la parte superior del útero, coincidiendo con la contracción y el pujo de la madre. (Por supuesto, la matrona no «se sube encima» como algunas mujeres refieren.) Se utiliza cuando es necesario acelerar la expulsión de la cabeza, ya sea:

* Porque el expulsivo está siendo demasiado largo para el niño.
* Por falta de fuerza materna (debido al agotamiento, a la anestesia epidural o por no saber empujar eficazmente...).
* Porque el feto es grande.
* Como ayuda a la utilización de unos fórceps o ventosa...

Su uso no significa que algo vaya mal o que, a pesar de haber aprendido a empujar, tu esfuerzo sea inútil. Simplemente constituye una ayuda más para tu hijo y se emplea con relativa frecuencia.

Esta maniobra es dolorosa o no dependiendo de la presión ejercida. Si sólo se trata de acompañar tu pujo es simplemente un ligero empujón; pero si es necesaria una gran ayuda, la fuerza realizada sobre tu tripa puede no resultar muy agradable, notando incluso que no puedes aguantar bien el aire. Piensa que dura poco y es una gran ayuda para tu hijo.

¡Ya está aquí mi hijo!

El último empujón y por fin ha salido. El ginecólogo o la matrona cogen firmemente a «ese bichito» que se escurre. Otra vez el milagro de la vida. Todos tus esfuerzos han valido la pena.

En este último empujón puede que te sugieran que te incorpores para ver a tu hijo salir. La respuesta a ello es algo tremendamente variable de una mujer a otra. Unas reaccionan inmediatamente, levantándose y mirando, casi extrañadas de ver como el final del cuerpo de su hijo sale por vagina; otras, en cambio, prefieren seguir tumbadas sin mirar. Las dos cosas son normales y no se puede ni se debe criticar en absoluto a las madres que no quieren ver a su hijo en ese momento. Depende de muchos factores: del cansancio, de la emoción, de la incredulidad... Lo mejor es que no tengas una idea preconcebida de cómo se va a desarrollar esa escena. Si estás despierta, deja que tu instinto aflore libremente y actuarás de forma espontánea.

El corte del cordón

Cuando el niño haya salido completamente, el ginecólogo o matrona pinzarán y cortarán el cordón umbilical que os unía. Esto se puede hacer inmediatamente o esperar a que el cordón deje de latir, aunque no se ha demostrado claramente la utilidad de esto último.

Si quieres que corten el cordón con tu hijo encima de ti, coméntalo con quien vaya a atender tu parto. Si no hay ningún problema que lo impida, se podrá hacer y tendrás a tu niño recién salido *sobre tu piel.*

El niño ya no respira a través del cordón y su circulación ha iniciado un circuito nuevo y definitivo, como ser independiente que es.

Tocar al niño

Una vez que el niño está fuera, hay que asegurarse de que respira libremente; es lo prioritario. Si el niño está bien suele haber unos instantes, aunque sean muy cortos, para que te enseñen al niño. ¡Pide que te dejen tocarlo! No basta con verle u oírle. Cuando una madre TOCA a su hijo por primera vez, se pone en marcha todo un mundo de emociones difícil de describir, pero que se intuye cuando se observa el modo universal (no importa el país, la raza ni la situación de la madre) con el que se realiza ese «enganche» madre-hijo. Esa expresión en la cara de la madre, el niño que deja de llorar, el mirarse ambos a los ojos, el lenguaje piel a piel... es algo tan íntimo y especial que sólo una madre puede compartir con su hijo, el resto del mundo sobra. Es la unión fundamentalmente animal entre la madre y su cría: se están reconfortando y reconociendo mutuamente. El único «observador» que tiene un papel en esta escena es el padre del niño; incluso él puede no sentirse incluido en ese binomio que en pocos segundos se ha establecido (intenta comentar algo y la madre no siempre responde, no reacciona a sus caricias...).

Esto no quiere decir, en absoluto, que el amor, el sentido de la maternidad hacia tu hijo se despierte «mágicamente» en un instante. La unión entre madre e hijo se va instaurando poco a poco en los primeros días, en semanas e, incluso en algunos casos, en meses de contacto diario e íntimo entre los dos. Es totalmente pueril afirmar, como se llegó a preconizar hace unos años, que la unión madre-hijo se establece primordialmente en los primeros minutos de vida del niño. Entonces se afirmaba que era imprescindible y prioritario el contacto inmediato, y que si ese contacto se posponía, influiría en la relación entre ambos de por vida.

Ciertamente, la primera vez que tocas a tu hijo constituye un momento realmente especial, pero al fin y al cabo es sólo la primera vez; profundizar y evolucionar en vuestra unión es un proceso mucho más largo y complejo que se va a desarrollar a lo largo de toda la infancia, la adolescencia e incluso de la madurez del nuevo ser.

Asimismo, es evidente que si el niño necesita ser aspirado o atendido inmediatamente por el neonatólogo, todo lo expuesto en el párrafo anterior pasa a un segundo plano. Lo más importante, entonces, es que el niño sea reanimado y respire bien. Cuando puedas estar con tu hijo de nuevo, podrás tocarle, sentirle piel a piel, gozando, despacio, del momento.

Como antes comentamos, no todas las madres desean tocar a su hijo inmediatamente. Unas, como consecuencia de un parto difícil, están demasiado cansadas; otras, prioritariamente preocupadas por la salud del niño; y por último hay quienes no se encuentran con el niño soñado e idealizado, sino con un «personajito» feo, arrugado y sucio que ha atravesado, después de un largo esfuerzo, un estrecho camino, por lo que su cabeza puede estar «apepinada». Algunas madres prefieren incluso coger al niño cuando está limpio y vestido. No te sientas diferente ni peor madre si éste es tu caso: todas las reacciones son normales dependiendo de las circustancias y de la personalidad de la mujer. Tarde o temprano te «engancharás» con tu hijo.

El niño

La matrona o enfermera se llevará al niño a una mesita bajo una lámpara de calor, ya sea en el mismo paritorio o en otra habitación, para que el neonatólogo u otro profesional cualificado atienda al bebé en estos primeros momentos. Allí se realizan las maniobras necesarias para su adaptación a la vida fuera del útero, las pruebas requeridas y también se identifica y se pesa al niño, entre otras cosas.

1. El color

—El color normal de un recién nacido es azulado, a veces morado, incluso naciendo por cesárea. Los niños «rositas» sólo aparecen en las películas, pero como en la mayoría de los casos es la única referencia que tienes, puedes pensar que el color azul se debe a que el niño tiene una falta de oxígeno, que algo va mal. ¡En absoluto!

—Esta coloración azulada puede persistir en las partes distales (manos y pies) durante varias horas. Es totalmente normal.

2. El llanto

—Otra creencia errónea es que los niños tienen que llorar inmediatamente cuando nacen. No es necesario. Hay un tiempo para que hagan su primer «quejido» y rompan a llorar; es posible, incluso, que el personal médico que te rodea, hable y reaccione con toda normalidad mientras que tú estás angustiada por esto. ¡No te preocupes! Su experiencia les permite saber que tu hijo está perfectamente.

3. El vernix caseoso (unto sebáceo)

—Como ya hemos definido, es la capa de color blanco que rodea más o menos extensamente la piel del feto dentro del útero desde la semana 25 aproximadamente. Está formada por la secreción de las glándulas sebáceas junto a las células descamadas de la piel.

—En el momento del nacimiento, el niño puede tener más

o menos cantidad de vernix, y, en ocasiones alguna madre lo define como «sucio». Sabiendo que el niño puede salir rodeado de esa capa de grasa, no te sorprenderás cuando lo veas y lo toques.

4. La identificación del niño

—En todas las maternidades van a identificar a tu hijo de varias formas simultáneamente, por lo que no hay posibilidad de error:

* Mediante las huellas: En una misma ficha, se imprimen la huella de los dedos índice y medio de la mano derecha de la madre y del niño. Estas huellas se incluyen en el cuestionario para la declaración de nacimiento del Registro Civil a partir de la orden aparecida en el *BOE* el 10 de noviembre de 1999.

* Mediante unas pegatinas con un código de barras y una combinación de números y letras.

Estas pegatinas se pegan en diversos sitios:

a) En una pulsera que se coloca a la madre desde su entrada al paritorio hasta su salida de la maternidad.

b) En una pulsera más pequeña que se pone en el tobillo del niño al mismo tiempo que se le hacen las primeras pruebas tras el parto. Para quitarlas, se cortarán con unas tijeras.

c) En la pinza que se utiliza para pinzar el cordón umbilical del niño.

d) En las historias clínicas de la madre y el niño.

C. Alumbramiento

El alumbramiento es el proceso por el que el útero se contrae de nuevo para, una vez salido el niño, desprender la placenta de las paredes uterinas y que pueda salir, junto a las membranas de la bolsa, a la vagina y de ahí al exterior.

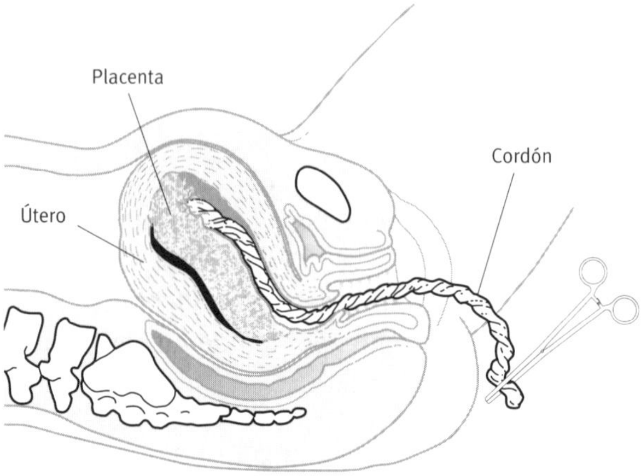

Fig. 32. Desprendimiento de la placenta.

Contracciones de alumbramiento

—El proceso de desprendimiento y salida de la placenta se realiza mediante contracciones del útero.

—¿Cómo se sienten estas contracciones?

* Si tienes una epidural es frecuente que ni las notes.

* Si no tienes anestesia epidural, puedes sentirlas como las contracciones del principio del parto, en general no dolorosas aunque algo molestas.

¿Cuánto dura? ¿Qué pasa en ese tiempo?

—Este periodo es el más corto del parto y suele durar de 10 a 30 minutos.

—Generalmente, durante el tiempo que transcurre hasta que la placenta se ha desprendido, el ginecólogo o matrona que han atendido el parto sutura la episiotomía, dando los puntos necesarios para reparar la zona. Se cercioran de que la placenta se ha desprendido (signos de desprendimiento) y *sólo entonces* se tira suavemente del cordón mientras que se presiona, con una mano sobre el abdomen, el fondo del útero, sacando suavemente la placenta y las membranas que formaban la bolsa del líquido amniótico. En ocasiones, pueden pedirte que empujes algo para ayudar a sacar la placenta. ¡Éste si es el último empujón!

—Sin anestesia epidural, la presión sobre el abdomen puede no ser muy agradable, pero la salida de la placenta por vagina NO duele en ningún caso.

—La placenta se examina para confirmar que ha salido completa. Únicamente si se sospecha que una parte no ha sido expulsada, hay que hacer una revisión manual.

El padre en el alumbramiento

—El papel del padre, si está en el paritorio, no ha terminado. Es el momento de demostrar a la madre, más que nunca, su cariño, de agradecer su esfuerzo, de compartir su emoción. Muchos padres, al nacer su hijo, van como «imantados» detrás de él sin darse cuenta de que la madre queda sola, feliz pero cansada, esperando una caricia, una palabra...

—Es comprensible que el padre quiera ver a su hijo, pero que ¡espere un poco! y dedique un tiempo a esa mujer que quiere compartir con él el gran momento; luego se acercará, verá cómo limpian y atienden al niño, y volverá para comentarlo con la madre que está deseando saber si está bien, cómo es, cuánto pesa...

¿Qué queda por hacer?

—Una vez expulsada la placenta y suturada la episiotomía, el ginecólogo o matrona confirmará que el útero está bien contraído (véase globo de seguridad en la pág. 325) y no sangra excesivamente.

—Las enfermeras y auxiliares te limpiarán bien y te pondrán una compresa. ¡Ya estás lista para volver a tu cama! Como veremos más adelante, pueden trasladarte bien a una sala de puérperas, bien a tu habitación.

—En algunas maternidades, el niño se mantiene durante un tiempo bajo una lámpara de calor siendo vigilado para ver cómo evoluciona su temperatura, su color, su respiración, etc. En otras, sales del paritorio con el niño en brazos. ¡Abrígale bien!, ya tendrás tiempo de ver sus piececitos, sus piernas... En esos momentos es importantísimo que no pierda calor. Abrázale y tápale bien.

6. La cesárea

La cesárea es la operación por la que se extrae al niño a través de una incisión que se realiza en el abdomen y el útero de la madre.

Causas

El ginecólogo puede decidir hacer una cesárea por distintos motivos:

1. Al final del embarazo (cesárea electiva)

—No se intenta un parto por vía vaginal cuando:

* *La presentación del niño no es la adecuada*: si está en situación transversa, siempre se hará una cesárea; si está en podálica (de nalgas) y es un primer parto, se hará una cesárea en casi el 100 por cien de los casos, pero si eres multípara, dependerá del criterio del ginecólogo, quien elegirá en cada caso la vía abdominal o vaginal.

* *Hay placenta previa*: si la placenta está implantada en el útero tapando el orificio del cuello uterino, es imposible que el niño salga por vía vaginal (véase pág. 156).

* *La madre ha tenido dos o más cesáreas anteriores*: en el caso de una cesárea anterior se valorará la causa por la que se hizo y las circunstancias actuales (véase pág. 383).

* *La madre tiene alguna enfermedad que imposibilite el parto vaginal*: infecciones vaginales importantes, cardiopatía severa, hipertensión y preeclampsia, tumores del canal del parto, etc.

* *Existe una desproporción pélvico-fetal evidente*: cuando la relación entre el tamaño del feto y el de la pelvis materna hace imposible el paso del niño por el canal óseo del parto.

* *Se diagnostica sufrimiento fetal anteparto*: esto hace temer que el niño no pueda resistir las contracciones de parto en condiciones favorables.

* *Se trata de un embarazo gemelar con los gemelos en mala posición.*

* *Hay alguna situación especial*: tratamientos de esterilidad previos, edad de la madre, etc.

2. Durante la dilatación

—A lo largo de las horas que dura la dilatación del cuello del útero, el ginecólogo puede decidir hacer una cesárea, entre otros motivos, por:

* *Causas maternas*:

—Dilatación estacionada: no se dilata al ritmo esperado y necesario para que el niño aguante el parto, o no se dilata en absoluto a pesar de haber puesto todos los medios médicos posibles para ello.

—Desprendimiento prematuro de placenta (*abruptio placentae*): la placenta se separa de las paredes uterinas antes de la salida del niño.

—Subida grave de tensión arterial de la madre en la eclampsia (véase pág. 433).

* *Causas fetales*:

—Sufrimiento fetal detectado por la vigilancia que se realiza del niño a través del monitor o del estetoscopio. En la mayoría de los casos se hace para *prevenir* el sufrimiento fetal grave.

—Prolapso del cordón, es decir, la salida del cordón umbilical por el cuello del útero antes de la salida del niño. Es muy poco frecuente y hablamos de ello también al comentar la rotura de bolsa (véase pág. 228.).

3. En el expulsivo

—En ocasiones, a pesar de haber llegado a la dilatación completa y de haber empujado, el niño no puede salir por el canal del parto, ni siquiera con la ayuda de la ventosa o los fórceps. Como ya hemos comentado, en la actualidad esta instrumentación sólo se utiliza como ayuda, nunca para obligar a un niño a salir por la vagina.

—Puede resultar frustrante haber pasado por todo el parto y al final... ¡una cesárea! En esos momentos, piensa que es lo mejor para tu hijo, y que *ése* es el objetivo de todos: que el niño nazca BIEN.

¿Dónde se hace una cesárea?

Si la cesárea se ha decidido con antelación, te llevarán directamente a un quirófano, pero si se esperaba un parto por vía vaginal, es posible que no te dejen en el paritorio en el que estabas y te trasladen al quirófano, donde las medidas de asepsia son más estrictas, si cabe, y el equipo quirúrgico que se requiere está listo.

¿Por dónde se hace la incisión?

Existen tres tipos de incisión a nivel de la piel:

—*La media*: va verticalmente del ombligo al vello del pubis. Aunque, por motivos estéticos, se utiliza cada vez menos, es necesaria en ocasiones.

—*La transversa (Pfannenstiel)*: es horizontal, a la altura del vello púbico. Es la más utilizada actualmente ya que, al crecer el vello, la cicatriz queda oculta casi del todo.

—Sea cual sea el tipo de incisión, el resto de la intervención es idéntica en ambos casos.

¿Qué tipos de anestesia se utilizan?

Se puede utilizar tres tipos de anestesia:

1. General

—Se duerme a la madre con anestésicos intravenosos.
—Se utiliza si:

* La intervención es urgente, ya que se trata de un procedimiento más rápido y su efecto es inmediato.
* El ginecólogo decide que es la idónea.
* No hay posibilidad de epidural.

—Sólo se duerme a la mujer cuando todo está dispuesto y el ginecólogo listo para comenzar la operación. Si se anestesiara a la madre mucho tiempo antes, la anestesia pasaría al niño dificultando su respiración y su reanimación al nacer. ¡La dosis que se utiliza es para una adulta...!

2. Epidural

—La epidural se utiliza si:

* Ya se había utilizado una analgesia epidural para un parto y hay que hacer una cesárea. En este caso, el anestesista introducirá por el catéter que se ha situado en el espacio epidural más anestésico local, logrando una verdadera anestesia de la

zona. Ahora sí que notarás las piernas completamente dormidas, y casi no podrás mover los pies.

* El ginecólogo utiliza habitualmente esta técnica anestésica para las cesáreas. En alguna de las consultas del embarazo comenta con él el tema y te explicará el porqué de su decisión. Así podrás prepararte en el curso de preparación para ello.

—Recuerda que la epidural es una anestesia regional, estás completamente despierta y sentirás que tocan, que presionan tu abdomen. Son sensaciones nuevas, pero *NO duele nada.*

3. Espinal o raquídea

—Se realiza con la misma técnica que la epidural, pero introduciendo una aguja más fina que llega al espacio espinal. Allí se administra una dosis mínima de anestésico local lográndose un bloqueo motor total (no puedes moverte ni sientes del ombligo para abajo).

Los dos últimos tipos de anestesia tienen una gran ventaja: ves nacer a tu hijo y, durante las dos primeras horas tras la operación, no vas a sentir dolor alguno, ya que el efecto de la anestesia continúa. Pero también tienen un inconveniente: que al estar despierta en un quirófano puedes encontrarte más nerviosa. Sin embargo, si has practicado las técnicas de relajación aprendidas en el curso de preparación, podrás controlar tu tensión, incluso si permaneces despierta toda la operación. En ocasiones, una vez salido el niño, el anestesista puede sedarte levemente unos minutos (véase pág. 297).

¿Qué se siente durante la intervención en una cesárea?

En las cesáreas, sea con anestesia general o epidural, vas a estar completamente despierta durante los preparativos de la operación (monitor cardiaco, sonda vesical, limpieza de la piel con una solución antiséptica, paños estériles...). Esto puede durar unos 15-20 minutos, o bastante menos si se trata de una cesárea de urgencia.

Durante este tiempo, procura relajarte todo lo posible. En tus clases de preparación es probable que te hayan enseñado alguna técnica especial para estos momentos. Si tu pareja está contigo, puede que te apetezca hablar, distraerte, pensar en otras cosas, pero también puedes preferir estar concentrada, con los ojos cerrados, pensando en algo agradable y respirando suavemente.

A partir del momento en que todo está listo para la operación, vas a sentir diferentes sensaciones dependiendo de qué anestesia se utilice:

—*Si es general*, notarás que te duermes. Muy probablemente el anestesista te avisará de que vas a sentir un sopor agradable. Cierra los ojos y déjate llevar por la sensación de sueño.

—*Si es epidural*, seguirás despierta y sintiendo que tocan, tiran y presionan el abdomen. Para sacar a tu hijo, alguien empujará fuertemente la parte superior de la tripa, algo que puede resultar molesto pero es muy breve.

Si el estado del niño lo permite, pide que acerquen su carita a la tuya. Aunque sea poco tiempo, podrás verle y tocarle. En otras ocasiones, se llevarán al niño para que sea examinado por el personal médico, incluso sin que le hayas visto. Tu pareja te traerá noticias. Procura descansar y pensar en que pronto tendrás contigo a tu bebé.

A partir de ese momento, quedan unos 40-50 minutos de operación, que se emplean en suturar bien todas las incisiones realizadas para que las estructuras afectadas puedan soportar la distensión de un nuevo embarazo. En general, la tensión ya ha desaparecido casi totalmente. Sabes que tu hijo ya ha nacido. De repente todo es secundario. Incluso hay mujeres que se sienten tan eufóricas que no paran de hablar. Pero si la cesárea se ha hecho tras horas de dilatación, puedes estar cansada; cierra los ojos, seguirás notando que te tocan, pero podrás concentrarte en descansar.

A veces, como hemos dicho, el anestesista te seda, te inyecta una sustancia que te hace dormir superficialmente unos minutos (no es anestesia general). Te despertarás en el mismo quirófano cuando todo haya acabado.

Una vez limpia, volverás directamente a tu habitación, aunque en algunas maternidades es costumbre pasar antes a una sala de reanimación, donde las enfermeras vigilarán tus constantes durante unas horas.

El padre en la cesárea

No siempre el padre puede estar presente. Depende de muchos factores: de si en la clínica permiten su entrada en los quirófanos, de si el ginecólogo lo desaconseja por entender que se trata de una operación y, por tanto, más agresiva a la vista de los «profanos», etc. Por ello, si el padre quiere estar presente y no le dejan entrar, ¡comprendedlo! Es el nacimiento de vuestro hijo, pero NO un parto. En este caso, puedes estar tensa y nerviosa, rodeada de gente pero te sientes sola. No es así, estás con tu hijo, piensa en él.

Ahora bien, si el padre entra, lo hace generalmente cuando la madre está ya preparada. Se le pedirá que vista un pijama del hospital, un gorro, unas calzas para los zapatos y una mascarilla para tapar la boca y la nariz.

Como ya hemos comentado, el mejor lugar para estar es al lado de la cabeza de la madre, sentado en un taburete. Su única, pero importante misión, es estar con ella. Puede que sienta que estorba un poco, al ver que cada uno de los presentes tiene su trabajo y no pueden dedicarse a él. Pero él también tiene su papel en esta escena: acompañar a la «gran protagonista».

Importante: si una vez dentro crees que te estás mareando, avisa a tu mujer y sal del quirófano. No hay que demostrar nada a nadie, y puedes entorpecer el trabajo del equipo médico.

7. Preparación a la maternidad o técnicas para aliviar el dolor de las contracciones

Nuestra meta

Las técnicas para aliviar el dolor no son la única meta ni lo más importante que se debe tratar en un curso de preparación a la maternidad. ¡Hay tantos otros campos que interesan a la futura madre! Sería claramente insuficiente si sólo se explicara cómo mitigar el dolor, olvidándose del embarazo, con todo lo que supone de incertidumbres, ansiedades, necesidades físicas y psíquicas; de la expulsión, uno de los momentos fundamentales en los que más puedes ayudar a tu hijo sabiendo empujar BIEN; del puerperio, tan injustamente desdeñado en la mayoría de los casos; y, por supuesto, de los cuidados físicos y psíquicos que el niño requiere.

Por todo esto, en mi centro de preparación se dedica una atención preferente a estos aspectos; fiel reflejo de ello son los capítulos que hemos dedicado a los mismos y que ocupan una gran parte de este libro. No olvides que *el parto dura horas, pero el embarazo y el puerperio duran ¡meses!*

Puntos clave de las técnicas para el control del dolor

Lo primero que hay que resaltar es que cualquier técnica utilizada para el parto sirve para aliviar, paliar, controlar el dolor de las contracciones. Ha pasado a la historia la frase utópica de «parto sin dolor». El objetivo de mi curso de preparación, en lo que al dolor se refiere, es que *la mujer controle su parto*, no que *el parto descontrole a la mujer.*

Existen múltiples escuelas que preconizan técnicas diferentes en todo el mundo, desde la psicoprofilaxis obstétrica —difundida sobre todo en Francia, Gran Bretaña y Estados Unidos— a las técnicas del doctor Aguirre de Cárcer, divulgadas en España.

Intentar explicar en un libro las técnicas de relajación y respiración que yo empleo es casi imposible, y además pueden interferir con las que tú has aprendido. En cualquier caso, creo que todo método aplicado debe estar basado en la *experiencia práctica obtenida en los partos*, analizando las necesidades que presentan las mujeres y modificando las técnicas según la evolución de la asistencia médica (epidural, etc.) a dichos partos.

Todas las técnicas empleadas deben tener una base médica, aplicando los conocimientos que se tienen sobre la fisiología del dolor: se potencian los estímulos que disminuyen su percepción y se suprimen, en lo posible, aquellos que lo incrementan.

Por supuesto, no se trata de «convencer» a la mujer de nada. La embarazada es una adulta con criterio propio suficiente como para no creer a pies juntillas lo que se le dice, si ello no tiene una base real evidente. Por otra parte, si las técnicas no funcionan o la mujer se siente engañada, toda la fe depositada en su aprendizaje se desmorona, y nada hay que pueda reemplazarlo.

Por tanto, las técnicas empleadas deben:

—*Ser útiles*: tienen que aliviar el dolor, pero *no cansar.* En esto puede radicar el éxito de una buena preparación. Si las técnicas son muy eficaces para quitar el dolor pero la mujer se cansa, pronto va a abandonar su uso y, lo que es más grave, no llegará con fuerza al paritorio para empujar a su hijo.

—*Ser prácticas y sencillas de aplicar*: las técnicas muy sofisticadas, con muchas formas de respirar, no se van a utilizar bien el día del parto. Asimismo, es importante que estas técnicas NO hiperventilen a la mujer, ya que ello repercutiría desfavorablemente tanto en ella como en el niño.

—*Ser dúctiles*: han de poder ser aplicadas tanto en partos con o sin epidural, teniendo en cuenta la realidad de la obstetricia actual.

—*Basarse en la relajación*: se ha demostrado que la persona que relaja muscularmente su cuerpo segrega una mayor cantidad de endorfinas, y éstas limitan la recepción de la sensación dolorosa por el cerebro. Por otra parte, es obvio que las técnicas de relajación no cansan, al contrario, descansan y ayudan a conservar mejor la energía hasta el final; por todo ello, deben ser utilizadas durante la contracciones el mayor tiempo posible.

Enseñadas bien, practicadas repetidamente y aplicadas con corrección, se convierten en la herramienta más útil para el control de las contracciones y de las situaciones de tensión que se presentan en el parto, incluso para las mujeres que «no se relajan bien nunca». Su enseñanza —repetimos— debe ser individualizada y realizada por un personal suficientemente cualificado que sepa detectar y corregir los problemas que presenta cada embarazada en su práctica.

—*No basarse exclusivamente en las técnicas de respiración*: éstas pueden ser eficaces, pero si el parto se prolonga agotarán a la parturienta y será muy difícil lograr su colaboración.

—*Contar con el apoyo de otra persona*: tu pareja, si es posible, te ayudará a perseverar en los momentos más difíciles.

—*Utilizar una técnica u otra*: dependerá de la sensación dolorosa que perciba la mujer, pero siempre recordando que las más cansadas (respiración) deben reservarse para el final. No hay que ser rígida ni en los tiempos ni en cómo aplicar cada técnica en las distintas fases del parto. Cada mujer va a tener un parto diferente, con una sensación dolorosa diferente, y es ella quien decidirá en cada momento cuál emplear. Por ello es necesario que en la preparación le den la información *completa* y *realista*, para que pueda tener confianza en sí misma, en su capacidad de control y en las técnicas que ha de aplicar.

En ningún caso se debe enfocar el parto como una prueba a superar por la mujer. ¡Somos humanas!, y perder el control en una o muchas contracciones no significa, en absoluto, haber fracasado, ni ser peor madre, ni menos fuerte o capaz que otras. El parto tiene una parte emocionante y magnífica: tu hijo está naciendo. Pero hay partos largos, difíciles o circunstancias paralelas (cansancio, soledad, miedo, ansiedad...) que hacen mucho más complicado llegar a controlar todo, en todo momento, e impiden esa imagen utópica que se fomenta en muchos libros o cursos. El éxito en un parto se mide por una madre y un hijo sanos. Aunque tu ayuda al niño en el parto es tremendamente necesaria, también lo es tu colaboración durante el embarazo y tu relación con él a lo largo de su infancia.

Así pues, intentando simplificarlo al máximo, el esquema que aplico en los cursos para practicar DURANTE LA CONTRACCIÓN es el siguiente:

1. Distracción

—Desde las primeras contracciones y para no pensar en ellas, procura entretenerte el mayor tiempo posible leyendo, viendo una película, guisando, cosiendo... Así se sube el umbral del dolor, percibiendo la contracción más soportable y controlable.

2. Relajación

—Entre las técnicas de relajación *específicas* para el parto, la mujer escogerá el día del parto la más eficaz en su caso.

—Deben ser utilizadas en el mayor número de contracciones posible.

3. Respiración

—Las técnicas de respiración que alivian el dolor, pero que no cansan, se han de utilizar cuando la intensidad de la contracción es grande y no se controlan con relajación, pero no durante mucho tiempo.

Estas técnicas se utilizan sucesivamente, según las contracciones van aumentando en intensidad. En toda ellas hay que hacer una respiración profunda, después de *cada* contracción, para así compensar la posible disminución del aporte de oxígeno al niño durante las contracciones (véase pág. 244).

En un «parto de espalda», ¿son útiles estas técnicas?

Si la sensación dolorosa se refiere sólo en la parte lumbar o en abdomen y espalda, necesitarás una ayuda suplementaria que ya hemos comentando en las págs. 229 y 252.

¿Se utilizan estas técnicas con anestesia epidural?

Evidentemente, en los partos con epidural la aplicación de las técnicas para aliviar el dolor va a variar dependiendo, fundamentalmente, del momento en el que se puede poner la anestesia. No se puede asegurar que en todos los partos con epidural no dolerá ni una sola de las contracciones antes de aplicar la anestesia. Algunas mujeres llegan a la maternidad en las condiciones óptimas para que puedan ponerle una anestesia, sin haber sentido aún contracciones realmente dolorosas; otras muchas, en cambio, deberán esperar un tiempo para ser anestesiadas y, en ese plazo, pueden sentir algunas no excesivamente agradables ni fáciles de soportar si no se han aprendido las técnicas adecuadas para controlar el dolor.

En nuestro centro, el 90 por ciento de las mujeres tienen un parto con anestesia epidural y, de ellas, el 68 por ciento utiliza más o menos tiempo las técnicas de relajación y/o respiración aprendidas. De todos modos, la aplicación de estas técnicas en un parto con epidural se hará con más flexibilidad. Aunque controles las contracciones con relajación, puedes usar técnicas de respiración si sabes que la epidural está próxima; así llegarás a ella «con elegancia».

RESUMEN

—En los partos con epidural, puedes necesitar técnicas de control del dolor, aunque las utilices menos tiempo.

—Adquiere una mayor importancia aprender cómo empujar correctamente a tu hijo en el paritorio, utilizando una técnica específica para este tipo de anestesia.

—Asimismo, todo el resto de la información recibida en el curso es útil y necesaria.

8. Aspectos psicológicos del parto

(Por la Dra. Mª Concepción Díez Rubio)

Generalidades

Hasta ahora hemos ido hablando de cómo, a lo largo del embarazo, una de las mayores fuentes de temor y ansiedad se centraba en el momento del parto. Este temor es una constante en todos los embarazos, independientemente del grado de consciencia que la mujer tenga de ello. Es más, yo diría que, en los casos en los que la mujer no vive conscientemente este temor, habría que pensar que su miedo es tan grande, que no se permite pensar en él.

El parto es un proceso que implica la separación de dos seres vivos; dos organismos que, hasta entonces, habían vivido juntos, uno dentro del otro, en una relación de dependencia y contacto permanente. Se trata pues, para ambos, de la pérdida de un estado y el pasaje a uno nuevo.

Es, por lo tanto, una separación siempre difícil, que exige a la mujer el esfuerzo de, además, digerirla psicológicamente. Digo difícil porque implica sentir dolor, en mayor o menor grado, hemorragia, etc., en fin, sensaciones y experiencias que no forman parte de la vida habitual. No obstante, la forma de vivir y hacer frente al parto varía mucho de unas culturas a otras, pero también, como ocurría con el embarazo, de unas mujeres a otras o de unos partos a otros en la misma mujer.

Desde este punto de vista, creo que es muy importante desmitificar el parto. Y esto, tanto desde el sentido de la dramatización exagerada del mismo, como de esa otra tendencia que se escucha a veces, pero sobre todo se lee, de restar importancia al gran esfuerzo que supone siempre, para la mujer, superarlo, sea cual sea la modalidad de parto que le toque vivir.

La forma en que las mujeres se preparan para el parto es muy variable. Algunas comienzan su preparación muchos meses atrás, mientras que otras se «desentienden», como si, en el fondo, el problema no fuera con ellas y no les preocupase lo más mínimo. Estas últimas suelen encontrarse de golpe, al final del embarazo, asustadas con la inminencia de lo inevitable.

Determinadas mujeres pueden vivir el parto como si se tratase de una prueba de evaluación de su feminidad y de su capacidad para la maternidad. Esto puede dar lugar a que surjan dificultades sobreañadidas, especialmente si se requiere en el parto del intervencionismo médico.

Por todo esto, es fundamental aclarar que no existe una forma «correcta» de vivir la experiencia del parto, ni para la mujer ni para la pareja. El parto es un proceso complejo al que cada uno llega desde su propia manera de ser y con unas expectativas diferentes, no sólo de unas personas a otras, sino también de unos momentos de la vida a otros. El contexto en el que se da cada nacimiento es muy variable, y las tensiones, tanto físicas como psicológicas, varían de un parto a otro. Esto condiciona el que cada mujer, cada pareja, reaccione de una manera diferente en cada ocasión.

Técnicas de preparación a la maternidad y su influencia en el parto

Lo que sí sabemos hoy día es que, aunque el parto no constituye un proceso gobernable voluntariamente por la mujer, ésta puede recibir mucha ayuda a lo largo del embarazo e, incluso, durante el mismo periodo del parto, para afrontar éste con una carga de angustia y de sufrimiento mucho menor. El llegar a la maternidad con una preparación adecuada, no sólo facilita el proceso, sino que además disminuye el riesgo de sufrir complicaciones físicas y psicológicas.

El hecho de haber podido hacer conscientes los temores, haber hablado de ellos y conocer la naturaleza del proceso que van a vivir, ya supone, de por sí, una disminución enorme de los niveles de angustia. El desconocimiento de lo que ocurre en el propio cuerpo, más cuando se están percibiendo cambios o dolor, es una fuente de temor y de angustia que se puede amortiguar en gran medida con la información.

Además, la oportunidad de tener un espacio donde, guiadas por un profesional experto, las mujeres embarazadas puedan ir hablando de sus miedos, pero también de sus ilusiones, de cómo se imaginan a su hijo y de cómo se preparan para «recibirlo», ayuda a la mujer a hacer frente a otra de las grandes fuentes de angustia del parto: la angustia por la separación del hijo. Una angustia que domina todo el proceso del parto y que para la mujer supone no sólo la pérdida del embarazo y la separación del niño, sino también una situación en la cual, por su proximidad emocional al niño, se hace cargo de lo que ella piensa que para su hijo puede suponer la separación física de su madre.

Poder hablar de estas ansiedades entre mujeres, todas ellas sensibilizadas por estar viviendo la misma situación, les ayuda a irlas elaborando psicológicamente antes del parto. Y esto protege a la mujer de la interferencia que suponen estos temores, cuando irrumpen de repente, y sin posibilidad de recibir la ayuda adecuada en esos momentos, en el proceso de dar a luz.

Además, el aprendizaje de técnicas específicas de relajación y respiración supone una gran ayuda en el momento del parto, pues favorecen el que el dolor sea más tolerable. Esto es muy importante tanto para la madre como para el hijo. No es lo mismo vivir un largo parto muy doloroso, en el que la mujer termina agotada y exhausta, sin ganas de nada más, que poder vivir un parto en el que el dolor no sea tan grande como para impedirle estar pendiente de lo que está viviendo, de poder pensar en el hijo que está naciendo. Pero de esto ya hablaremos más adelante.

Hay además otro punto no menos importante que los anteriores. En los cursos de preparación a la maternidad se prepara también al padre para la paternidad, aunque, como es lógico, con una intensidad diferente a la de la mujer. La asistencia de los futuros padres a algunas de las clases ayuda a éstos a ir sensibilizándose, no sólo frente al proceso que están viviendo sus mujeres, sino también al que ellos mismos están viviendo con la espera de un nuevo hijo. Esto facilita que el ser madre y el ser padre, siendo dos procesos diferentes, se puedan compartir por los miembros de la pareja, con los indudables beneficios que esto reporta, no sólo al hijo que están esperando, sino también al equilibrio de la misma, que está viviendo una importante crisis como consecuencia del embarazo, con los reajustes inevitables que esto exige, tanto a nivel personal como de relación.

El proceso del parto

Cuando, en el capítulo del embarazo, nos referíamos a las últimas semanas de éste, veíamos cómo la mujer empezaba ya a sentir el deseo de que el embarazo terminase. Este deseo, que sólo en parte tiene que ver con la ilusión de conocer al hijo, está muy condicionado por el final «natural» de la gestación: las incomodidades físicas de la madre son ya más que evidentes. No sólo el volumen de la tripa o las piernas, que pueden estar hinchadas, o la presión del útero sobre la vejiga, que las fuerza a ir al baño cada poco tiempo o, incluso el sufrir cierto grado de incontinencia al esfuerzo, con la carga de humillación y vergüenza que esto puede suponer para algunas mujeres, sino también el cansancio, el cambio en las actividades habituales, la necesidad de seguir realizándolas a pesar de tener mermadas las capacidades o el insomnio... En fin, en general, al final del embarazo la mujer «ya no puede más».

Pero otro tanto debe sentir también el hijo, quien experimenta un gran aumento de tamaño, lo que le impide moverse como lo hacía antes en el interior del útero.

Digamos que la naturaleza propicia y facilita que, en ese equilibrio de fuerzas de retención y expulsión que se dan en el embarazo, al final del mismo predomine la tendencia a la expulsión de ese «cuerpo extraño incómodo» que, una vez fuera del útero, se convierte en el ser más maravilloso del mundo para sus padres.

Además, al final del embarazo se acentúan las contracciones fisiológicas y, con ellas, la inquietud referente al cuándo, cómo y qué pasará en el parto. Esta espera ansiosa determina que, en ocasiones, estas contracciones se confundan con las del parto, provocando una «falsa alarma» que, muchas veces, no es sino una especie de «ensayo general» del parto, lo cual alivia la ansiedad y la angustia. Una buena información puede evitar estas «idas en falso» y, con ello, el agobio e incluso la vergüenza que puede sentir la mujer cuando no es aceptada para ingresar en la maternidad.

Primeros síntomas

Curiosamente, los momentos más angustiosos suelen ser los que preceden a las contracciones de parto «de verdad». Una vez que comienza el parto, su curso ya es previsible y muchas de las incertidumbres que habían sido fuentes de inquietud desaparecen.

Con frecuencia, lo que aparece es un sentimiento equivalente a lo que la mujer vivía al principio del embarazo, cuando dudaba si estaba realmente embarazada. Ahora éste toma la forma de: «¿Será realmente un niño lo que tengo dentro de mi tripa?»

Muchas veces, el parto ha estado precedido de uno o dos días de mucha actividad que contrasta con el cansancio y la inactividad de las últimas semanas. Son horas que todas las mujeres viven con dudas, agitación, impaciencia y espera gozosa, que ocultan su temor al parto. La inminencia del mismo suele manifestarse por la aparición de las primeras contracciones, o bien, por la ruptura de las membranas.

La percepción de las primeras contracciones provoca en la mujer cierto grado de inquietud, inseguridad e incertidumbre. Cuando está bien preparada, estos sentimientos se van transformando en seguridad para tomar las decisiones que le permitan hacer frente al nacimiento. A veces, no obstante, el temor puede provocar a su vez un aumento de la sensación dolorosa, y ello provocar angustia. Esta angustia, que puede transmitirse a las personas del entorno, puede llegar a entorpecer el proceso, con lo que ello supone de desmoralización para la mujer.

Es el momento de prepararse para ir a la maternidad, y aquí yo querría hacer un inciso importante.

La mujer, en el parto, vive un proceso que tiende a colocarla, por tantos motivos que ya hemos señalado, en una posición *regresiva*, como si fuese una niña pequeña, sujeto pasivo de lo que está viviendo. Este estado regresivo, cuando se mantiene dentro de ciertos límites, no impide a la parturienta colaborar en el parto, pero, si se exagera, supone una enorme dificultad para el desarrollo del mismo. El parto representa un momento crucial para la mujer adulta, y en su desarrollo es muy importante que ella pueda cooperar.

Desde este punto de vista, sería conveniente evitar la presencia de la madre de la parturienta en la sala de dilatación o en la sala de partos. Para una madre, no es una mujer la que está pariendo, sino «su niña». Desde esta perspectiva, su presencia supone una interferencia, en la medida en que potencia la regresión y la infantilización de la mujer. Todo esto, en un momento en el que ella misma tiene que hacer un esfuerzo para vencer sus propias tendencias infantiles que se oponen a la maternidad adulta.

Pienso que lo deseable es, siempre que sea posible, que el acompañante en la clínica sea el padre del niño que va a nacer. Como alternativa, una amiga o una hermana, para quien la mujer sea «una igual» y no «una niña».

Las ventajas de la presencia paterna para la mujer son indudables, y ya se han resaltado al hablar de los aspectos obstétricos del parto. Pero señalaría además el hecho de que, también para el padre, la posibilidad de estar cerca, o incluso presenciar, si así lo desea, la llegada al mundo de su hijo, supone una experiencia valiosísima, de cara al establecimiento de los vínculos de amor con el hijo. Ello no significa que ésta vaya a ser, ni la única oportunidad, ni la oportunidad absoluta. Como es lógico, la relación con el hijo, tanto del padre como de la madre, es algo que se va a ir construyendo con el tiempo.

Sabemos que, en estos momentos, las mujeres que no pueden contar con la presencia física o el apoyo moral y afectivo del padre de su hijo, aunque sea en la distancia, soportan una carga emocional mucho mayor.

El ingreso en la maternidad

Ingresar en la maternidad supone, ante todo, la confirmación de que el parto es *de verdad*; supone verse ya ante una situación de curso irreversible, lo que hace que se reactiven los temores y se necesite mucho de la presencia y el apoyo del personal médico.

Cuando se van digiriendo los primeros temores, la mujer bien preparada pasa a vivir una fase de tranquilidad en la que empieza a controlar lo que ocurre, puede concentrarse y también colaborar en el parto.

Fase de dilatación

Por lo general, el proceso de dilatación ya ha comenzado cuando la mujer llega a la maternidad, pero las contracciones van haciéndose cada vez más intensas, lo cual, en las primíparas sobre todo, supone un incremento de la angustia. En cambio, en las multíparas, aunque conocen mejor lo que tienen por delante, la angustia se mitiga al saber que, con toda probabilidad, este parto va a ser mas fácil que el anterior.

En este periodo puede ser también una fuente de preocupación la falta de sueño, pues la duración del parto no se puede prever aún. Esto puede producir en la mujer momentos de desmoralización cuando el parto es lento, o por el contrario, de desesperación si el ritmo se acelera mucho.

La sensación de ser cuidada, facilita a la parturienta el permitirse la regresión de la que hablábamos antes; regresión que, cuando se mantiene dentro de ciertos límites, supone una ayuda importante para el desarrollo del parto, pues permite a la mujer sentirse más cercana al hijo que, como ella, también está pasando por el trance del parto. Pero además facilita la concentración y el centrarse en la mecánica uterina.

La comunicación de la mujer con el exterior durante el parto, en general, se reduce a lo que atañe al parto, quedando desplazado cualquier otro tema que pueda surgir.

Durante esta etapa, los ejercicios de relajación y respiración van a ser muy útiles, pues al amortiguar el dolor, mejoran el estado de ánimo de la mujer. Poder poner en práctica lo aprendido en el curso de preparación a la maternidad (eso que, a veces, piensan las mujeres que no van a ser capaces de hacer a la hora de la verdad), permite sentirse «parte activa» de lo que está ocurriendo. Ello marca una diferencia muy grande con lo que, muy frecuentemente, ocurre en los partos de mujeres primíparas y no preparadas: cuando el proceso va acelerándose y las contracciones se tornan más dolorosas, pueden vivirse como un drama en el que ellas son las «víctimas» a las que algo muy malo se les está haciendo. Esta angustia y este reproche solapado (y a veces directo) a quienes las rodean, incluido en muchas ocasiones el propio hijo, puede llegar a generar conductas de rechazo en torno a ellas.

No obstante, como consecuencia del esfuerzo que está realizando, la mujer puede vivir momentos de pérdida del control sobre sí misma, quejarse, gemir o gritar, algo que constituye una de las preocupaciones que acechan a las mujeres más habituadas al control de la expresión de sus afectos. Es importante dejar claro aquí que esta supuesta pérdida de control (que en realidad no es tal, dadas las circunstancias) es menos peligrosa para el buen curso del parto que una actitud mas inhibida, que puede posponer el riesgo de «estallido» al periodo expulsivo, precisamente, en el momento del parto en el que es fundamental el control de la angustia para poder emplear todas las fuerzas en ayudar al niño a nacer.

Durante el parto, la mujer está realizando el que, seguramente, va a constituir el mayor esfuerzo físico y mental de su vida, y es normal que, como ser humano que es, viva momentos de desfallecimiento en los que, desahogarse, va a suponer aliviar su tensión.

El monitor

En los últimos años se está convirtiendo en habitual la monitorización del feto y de la madre durante el parto. Esto permite a la mujer vivir durante el mismo una relación muy cercana a su hijo: acceder al ritmo de su corazón, a los cambios de ritmo que provocan en éste las contracciones que ella también siente, hacen del parto una experiencia vivida más plenamente, pues pasa a ser de dos. Gracias al monitor, el hijo está mucho más presente para la madre y el padre a lo largo del parto.

Puede ser también una buena ayuda, en la medida en que permite visualizar que las contracciones van terminando, antes de que pase la percepción del dolor, haciéndolas más llevaderas.

La anestesia epidural

Afortunadamente, en la actualidad, la posibilidad de usar anestesia epidural ha modulado enormemente el dolor en el parto, sobre todo en aquellos especialmente difíciles.

Esto, además del indudable beneficio inmediato que tiene para la madre, ha supuesto un cambio muy grande en la actitud materna, pues permite a la mujer estar mucho más pendiente del niño, en la medida que el dolor resulta mucho menos invasivo, o incluso no existe. Todos los que han vivido la experiencia del dolor físico saben que, cuando éste es muy intenso, llega un momento que provoca una indiferencia hacia la propia supervivencia, que en los partos se traducía en una indiferencia (mientras duraba el dolor), también hacia la vida del hijo.

En los casos de anestesia epidural, la monitorización facilita a la madre el «no olvidarse del hijo», de «seguir respirando a fondo para él», pues al no percibir sensaciones dolorosas o de presión, el riesgo que se corre es el de «vivir sin vivir» el parto, desconectándose del hecho de que está dando a luz a su hijo, y el parto, también es suyo.

Periodo de transición

Cuando se alcanza el final de la dilatación, se suele producir un cambio en las sensaciones que percibe la mujer. Las contracciones pasan a ser más impredecibles y se acompañan, en la mayoría de los casos, de una sensación incoercible de tener que empujar. Durante esta fase, la parturienta puede sentir su cuerpo dolorido, como algo que la aprisiona, que no le deja salidas. Esto puede ser vivido con miedo, recelo y desconfianza hacia quienes la atienden. Es un momento en el que la mujer más controlada puede dar salida a quejas y reproches que hasta entonces había silenciado.

En esta etapa, afortunadamente muy corta, el apoyo psicológico, así como la comprensión de lo caótico y desbordante de la situación que la mujer está viviendo, suponen una ayuda fundamental para superarla.

Con la anestesia epidural, las cosas han cambiado notablemente. Se puede percibir la sensación de presión, pero el dolor y la desorganización que produce prácticamente desaparecen.

Tras estos momentos, cuando aparece la sensación de empujar, la mujer suele recuperar su esperanza y cooperación. Ahora sabe que el nacimiento está próximo, y aunque esto mismo le angustie o le frustre, pues todavía le faltan los últimos esfuerzos, también le llena de alegría por la proximidad del final.

Periodo expulsivo

Tras el periodo anterior, cuando la mujer sabe que la dilatación ha terminado y se traslada al paritorio, experimenta un enorme alivio y emoción: su sueño va a convertirse en realidad.

Superado el primer choque que el ambiente «quirúrgico» del paritorio le produce, si la sensación dolorosa es controlada, la mujer vuelve a sentirse parte activa de lo que está ocurriendo. El ginecólogo puede ir ya comentándole cómo ve asomar la cabecita de su hijo y ella puede sentir también cómo el niño trata de abrirse camino por el canal del parto.

Además, las contracciones se acompañan ahora del reflejo de empujar, y esta posibilidad agradable de usar su musculatura abdominal al servicio de la expulsión favorece el automatismo de las contracciones, y le suele reconfortar.

En esta etapa es importantísimo el apoyo psicológico, el ser reasegurada en su capacidad innata para llevar el parto a término y neutralizar así ese miedo que aparece con tanta frecuencia en las embarazadas, a no ser capaces de llegar a la expulsión: la mujer está haciendo un esfuerzo que la coloca al límite de sus fuerzas en muchas ocasiones, y necesita, igual que le ocurriría a un ciclista en el *sprint* final, ser «jaleada» para mantenerlo durante el poco tiempo que le falta ya para el nacimiento.

En esta fase, los esfuerzos manifiestos que lleva a cabo la mujer, que tanto pueden impresionar al espectador, no significan necesariamente dolor.

Otra de las fuentes de temor de la mujer en el momento del parto es la *episiotomía*. Es, sobre todo, fuente de temor, pues físicamente no se percibe su realización, pero el saber que se va a realizar moviliza en la mujer, como es fácilmente comprensible, angustias muy profundas. Son indudables los enormes beneficios que reporta a la mujer este corte quirúrgico y limpio, la protección que supone frente a los terribles desgarros de otros tiempos o frente a futuros prolapsos de órganos pélvicos; pero también supone la presencia en sus genitales de una cicatriz fibrosa a la que se va a tener que adaptar, y esto, como es natural, produce temor y rechazo.

Pero volvamos al proceso de expulsión, pues después de todos los esfuerzos y sufrimientos anteriores, la mujer experimenta finalmente la sensación de alivio que produce la salida de su hijo al exterior.

Tras esta sensación de alivio, sentida físicamente, la mujer puede pasar por momentos de confusión y perplejidad. Además, en estos instantes en los que todo el mundo se vuelca en el recién nacido, ella puede sentir un abandono y una soledad enormes. Son vivencias que pueden durar segundos, pero que en momentos vitales de tanta intensidad emocional cobran una gran importancia.

Es la presencia del niño la que rescata a la mujer de este estado. La posibilidad de sentirle, verle, oírle, pero sobre todo de tocarle, le ayuda a recuperar el sentido de realidad de todo lo vivido.

Este momento, en el que una madre toma por primera vez contacto físico con su hijo, cuando puede al fin tocarle, es descrito por todas las personas sensibles de cualquier cultura, habituadas a asistir a parturientas, como un momento mágico. Un momento de intimidad único entre dos seres, insustituibles el uno para el otro, que acaban de conocerse o, mejor dicho, que vuelven a reconocerse, también en el nuevo estado de los dos, tras haber pasado ambos por la dura prueba del parto.

Resalto la intimidad de este momento pues es impresionante presenciar cómo, en un paritorio en el que puede haber varias personas, la mujer es capaz de abstraerse de todas ellas —incluido el padre del niño— para centrarse en su hijo, en ese hijo que, con su presencia, es capaz de sacar a la madre del estado de confusión y perplejidad en que se encuentra tras el parto.

No es de extrañar que, en ese momento, la mujer sienta muchas cosas además del inevitable agotamiento; muchas cosas a menudo desordenadas, lo que determina su estado de confusión e, incluso, una actitud de retraimiento, más o menos prolongada, frente a su hijo. Este estado de la mujer debe ser cuidado y respetado con sensibilidad por quienes la rodean en ese momento, a fin de facilitarle que pueda tener también su propio tiempo, en el que permitirse ir procesando internamente su estado de confusión y su perplejidad para acercarse así a su hijo, sin angustia.

Lógicamente, hasta ahora nos hemos referido a situaciones en las que ni la madre ni el bebé requieren cuidados médicos especiales, pues en estos casos todo se ha de posponer frente a las prioridades vitales: aspirar al niño con problemas respiratorios, controlar un sangrado de la madre, etc.

Todas las madres han de aceptar el hecho de que a su hijo le cuiden manos extrañas durante algún tiempo, a pesar de que todas sientan, en un momento u otro del postparto, la necesidad irresistible de tener a su hijo cerca, piel a piel con ellas; a ese hijo que, con tanta frecuencia, ellas sienten que es perfecto, independientemente de que haya nacido sin dificultades o de que haya presentado algún problema.

Es sorprendente el estado de euforia y de vitalidad, casi maníaco, que suele tener la mujer poco tiempo después del parto. Con frecuencia este estado se acompaña de insomnio, independientemente de que el parto haya durado una noche y sean ya demasiadas las horas que la mujer lleva sin dormir. Es como si no hubieran digerido aún lo que han hecho, pero también habría que pensar en una reacción de «alerta» necesaria para atender al neonato cuando las condiciones puedan ser más precarias.

De todas formas, a pesar de que la madre pueda sentirse exultante, también son momentos con una carga de pérdida y de desconcierto enormes: saben que ha empezado una nueva fase en su vida, pero de momento nada ha cambiado. Sólo su vientre vacío. Esto va a jugar un importante papel en el desarrollo del estado depresivo normal del puerperio, del que hablaremos más adelante.

Situaciones especiales que pueden presentarse en el embarazo y el parto

Aquí hay que hacer mención a las especiales dificultades psicológicas que suponen el embarazo y el parto para las mujeres que lo viven en soledad. No me refiero a las mujeres que voluntariamente deciden tener un hijo sin contar con el padre, sino a esos otros embarazos, tan frecuentes por otra parte, que ocurren «por accidente» y afectan, en general, a muchachas muy jóvenes, con una vida aún a medio construir.

En estos casos, la situación depresiva suele ser mucho más intensa, pues el parto supone un cambio enorme en lo que había sido su vida hasta entonces, truncando, en muchos casos, la construcción de su futuro. Todo esto se le viene encima en el momento del parto, momento de sensibilidad y temor exacerbados. Estas mujeres necesitan entonces, y van a seguir necesitando en el futuro, mucho apoyo y ayuda, no sólo de los profesionales que las atienden, sino también de su familia y de todos los que la rodean.

Otra situación muy particular es la que afecta a las mujeres que viven su primera maternidad después de los treinta y cinco años, a veces voluntariamente pero, con mucha frecuencia, tras muchos intentos fracasados. Y, casi siempre, con esa sensación de tener el tiempo para ser madres y, por tanto, las oportunidades muy contadas. Son embarazos que suelen estar marcados por la preocupación desde el principio. Con frecuencia, se mantienen en secreto hasta tener los resultados del diagnóstico prenatal (amniocentesis, biopsia de vellosidades coriónicas, etc.) y esto, evidentemente, supone una sobrecarga de angustia.

En estos embarazos, considerados de alto riesgo debido a la edad de la madre, son más frecuentes los partos inducidos y los partos por cesárea. Sin embargo, hay toda una serie de aspectos positivos en estas «maternidades tardías»: la madre suele tener más seguridad en sí misma y más capacidad que cuando era más joven para relativizar los otros aspectos de su vida, lo que le permite desarrollar una mayor capacidad de entrega y vivir con más serenidad la crianza de sus hijos.

Por último, quiero hacer mención a las dificultades de orden físico que pueden presentarse en el momento del parto.

Sabemos que no todos los partos discurren como hemos dado a entender anteriormente. En muchos de ellos es necesario el apoyo farmacológico (oxitocina, espasmolíticos, anestésicos, etc.) o bien instrumental (ventosa, fórceps...) para facilitarlos, disminuyendo así los riesgos, tanto para la madre como para el hijo. En otras situaciones, ni siquiera con esta ayuda es posible el parto por vía vaginal, y se impone la realización de un parto por cesárea.

Todas estas eventualidades, para cuya posibilidad la mujer debe estar preparada previamente, constituyen, en la mayoría de los casos, una fuente de frustración y decepción para la mujer. Es como si en las mujeres apareciese la autodescalificación, cuando se amortigua el dolor, o cuando, simplemente, necesita de la ayuda médica para traer a sus hijos al mundo. Digo esto a propósito de lo que a veces se escucha de boca de aquellas mujeres que han sufrido cesáreas: «Es que yo no he parido nunca» o «Es que yo no sé parir, todo han sido cesáreas»..., como si una cesárea o un parto instrumental no fuesen partos de verdad.

Es importante señalar aquí que, aunque sepamos que la fuente de esta frustración tiene raíces más profundas, lo importante no es ni la vía ni los medios por los que una mujer trae a sus hijos al mundo. Lo importante es el hecho de haberlos gestado y la responsabilidad de la maternidad, con lo que esto conlleva también de asumir una relación en la que, inevitablemente, el hijo normal va a ser no sólo fuente de satisfacciones, sino también de frustraciones para los padres.

Tercera parte

El puerperio

9. ¿Qué es el puerperio?

Se define como *puerperio* las 6 semanas posteriores al parto, en las que el organismo de la madre regresa a su estado anterior al embarazo. Es un periodo de reajustes tanto físicos como emocionales, y aunque físicamente estos cambios han podido finalizar en estas primeras semanas, la evolución psíquica de la madre, de la pareja, de la nueva familia, puede prolongarse mucho tiempo más.

Cualquier curso maternal que no dedica la debida atención al puerperio, dejará una gran laguna en la preparación de la mujer. Hay tantas o más dudas, ansiedades y temores que en el embarazo y el parto, pero ahora con un agravante: están *multiplicadas por dos*, las tuyas y las del niño.

Muchas mujeres, cuando están embarazadas por primera vez, dan una mayor importancia a la fase del parto. En ocasiones incluso, ese momento es su único objetivo al hacer un curso de preparación, olvidando, posiblemente por ignorancia, que el puerperio puede ser, no sólo más largo, sino *más duro y sorprendente*.

A continuación, vamos a intentar explicar a qué te puedes enfrentar y cómo «sobrevivir» en una de las fases, para mí más difíciles, de la vida de una mujer.

En la maternidad

Las primeras horas tras el parto

Las primeras horas después de un parto son fundamentales para que el desenlace de todo el proceso sea perfecto. Vamos a hablar de ciertos puntos importantes:

¿Dónde las paso?

En algunas maternidades vas a regresar directamente del paritorio a tu habitación. El personal médico te visitará frecuentemente para vigilar tu recuperación. En otras, pasarás unas horas en una sala de puerperio, donde la matrona y enfermeras controlarán tu evolución (sangrado, tensión arterial, temperatura, etc.).

¿Con quién estoy?

Si has regresado a tu habitación, puedes estar con tu familia, pero permíteme un consejo: si tu pareja no ha estado contigo en el paritorio, dedícale esos primeros minutos, sobre todo si tenéis a vuestro hijo con vosotros. Necesitáis un poco de intimidad. Poco después, podrás compartir tu alegría y emoción con el resto de la familia.

Frecuentemente, esto es difícil de hacer. Tu madre está esperando ansiosa para dar un beso a la «hija» que se ha convertido en «madre». Tu diplomacia y mano izquierda se tienen que encargar suavemente de ello. Coméntalo con antelación, para que el día del parto no haya roces ni tensión alguna.

Si estás en una sala de puérperas, generalmente pasarás unas horas sola, hasta que puedas ir a la habitación donde vas a permanecer el tiempo que estés ingresada.

¿Tengo a mi hijo conmigo?

Depende de diversas circunstancias. En algunas maternidades, la política seguida es mantener al niño durante un tiempo caliente, en observación, cuidado por el personal cualificado. Este tiempo puede ir desde unos minutos hasta unas horas. En cualquier caso se te va a hacer larguísimo, pero los neonatólogos responsables de tu hijo así lo aconsejan.

Pregunta a tu ginecólogo cuál es la costumbre del hospital. Sabiendo previamente que eso ocurre de forma rutinaria, no te asustarás creyendo que algo malo le pasa al niño. En cualquier caso, estar informada por el personal de la clínica te tranquilizará totalmente.

En otras maternidades volverás con el niño a tu cama. En tal caso, hay que insistir en que es preferible que estéis un ratito los *tres solos*, con el niño sobre la piel de tu tripa, tocándole, mirándole, oyéndole, reconociéndoos mutuamente. El resto del mundo... que espere.

Si el niño requiere una mayor vigilancia, puede quedar a cargo del neonatólogo para cuidar de su adaptación a la vida fuera del útero. Tu pareja será el contacto con tu hijo, y recibirás información periódica del personal médico.

¿Qué pasa en mi cuerpo en estos momentos?

La misión principal de tu cuerpo ahora es mantener el útero firmemente contraído (*globo de seguridad*) para evitar que pierdas demasiada sangre. En el útero ha quedado una «herida» en la zona donde estaba inserta la placenta, de modo que los vasos maternos que llegaban a ella tienen que ser pinzados por el útero, firmemente contraído, hasta que se formen coágulos que impidan que sangres excesivamente.

Para ello, se suele mantener el goteo intravenoso con una sustancia ya comentada, la oxitocina, que colabora en la contracción uterina. ¡Pero no te preocupes! Ahora ya no produce dolor en el abdomen.

El personal médico va a vigilar que efectivamente el útero esté bien duro y que el sangrado sea normal. Es posible, pues, que aprieten la tripa con la mano. Si el parto ha sido con epidural, todavía durará el efecto de la anestesia, por lo que la presión no será nada dolorosa, pero si no has tenido dicha anestesia, puede no resultar agradable, pero ¡es corto!

Loquios. ¿Cómo se sangra? ¿Cómo sé si es una hemorragia?

Después de un parto, sea vaginal o por cesárea, siempre se sangra. Estas pérdidas se llaman *loquios*, porque, en realidad, no están formados sólo de sangre, sino de secreciones y exudados provenientes del interior del útero, del cuello y de la vagina. Durante los primeros días serán rojos y posiblemente abundantes, incluso con algún coágulo que notas salir al levantarte, cuando la enfermera presiona tu abdomen o con la succión del niño en las primeras tomas.

Si en 1-2 horas la sangre ha sobrepasado la compresa y has manchado la cama, avisa a la enfermera para que valore el sangrado y, si la hemorragia es evidente, el personal médico tomará las medidas oportunas.

En los primeros días del puerperio siempre se utilizan compresas, nunca tampones, ni siquiera tras una cesárea. Interesa que los loquios salgan y no estén retenidos en la vagina. Por lo general, te darán las compresas que necesitas en la maternidad. No es necesario, pues, que aumentes tu, ya grandísimo, equipaje.

¿Qué ejercicios debo hacer?

Como en cualquier postoperatorio, y muy especialmente después de un parto, necesitas estimular la circulación de retorno. Es el mejor método para la prevención de la *tromboflebitis* (formación de coágulos de sangre en las venas), una de las alteraciones de la circulación originadas por la inmovilidad.

En las primeras horas tras el parto y, dependiendo de tu cansancio, de la anestesia, etc., puedes reanudar lo antes posible, incluso en la cama, algunos ejercicios:

—*Circulatorios* (véase pág. 165): practícalos varias veces al día, siempre que te acuerdes.

—*De respiración*: a lo largo del día, respira varias veces profunda y *lentamente* para oxigenarte bien.

¿Cuándo me levanto por primera vez? ¿Cómo lo hago?

Durante las primeras horas, debes estar boca arriba, con las piernas extendidas, aunque puedes incorporar ligeramente la cama unos 20-30 cm. Más tarde te permitirán variar de posición.

En general, si no hay contraindicación médica, te vas a poder levantar de 3 a 6 horas después del parto, pero ¡NUNCA sola! Tiene que haber alguien contigo, porque puedes marearte y caerte. Es relativamente frecuente la primera vez: has perdido sangre, llevas tiempo horizontal, tu presión arterial puede estar baja...

Para levantarte, incorpórate despacio, rotando hacia un lado, hasta que estés sentada al borde de la cama; espera unos minutos, por si tienes sensación de mareo, sujeta la tripa con las manos y, lentamente, con una persona a tu lado, ponte de pie.

Si tienes varices, es posible que lleves medias elásticas o un vendaje.

Primera micción: ¿cuándo y cómo?

1. ¿Cuándo?

—Te puede sorprender que, 2-3 horas después del parto, una enfermera te pregunte insistentemente si tienes ganas de hacer pis, y que incluso palpe la vejiga por encima del vello del pubis. Es importante. Una vejiga llena (globo vesical) no deja que el útero involucione bien y podría sangrar demasiado.

—Esto puede ser especialmente importante si te han puesto una anestesia epidural, porque tu vejiga puede estar llena y tú aún no has recuperado todavía totalmente la sensibilidad.

—*Sonda vesical*: en ocasiones, aun sabiendo que tu vejiga está llena, no puedes vaciarla voluntariamente. Piensa que toda la zona puede estar algo inflamada por el paso del niño. Si todos los trucos (el grifo abierto, el tocar agua fría, etc.) han fallado, va a ser necesario sondarte.

En la mayoría de los casos se trata de una sonda desechable, es decir, que se utiliza sólo el tiempo necesario para vaciar la vejiga y se retira inmediatamente. La entrada de la sonda no será molesta si te relajas y colaboras con la enfermera cuando la introduce (recuerda el primer ejercicio de Kegel).

2. ¿Cómo?

—Es posible que te pidan que la primera micción sea, estando en la cama, en una cuña, lo que muchas mujeres consideran dificilísimo. Coméntalo con la enfermera para ver si puedes levantarte al cuarto de baño. Si esto no es posible, al menos pide un poco de intimidad (con gente en la habitación es materialmente imposible concentrarse) y que te incorporen todo lo que sea posible; así será algo más fácil.

—Si te permiten levantarte, hazlo despacio como hemos visto. Es preferible que no te sientes en el inodoro porque tus puntos podrían resentirse y molestarte.

—No tengas miedo a la primera micción: los puntos no escuecen ni duelen con la orina. En ocasiones, es precisamente el miedo al dolor de la primera micción lo que produce un cierto reflejo que impide relajar el esfínter. No vas a sentir la más mínima molestia.

—No hace falta que te laves después de cada micción; bastará con que te seques la zona con golpecitos suaves.

¿Cuándo puedo beber y comer?

Generalmente, ¡lo estarás deseando! Muchas mujeres creen que en el parto no van a tener ningún apetito, pero esto es verdad sólo en algunos casos. Tus preferencias no son demasiado complicadas: sueñas con un sandwich de jamón, con un bocadillo de chorizo... Aunque hayas tenido un goteo con un suero con glucosa y estés perfectamente nutrida, la sensación de estómago vacío permanece y puedes sentir hambre.

Habitualmente, te darán de beber un poco de agua a las 3-4 horas del parto. Si has tolerado bien el líquido y no existe ningún otro problema, pronto podrás comer, aunque la primera vez sea sólo lo que te dan en la maternidad.

¿Cuándo pongo al niño al pecho por primera vez?

Pronto, pero sin agobiarte. Efectivamente es necesario que el niño estimule el pezón para favorecer la producción de leche, sin embargo puedes esperar unas horas.

En general se recomienda que le des de mamar por primera vez de 3 a 6 horas después del parto. Si el niño requiere estar bajo el calor, o permanecer en una incubadora, no te preocupes, los mecanismos de producción de leche se van a poner en marcha de todos modos aunque se retrase algo la primera toma.

La primera vez que alimentes a tu hijo, hazlo sin prisa y relajada, a ser posible a solas con otra persona de tu confianza, sin múltiples visitas que, con su mejor voluntad, van a darte consejos contradictorios sobre cómo amamantar a *tu hijo*. Los dos necesitáis intimidad y sosiego. En los cursos de preparación te habrán hablado de ello: si es tu primer hijo, las primeras tomas pueden ser un desastre: el niño no sabe, tú no sabes, te agobias y el niño lo nota... Todo mejorará en pocos días. Asimismo, tienes que tener en cuenta que las primeras tomas no son necesarias para la alimentación del bebé. Lo que buscamos en estos primeros momentos es:

—La estimulación del pezón.

—El vaciamiento de los pocos centímetros de leche que contenga la mama.

Con ello lograrás que la leche se vaya produciendo correctamente en *cantidad y calidad.*

Pero si ves que el niño no «se agarra» bien, o estás realmente preocupada, llama a una enfermera de la maternidad; con su experiencia te podrá guiar en estas primeras tomas.

¿Cuándo puedo ducharme por primera vez?

Generalmente se permite a la madre que se duche por primera vez a las 8-10 horas del parto, pero con algunas condiciones.

—Que haya alguien en la habitación por si te sientes mareada al estar de pie.

—Que la ducha sea rápida; una ducha prolongada va a mantener los puntos de la episiotomía mojados más tiempo, dificultando su cicatrización.

—Si quieres lavarte la cabeza, sería conveniente que lo hicieras con el cuerpo fuera de la ducha para mantener los puntos secos.

Habitualmente, no se permite la inmersión en una bañera hasta un mes después del parto.

¿Sujetador y faja?

Sujetador, sí; faja, no.

Es conveniente que te pongas el sujetador cuanto antes (cuando te quiten el goteo, te cambies de camisón, etc.); un sujetador que sujete eficazmente las mamas para evitar, en lo posible, la caída del pecho. La glándula mamaria va a sufrir grandes modificaciones en estas primeras horas, y dado que no cuentas con la ayuda de una musculatura propia que sostenga directamente la mama, tienes que recurrir al sujetador.

NUNCA utilices un sujetador con aro: las células de la glándula mamaria están evolucionando y no conviene que sufran irritación alguna.

Si vas a dar de mamar, puedes utilizar los sujetadores de lactancia, pensados para una mama más pesada y sensible los primeros días, y mucho más cómodos de usar. Y si no das de mamar, puedes utilizar cualquier sujetador, siempre que sostenga bien el volumen actual de tus mamas.

En cuanto a la faja, no soy partidaria de su uso después de un parto ni de una cesárea. Sin embargo, soy una entusiasta de una rehabilitación lo más precoz posible de la musculatura abdominal (véase pág. 339). Los músculos no se endurecen apretándolos o sujetándolos, sino trabajándolos eficaz y prontamente. Si no ejercitas tus músculos van a estar cada vez más relajados y fláccidos.

La faja tampoco es necesaria para una correcta involución uterina. La naturaleza y/o la medicación se van a encargar de eso.

De todos modos, si tu médico (*no* las amigas) te recomienda el uso de la faja, coméntalo con él; seguro que existe alguna justificación.

Los días que paso en la maternidad

Actualmente, el cuidado del parto supone que la madre pase unos días ingresada en la maternidad en la que ha tenido a su hijo. Es un tiempo para recuperarte y acoplarte a tu nuevo estado.

Contracciones de involución del útero

En un sorprendente proceso (*involución uterina*), el útero vuelve a su tamaño y peso anterior al embarazo debido a las contracciones y otros procesos de *autolisis*. La reducción es rápida en las dos primeras semanas (en 7 días el peso pasa de 1,5 kg a la mitad) y luego, de forma más lenta, hasta llegar a pesar otra vez 60 u 80 gr en 4-5 semanas tras el parto.

Durante los días que permaneces en la clínica, tu útero es todavía palpable entre el ombligo y el pubis. Si te tocas podrás notar una bola dura, generalmente algo ladeada, en el abdomen. Va a ir disminuyendo de tamaño poco a poco, y su evolución es vigilada por el personal médico los días de tu estancia en el hospital.

1. ¿Duelen estas contracciones? Los entuertos

—En general, se admite que las contracciones de estos días *no suelen* doler en las mujeres que han tenido su primer parto. *Suelen* doler si ha sido una cesárea o han tenido antes otro parto; esto puede deberse a que las contracciones son más bruscas en estos casos.

—Si éstas duelen, se denominan *entuertos*, y tienen fama de ser muy molestos. En realidad, la intensidad de las contracciones de involución uterina no es mayor que la del parto, pero el umbral del dolor ha bajado tremendamente : el niño está a tu lado, los amigos, la familia... todos sonrientes y, tú, ¡dolor de tripa...!, algo para lo que tu cerebro no está preparado. Es decir, los entuertos no son contracciones más intensas, simplemente estás desprevenida y «sientan» peor.

Si las contracciones de estos días te duelen, intenta relajarte y soplar como te enseñaron en la preparación. ¡Funciona! Asimismo, puedes preguntar a la enfermera si el ginecólogo ha dejado prescrito algún analgésico; incluso dando de mamar a tu hijo, siempre hay algo que podrás tomar.

¿Dónde está el niño?

En la mayoría de las maternidades existe un nido donde cuidan a los niños, pero, salvo excepciones, sólo durante la noche.

Durante el día, tu hijo está en la habitación contigo, lo que implica una serie de precauciones: no fumar en la habitación, evitar las corrientes, no poner el aire acondicionado en exceso, etc. Si alguno de tus familiares o amigos que vienen a visitarte quiere fumar o ves que está algo resfriado, no dudes en decirle que salga o que no se acerque al niño. Dicho con diplomacia, no va a molestarle y ahora tu hijo es lo primordial.

Igualmente, cuando llega la hora de dar de mamar necesitas intimidad. Ruega a las personas que están en la habitación que se salgan un momento y permanece sola o con alguien de tu entera confianza para que te ayude. El niño y tú necesitáis estar relajados y concentrados, sin miradas curiosas, en un acto tan privado y personal como es el alimentar a tu hijo al pecho.

Durante la noche, si tienes la opción de que el niño esté en el nido, no lo dudes; tú tienes que descansar y recobrar las fuerzas para cuando llegues a casa y no tengas esa ayuda. Tu hijo te necesita en buen estado, no agotada desde el primer día. Por otra parte, él va a estar perfectamente cuidado en manos de las enfermeras. Si le das de mamar y quieres que te lo traigan a la habitación cuando se despierta hambriento por la noche, coméntalo con ellas y, con seguridad, no habrá problema alguno.

Generalmente, el niño está en el nido desde que terminas la última toma de la noche hasta la primera de la mañana, que suele ser a las seis.

La higiene personal

1. La ducha

—Podrás ducharte a diario en la maternidad, pero recuerda que deben ser duchas rápidas y sin lavarte la cabeza bajo el agua. Para secar la zona de los puntos, utiliza una gasa, una compresa o un pañuelo de papel suave.

—En ocasiones, entre el 2º y el 5º día del puerperio puedes notar que sudas bastante (también eliminas una mayor cantidad de orina); estás perdiendo el líquido retenido en el embarazo. Si te apetece darte una ducha antes de dormir, ¡adelante!, te sentirás limpia y fresca y dormirás mejor.

2. La ropa interior

—*Sujetador*: sigue utilizando un buen sujetador de algodón que sostenga bien tus mamas. Algunas mujeres se encuentran más cómodas utilizándolo por la noche. Si éste es tu caso, procura que sea suave y que no te oprima demasiado, simplemente que te sujete.

—*Bragas*: es más cómodo utilizar bragas desechables durante tu estancia en el hospital. En el mercado existen muchos tipos, pero suelen ser más prácticas las que se adaptan al cuerpo sosteniendo mejor la compresa. Calcula que necesitarás de 2 a 4 por día de estancia en la clínica.

—*Compresas*: en la maternidad te darán compresas de algodón o de celulosa, pero acuérdate de cambiarlas MUY frecuentemente. No dejes que la compresa esté realmente mojada, ya que los puntos cicatrizarían peor y más despacio.

3. La crema antiestrías

—Es conveniente que sigas utilizando la crema antiestrías en el abdomen, ya que el riesgo de aparición de estrías no ha desaparecido. La piel sufre modificaciones bruscas estos días y puedes llevarte una desagradable sorpresa si no tomas las precauciones necesarias.

—Extiende la crema una o dos veces al día por el abdomen y las mamas si no das de mamar. Si das el pecho, consulta con el pediatra o con el centro de preparación al que acudes. Ellos sabrán decirte si la crema que utilizas puede ser aplicada en las mamas o no, pero en ningún caso puedes aplicarla en el pezón.

—Actualmente existen cremas antiestrías específicas para el puerperio, que llevan asociadas productos contra la flaccidez de la piel; pero *sólo* para la flaccidez de la piel: el tono de la musculatura del abdomen sólo mejorará con ejercicios adecuados (véase pág. 359).

Cuidados de la episiotomía en la maternidad

1. Higiene

—Los días que estés ingresada en la maternidad, las enfermeras van a limpiar tu episiotomía, vigilando la evolución de la cicatrización. Cualquier mujer que haya tenido un parto puede decirte que ¡es el momento más agradable del día!: te lavan la zona con agua tibia (posiblemente con un antiséptico añadido), te secan y queda una sensación deliciosa de limpieza y frescor. Por supuesto, NO duele nada.

2. ¿Duelen los puntos? ¿Qué hago?

—Lo referido por las madres sobre el dolor en sus puntos es tremendamente variable de unas a otras. Obviamente siempre van a molestar algo, pero puedes sentir dolor en algunos casos:

* *En un punto que se encuentre cerca del ano*: no te preocupes, aunque puede ser desagradable estarás bien en pocos días.

* *En toda la cicatriz*: si realmente te duele y no sólo se trata de una molestia o tirantez —algo totalmente normal—, coméntalo con el personal médico ya que puedes tener un *hematoma*, uno de los inconvenientes más frecuentes de la episiotomía. A pesar del dolor, no suele ser una complicación seria: una bolsa de plástico con hielo, rodeada de tela y aplicada en la zona dolorida dos o tres veces al día, te puede aliviar mucho.

Si la sensación dolorosa es realmente incómoda, el ginecólogo te prescribirá los analgésicos necesarios.

—El mejor consejo que se puede dar para ayudar a la cicatrización de los puntos es: ¡Mantenerlos LIMPIOS Y SECOS! Para ello, cámbiate de compresa muy a menudo y deja que la cicatriz esté al aire el mayor tiempo posible al día. Es lo más natural y lo más *limpio*. Cualquier herida tapada y húmeda va a macerarse más y curarse más tarde.

3. ¿Cuál es la mejor forma de sentarse con los puntos?

—El mejor modo es apoyarse suavemente sobre el glúteo del lado opuesto a donde están los puntos. No es la postura más elegante, pero sí la más cómoda y eficaz.

—No es recomendable el uso de un flotador, porque los puntos quedarían en el círculo interior, al aire y tan tensos que podrían abrirse.

Alimentación

Es evidente que en los días inmediatamente posteriores al parto resulta imprescindible una buena nutrición: has hecho un gran esfuerzo, has perdido sangre, estás alimentando a tu hijo... En la maternidad se van a encargar de darte la alimentación correcta y variada que necesitas.

Aunque hayas ganado más peso del debido, NO es el momento de hacer dieta en absoluto; ya tendrás tiempo de pensar en regímenes. Ahora te mereces un capricho: ese jamón con el que llevas soñando todo el embarazo y que no podías tomar porque no estabas inmunizada contra la toxoplasmosis, ese chocolate del que te has privado tantos meses... Sin dejar de comer lo necesario para ti y para el niño (carne, pescado, verdura, fruta...), piensa qué te puede apetecer y quién te lo puede llevar.

Las hemorroides

Si has tenido hemorroides durante el embarazo, pueden haberse agravado en el parto, especialmente si los esfuerzos del expulsivo han sido prolongados o se han dirigido mal.

Si los días de tu ingreso en la maternidad tienes dolor y/o picor en el ano:

—Consulta con el ginecólogo si puedes aplicarte una bolsa de plástico llena de hielo, envuelta en una tela, dos o tres veces al día.

—Practica los ejercicios de Kegel: al trabajar la musculatura de la zona, mejorarás su circulación. No olvides que las hemorroides no son más que varices en el ano.

—Limpia la zona con cuidado tras cada deposición.

—Aplica la crema específica para las hemorroides que recomiende tu médico para mejorar los síntomas.

La primera deposición

El 1º o 2º día después del parto, no vas a sentir necesidad de vaciar el recto porque antes del parto un enema lo ha limpiado. Esto permite que los puntos de la episiotomía empiecen a cicatrizar sin sufrir una distensión excesiva. Pero si al 3er día del puerperio no has ido al cuarto de baño, te darán un laxante suave o un supositorio que te ayudará a hacer la primera deposición sin gran esfuerzo. ¡No te preocupes, así no duelen los puntos!

Extrema los cuidados en tu higiene limpiando la zona suavemente con movimientos de la vagina al ano, nunca al revés para no favorecer la infección de la episiotomía.

Ejercicios del postparto en la maternidad

Si la dieta puede esperar a la llegada a casa, la rehabilitación muscular debe empezar lo antes posible. Es la única forma de ir tonificando los músculos que tanto se han distendido en el embarazo y en el parto. Algunos aspectos de tu organismo necesitan una pronta y especial atención, no sólo en la maternidad, sino durante los próximos meses:

1. Los músculos del suelo de la pelvis

—Han sufrido una brusca y gran distensión y necesitan trabajar para tonificarse de nuevo y ser capaces de sostener los órganos que soportan (vejiga, útero, recto).

—Trabajando esta musculatura lograrás:

* Prevenir a tiempo los problemas que acarrean su descenso (incontinencia urinaria, útero caído, etc.).

* Mejorar la circulación de toda el área perineal, favoreciendo la cicatrización de la episiotomía y disminuyendo la inflamación de la zona.

* Poder hacer ejercicios abdominales fuertes más tarde. Para ello, es *imprescindible* contar con una musculatura del suelo de la pelvis bien tonificada. Los ejercicios abdominales provocan un aumento de la presión intraabdominal sobre esos músculos y empeorarían aún más su tono muscular. Una vez recuperado y fortalecido el suelo pélvico, podrás concentrarte en recobrar tu vientre plano.

* Preparar la zona para cuando reanudes las relaciones sexuales.

2. La espalda

—Es una parte del cuerpo muy afectada en el embarazo, y ahora sigues castigándola al estar bastante tiempo en la cama.

—Debes empezar a trabajar su musculatura cuanto antes y movilizar las vértebras convenientemente, aprendiendo asimismo las posturas adecuadas en el manejo del niño (véase pág. 363).

3. La circulación venosa

—Ya estaba afectada en el embarazo, y ahora pasa por un momento crítico. El riesgo de complicaciones vasculares como la tromboflebitis continúa, por lo que hay que seguir estimulando la circulación de retorno.

4. La pared abdominal

—¿Qué se puede decir de la tripa en estos momentos?: El abdomen se ha quedado sin tono, más o menos blando y fláccido.

—*Diástasis de los rectos.* La llamada «diástasis de los rectos» es la separación que muy frecuentemente tienen los músculos «rectos del abdomen» (desde las costillas a los huesos del pubis). Aparece, en mayor o menor grado, según se va distendiendo la musculatura abdominal en la mayoría de las embarazadas, y permanece tras el parto.

Si quieres saber si tienes los músculos separados y en qué grado: túmbate boca arriba con las rodillas flexionadas, pon los dedos de una mano por encima del ombligo y los de la otra por debajo, levanta la cabeza y, si hay diástasis, palparás como una «zanja» blanda en la que se hunden los dedos. Este hueco significa que en dicha zona no hay músculos, que están separados.

¿Cuál es la solución?: hacer ejercicios abdominales precoces, dirigidos, sobre todo al principio, por profesionales que conozcan el problema; si no se realizan correctamente, la separación se puede agravar. Siendo *constante*, lograrás que se aproximen y fortalezcan, y tu vientre volverá a ser plano y duro.

A las pocas horas del parto vas a comenzar tu rehabilitación en la maternidad practicando ejercicios que ya has realizado en el embarazo. Puedes empezar a trabajar ciertos grupos musculares con ejercicios, evidentemente suaves. No se trata de agotarse ni de hacer movimientos contraproducentes, pero, a lo largo del día, toma conciencia de tu cuerpo y practica con constancia los ejercicios que vamos a exponer:

1. Ejercicios circulatorios

—Flexión dorsal, plantar y círculos de los pies. Habías empezado a hacerlos a las 3 o 4 horas tras el parto; continúa su práctica en la cama o sentada en el sillón si ya te has levantado.

—Repítelos tantas veces como te acuerdes a lo largo del día, 20, 30 o más si puedes.

2. Contraer el transverso del abdomen

—Es decir, ¡tripa metida! Procura tensar tu abdomen como si quisieras quedarte plana. Deberías mantener tu tripa dentro todo el tiempo.

3. Ejercicios del suelo de la pelvis (Kegel)

—Después del parto, la práctica de los ejercicios que ya realizabas fácilmente a lo largo del embarazo puede resultar complicada. La zona ha sufrido debido al paso del niño y no tienes un control claro sobre esos músculos. Intenta empezar, cerrando suavemente el esfínter de la uretra, el ano y la vagina al mismo tiempo, manteniendo la tensión unos segundos y relajando a continuación.

—Repite el ejercicio sólo dos o tres veces cada vez, porque es muy posible que te molesten los puntos al hacerlo. Pero recuerda que es francamente beneficioso para la cicatrización de la herida y persevera. A lo largo del día deberías practicarlo entre veinte y treinta veces.

4. Ejercicios de brazos

—Sentada con los brazos extendidos en cruz, describe círculos hacia delante y hacia detrás; estimulan la circulación en la zona del pecho y previenen los problemas de mal drenaje de la mama.

5. Ejercicio de basculación de la pelvis

—Se puede realizar a partir del 3er día después del parto. Seguirás trabajando la musculatura abdominal (transverso del abdomen) y cuidando la zona lumbar de la espalda, que no sólo ha sido afectada en el embarazo, sino que se puede resentir, aún más, al estar estos días un mayor número de horas en la cama.

—Recordemos el ejercicio: boca arriba en la cama, con las piernas flexionadas, espira llevando la cintura hacia el colchón y presionando la tripa contra la espalda y ésta contra la cama. Mantén la postura unos segundos y relaja cogiendo aire para repetir el movimiento. Repite diez veces al día.

Las mamas en la lactancia materna y artificial

Sus cuidados en estos primeros días de puerperio dependerán de cómo alimentes a tu hijo.

- *Con lactancia materna*

Durante todo el embarazo, tus mamas han sufrido grandes cambios preparándose para alimentar a tu hijo cuando nazca. La producción de calostro ha comenzado ya en la segunda mitad de la gestación, por estímulo de dos hormonas —la prolactina del lóbulo anterior de la hipófisis cerebral y el lactógeno producido por la placenta—, pero el paso de la leche ha quedado frenado hasta el parto. ¡Ahora ha llegado el momento!

1. Lactancia e involución uterina. ¿Duele la tripa al dar de mamar?

—Efectivamente, durante el tiempo que dura la toma puedes notar que duele algo la parte inferior del abdomen o la espalda; incluso es posible que sangres un poco más durante unos minutos, pero sólo los primeros días. Esto es debido a que el útero se está contrayendo: al succionar el niño el pezón, se libera oxitocina del lóbulo posterior de la hipófisis del cerebro; esta hormona va a contraer unas fibrillas musculares que rodean los lóbulos de la mama, favoreciendo la salida de la leche que contienen.

—Pero dado que la oxitocina, como hemos dicho, es una de las hormonas productoras de contracciones, cada vez que das de mamar, y hasta que el útero se haya reducido suficientemente de tamaño, vas a sentir contracciones más o menos molestas durante los minutos que dure la toma.

—Este mecanismo ha significado una gran ayuda para las mujeres a lo largo de la historia. Cuando amamantaban a sus hijos, el útero se contraía impidiendo una hemorragia. Actualmente, este proceso sigue siendo importantísimo, pero no imprescindible. Si no alimentas al pecho al niño y tu útero lo necesita, el ginecólogo te dará un medicamento que ayudará a que éste se contraiga perfectamente.

2. El calostro

—Los dos primeros días puedes notar que tus mamas no están aún llenas: pones el niño al pecho, ves que succiona pero dudas de que pueda estar bien alimentado. No te preocupes, los niños recién nacidos necesitan *muy poca cantidad* de leche, y lo que tu mama produce estos días es el *calostro*, un líquido amarillento y denso, rico en las sustancias que el bebé necesita estos primeros días. Contiene más proteínas, menos lactosa y menos grasa que la leche que vas a tener luego. Asimismo, transmite los anticuerpos que posee tu organismo para defender a tu hijo de las infecciones.

—En la maternidad, el niño estará vigilado por un pediatra. Sólo en muy pocas ocasiones, si su evolución no es la adecuada o la cantidad de alimento que requiere es superior a la que tú tienes al principio, puede ser necesario complementar su alimentación con un poco de biberón. Ello, por supuesto, no va a impedir que el niño mame más tarde. Sin embargo, no dejes de ponerlo al pecho. Aunque creas que casi no sale nada, la succión del pezón va a aumentar la secreción de prolactina, favoreciendo así la producción de leche.

—En estos primeros días, mira a tu bebé y tócalo; la contemplación y el tacto también estimulan la concentración de prolactina en sangre.

—Si, por necesidades médicas, tu hijo ha sido trasladado a otro hospital, es posible que la subida de la leche se retrase y/o disminuya en cantidad. No te preocupes, ya que en tu maternidad te aconsejarán que, aunque no se emplee la leche para tu bebé, te la saques periódicamente con un sacaleches para mantener su producción. Asimismo, es conveniente que, en cuanto salgas de la clínica, visites a tu hijo varias veces al día si es posible, y que, salvo raras ocasiones, en las que no es posible por razones médicas, lo toques y estés en contacto con él. Es el mejor método para estimular la formación de leche.

Por esta razón, si tu hijo permanece en una incubadora, te pedirán que acudas a verle con regularidad.

3. La «subida de la leche»

—Se conoce con este nombre la sensación de mamas llenas, calientes, tersas y a veces doloridas que se tiene cuando se está incrementando la producción láctea. Suele aparecer al 3º-4º día del puerperio, y suele ir acompañada de una ligera febrícula que cede fácilmente con algún antitérmico.

—La producción de leche en estos primeros días estará de acuerdo con la cantidad que requiere el niño si:

* A lo largo de los dos primeros días tienes paciencia y no te intranquilizas ni agobias al niño. Aunque te parezca mentira, al cabo de unos días alimentar a tu hijo te parecerá algo natural y sencillo.

* Durante las tomas el niño succiona el pezón consiguiendo una buena estimulación y un vaciamiento de la *escasa* cantidad de leche que tienen las mamas.

—Sólo en raras ocasiones se retrasa algo, pero como comentamos antes puedes complementar la alimentación con lactancia artificial durante ese tiempo.

—La experiencia que refieren las madres sobre la subida de la leche varía extraordinariamente de una mujer a otra: desde algo cómodo y natural, simplemente una ligera hinchazón, hasta algo doloroso y complicado. Pero en ningún caso estos síntomas persisten mucho tiempo, ¡no te desalientes!, ceden en 3 o 4 días y podrás seguir alimentando a tu hijo al pecho sin problemas.

—Es conveniente seguir utilizando un sujetador adecuado, firme pero sin aros. Al aumentar el tamaño de la glándula por la subida de la leche, la piel que la rodea no puede sostener ese peso extra y el pecho puede caer. Generalmente te sentirás más a gusto y confortable llevando un sujetador durante el día y, muy probablemente, en estos primeros momentos, también por la noche.

4. Mamas muy tersas

—En estos días, las mamas pueden estar realmente endurecidas y doloridas, debido a dos factores:

* *El exceso de leche*: los primeros días de lactancia tus mamas pueden producir más leche de la que el niño succiona, de modo que algunos lóbulos quedan llenos de leche (se nota como si tu mama estuviera rellena de almendras). Si no se vacían en 2 o 3 tomas, puede llegar a ser muy doloroso.

En la toma siguiente es muy útil que apliques calor seco (con una manta eléctrica) durante 20 minutos antes de la toma. Asimismo, masajea suavemente los lóbulos que sientas duros, tratando de exprimir la leche al mismo tiempo que el niño mama, presionando con los dedos hacia el pezón. En casos extremos, puede incluso ser necesario vaciar previamente con un sacaleches algo de la leche que hay en los lóbulos que están cerca del pezón para disminuir la tensión excesiva de esa zona que puede aplanar el pezón y dificultar que el niño succione correctamente.

Consulta en la maternidad si es necesario que apliques sobre las mamas una bolsa de hielo tras la toma. En algunos casos, el médico o la matrona te pueden recomendar limitar la ingesta de líquidos.

En ocasiones, hay que plantearse el vaciamiento de la mama con un sacaleches tras dar de mamar. En tal caso, es preciso tener en cuenta que sólo se debe vaciar el *exceso* de leche, ya que si vaciamos completamente la mama, se incrementará la producción, con lo que persistirá el problema en la toma siguiente. Se vacían, pues, los lóbulos que queden duros y llenos tras la toma, pero teniendo en cuenta que la mama no debe quedar totalmente fláccida.

* *Ingurgitación dolorosa de la mama*: es un proceso inflamatorio normal de la mama que acompaña frecuentemente a la subida de la leche. Las mamas se sienten grandes, edematizadas, doloridas y calientes, pero no se perciben los lóbulos duros tras la toma; no hay exceso de leche.

El personal médico de la maternidad tiene la suficiente experiencia como para poder indicarte, tocando tus mamas, si éste es tu problema. En tal caso, conviene aplicar frío (una bolsa de hielo) *después* de la toma y el ginecólogo valorará la necesidad de emplear algún antiinflamatorio suave compatible con la lactancia.

5. Cuidados del pezón

—Al principio de la lactancia, es frecuente sentir los pezones sensibles y algo doloridos. En general, esta hipersensibilidad dura sólo unos días y la lactancia deja de ser algo molesto. No obstante, conviene seguir unas normas mínimas de higiene del pezón para prevenir complicaciones como las grietas o la mastitis.

* *Las grietas*: son pequeñas escoriaciones que se producen, en ocasiones, en la piel del pezón. Pueden aparecer incluso habiendo realizado una adecuada preparación del pezón en el

embarazo. Frecuentemente son muy dolorosas e incluso sangran al dar de mamar.

¿Cómo prevenirlas? Lo más importante para prevenir estas heriditas del pezón es:

—Conseguir que el niño agarre bien el pezón, sujetándolo entre los dedos índice y corazón e introduciéndolo suavemente en su boca de modo que toda o gran parte de la areola esté dentro. Si sólo succiona del pezón, no se presiona adecuadamente la glándula mamaria y pueden aparecer grietas.

—Mantener el pezón limpio después de *cada* toma: los pezones deben lavarse *sólo con agua*, no con jabón, después de todas las tomas que hagas, aunque sean a medianoche y tengas una pereza enorme. La saliva del niño junto a los restos de leche favorecen la aparición de grietas. Tu ginecólogo o la matrona pueden recomendarte el uso de algún antiséptico para complementar la limpieza, por si se ha producido alguna herida en la piel del pezón o la areola (véase pág. 347 lo dicho acerca de la mastitis).

—Después del lavado, seca los pezones con una gasa o pañuelo de papel y déjalos al aire un rato. Si los cubres inmediatamente, sólo conseguirás macerarlos más.

—Si usas protectores para absorber las gotas de leche que pueden salir entre las tomas, es importante que los cambies en cuanto estén húmedos y, si es posible, no los utilices en exceso.

Ahora bien, si ya tienes grietas, debes:

—Extremar la limpieza del pezón, utilizando incluso algún antiséptico local que te haya recomendado tu médico.

—Mantener los pezones *sin* cubrir el mayor tiempo que puedas.

—Vigilar la limpieza de las manos y de todo lo que se ponga en contacto con el pezón para evitar la posibilidad de una infección (mastitis).

—Aplicar una bolsa de hielo pequeña sobre los pezones 5-10 minutos antes de las tomas.

—Utilizar una pezonera, ya sea de caucho o silicona, para que el niño no presione directamente el pezón entre su lengua y el paladar.

—Aplicar la crema antigrietas que te hayan recomendado en la maternidad.

—Y si tienes grietas únicamente en un pezón, empieza la toma por el otro pecho. El niño succiona más intensamente cuando tiene más hambre.

* *La mastitis*: es la infección de la glándula mamaria y aparece en el 1-5 por ciento de las madres lactantes, produciendo:

—Dolor localizado en la región de la mama afectada, que puede irse extendiendo a toda la glándula.

—Enrojecimiento y tumefacción de la piel.

—Fiebre, que puede ir en aumento si no se trata adecuadamente, afectando el estado general.

La causa de dicha infección es la entrada de gérmenes (estafilococos, estreptococos...) por el pezón; dichos gérmenes provienen de:

—La piel vecina: por eso es tan importante su limpieza durante la lactancia.

—Una infección de las vías respiratorias altas del bebé.

—Las manos de la madre: por ello tienes que lavártelas siempre bien antes de tocar el pecho.

Si observas que una mama te duele, está enrojecida y tienes fiebre, avisa inmediatamente a tu ginecólogo. Un tratamiento precoz y adecuado será muy eficaz y podrás continuar la lactancia materna sin problemas.

6. ¿Siempre hay leche?

—Salvo rarísimas excepciones, sí. Por supuesto, la cantidad de leche que tengas no depende del volumen de las mamas:

mujeres con un pecho pequeño pueden alimentar perfectamente a su hijo.

—Otro tema diferente es si hay suficiente leche durante toda la lactancia.

* En ocasiones, la secreción láctea es *ligeramente* insuficiente para saciar por completo al bebé, sobre todo en las últimas tomas del día. En estos casos, se puede ofrecer al niño una pequeña ayuda, *siempre* después de haber vaciado ambas mamas. A esto se denomina *lactancia mixta* (pecho y biberón). Se empieza cada toma dando el pecho y luego se ofrece el biberón, porque al final de la toma el niño está más cansado y parcialmente saciado, y le resultaría más trabajoso mamar que succionar de un biberón.

A veces, sólo es preciso recurrir a una pequeña ayuda de biberón en la toma de la noche. Puedes tener algo menos de leche al final del día y el niño, cada vez mayor, no tiene suficiente para aguantar la pausa entre tomas convenientemente.

Si haces una lactancia mixta, consulta a tu pediatra para saber la cantidad de leche que tienes que añadir a cada toma de pecho. Es posible, incluso frecuente, que en unos días el propio niño rechace el biberón porque tus mamas ya han vuelto a producir suficiente leche. Por ejemplo, en la 3ª semana y/o el 3er mes, el niño puede demandar una mayor cantidad de leche durante unos días (parece que se queda con hambre y hace una pausa más corta entre tomas). Si tienes paciencia durante ese tiempo, no te preocupas y sigues con las mismas pautas y ritmo de tomas, podrás continuar amamantando a tu niño normalmente.

* En algunas mujeres, la *producción láctea disminuye* y desaparece por sí sola sin que se pueda estimular nuevamente, a pesar de todos los intentos que se hagan (beber abundantemente, no espaciar las tomas demasiado, mantener un contacto estrecho con el bebé...). ¡NO TE PREOCUPES NI TE SIENTAS CULPABLE! No puedes hacer nada por evitarlo. El pediatra te recomendará una leche para la lactancia artificial que nutrirá perfectamente a tu hijo.

• *Con lactancia artificial*

Si por razones personales, laborales o médicas no puedes o no quieres dar de mamar, el ginecólogo prescribirá, en las horas posteriores al parto, un medicamento para inhibir la lactancia, es decir, para evitar que suba la leche.

Puedes ayudar al tratamiento farmacológico si:

—No tocas mucho la mama ni el pezón durante los primeros días.

—No bebes demasiado: no dejes de beber completamente, sobre todo si has tenido una cesárea.

—No recibes calor en la mama: la ducha tiene que ser rápida y has de evitar recibir el chorro caliente directamente en la zona.

—Aprietas bien el pecho con un sujetador algo pequeño las 24 horas del día. El vendaje de las mamas sólo es necesario en casos excepcionales, y es conveniente que no se prolongue más de 1 o 2 días para evitar que el pecho se caiga excesivamente.

Si pasados unos días tras finalizar la medicación, comienzas a sentir que el pecho se endurece y/o que sale algo de leche por el pezón, avisa a tu ginecólogo. Es posible que necesites un refuerzo en tu tratamiento.

Lactancia materna o lactancia artificial

A lo largo del embarazo, muchas mujeres se plantean la duda de qué tipo de lactancia van a utilizar para alimentar a su hijo. Decir que la lactancia materna es la mejor resulta fácil y evidente, pero es ASÍ: es la más natural y la mejor para el recién nacido. Ahora bien, hoy en día no hay ningún problema si alimentas a tu hijo con lactancia artificial.

La madre debe elegir *libre y conscientemente*, sin ser forzada y/o culpabilizada. La mayoría de los fracasos en la lactancia materna durante el primer mes ocurren en madres que se han sentido forzadas a amamantar a sus hijos sin quererlo realmente. La mujer tiene la opción razonable y siempre buena de elegir lo que más le interesa.

Vamos ahora a dar una información *objetiva* sobre las ventajas e inconvenientes de cada una de ellas.

1. Lactancia materna

—*Ventajas para el niño:*

* La leche materna va modificando su composición, acoplándose a las necesidades del niño.

* Los anticuerpos que tiene la madre en su sangre contra algunas enfermedades pasan al niño a través de la leche (la mayoría son transmitidos al feto en el embarazo), y esto le ayuda a luchar mejor contra esas infecciones en los primeros meses de su vida.

* Es raro el estreñimiento.

* La leche materna contiene *lipasas*, enzimas que facilitan la digestión de la grasa, y su concentración de sodio y potasio es menor, por lo que no se sobrecarga el trabajo del riñón del recién nacido.

* Ofrece una gran protección antialergénica, por lo que resulta muy recomendable en niños de familias con historia de alergias.

—*Ventajas para la madre:*

* Las células de las glándulas mamarias terminan su desarrollo, lo que supone una ayuda más en la prevención del cáncer de mama.

* Es más cómoda —la leche está siempre lista, incluso por la noche— y más barata.

—*Inconvenientes*:

* Permite una menor libertad de movimientos: siempre hay que estar lista a la hora de la toma y, si no es así, habría que sacarse la leche antes, lo que no siempre es posible porque la madre no tiene leche suficiente a la hora de la extracción.

* No se sabe exactamente cuánta leche ha tomado el niño: para conocer qué cantidad ha mamado, hay que pesar al niño antes y después de varias tomas y sacar la media; pero esto no es realmente necesario, ya que si el niño aguanta bien entre las tomas, su comportamiento es razonable (no llora todo el tiempo) y gana peso correctamente, no debes pensar que pasa hambre.

* A algunas mujeres les resulta más difícil recuperar el peso: dando de mamar, la sensación de hambre y sed puede aumentar, y no siempre es fácil seguir una dieta.

* Tanto la alimentación como la ingesta de alcohol, tabaco y medicamentos sigue dependiendo de la alimentación del niño.

2. Lactancia artificial

—*Ventajas*:

* Permite una mayor libertad de movimientos a la madre, que puede delegar la alimentación de su hijo en otra persona si, por razones personales o laborales, lo necesita.

* Su dieta no depende de la nutrición del niño.

* No hay que cuidar el pezón ni existe la posibilidad de que aparezcan grietas.

* Se sabe exactamente qué cantidad de leche ha tomado el bebé.

* Las fórmulas de las leches de inicio han evolucionado mucho y se adaptan cada vez mejor a las necesidades del niño.

—*Inconvenientes*:

* No tiene para el niño las ventajas que hemos comentado.

* Hay que preparar (hervir, mezclar, etc.) los biberones en cada toma.

* Resulta más cara.

3. Para los dos tipos de lactancia

—La recuperación de la madre es idéntica.

* Si no hay lactancia materna y el útero no involuciona bien, se puede acudir a un medicamento que ayuda a éste a recobrar su tamaño.

* Volver al peso y a las medidas anteriores depende de la dieta y la gimnasia que se haga, *no* de la lactancia. El tipo de lactancia no influye en la recuperación de las mamas.

—El contacto con el niño, tanto en un caso como en otro, debe ser estrecho y continuo. El hecho de dar un biberón no excluye que sea la madre quien alimente a su hijo y, por tanto, la relación entre ambos puede ser tan íntima como si le amamantase.

RESUMEN

—La lactancia materna es la mejor.

—La lactancia artificial no plantea ningún problema.

—Salvo indicación médica concreta respecto al tipo de lactancia (niño prematuro, medicación materna incompatible, etc.), la decisión corresponde a la madre y siempre será buena.

En casa

¡Ya habéis llegado a casa!

Empieza un periodo difícil de ajustes entre los tres miembros de la familia. Hay que procurar que tu recuperación física no interfiera en la relación con tu hijo, con tu pareja y contigo misma. Vamos a hablar ahora de cómo «sobrellevar» estas primeras semanas en casa, diferentes según se trate o no de tu primer hijo. Los problemas que se pueden presentar son, efectivamente, distintos en un caso u otro:

—*Si vuelves a casa con tu primer bebé*, TODO es nuevo y puede crearte una sensación de desconcierto. Te sientes inexperta, dudas, estás realmente cansada, tu libertad de movimientos ha desaparecido y, por si esto fuera poco, en ocasiones te encuentras algo deprimida (véase pág. 393). En pocas palabras, la situación te desborda.

—*Si ya tienes experiencia en la maternidad* (¿realmente se es experta en eso alguna vez?), los problemas prácticos resultan familiares, reconocibles, pero pueden aparecer otros aspectos de conflicto: mayor cansancio, la relación del hermano «mayor» con el nuevo hermanito, etc.

En todo caso, tu recuperación física es primordial, por ti y para que puedas dar a tu hijo la atención que precisa.

El cansancio. El trabajo en casa. Las visitas

Un punto esencial para tu recuperación es *evitar el cansancio* excesivo. Si se trata de tu primer hijo, esto puede parecerte sorprendente: «¿Por qué estoy cansada, si no voy a trabajar en unos meses y sólo tengo que ocuparme del niño?» Esta pregunta habitual tiene una respuesta clara: el niño *es* el «problema»; ese delicioso «problema» que come cada tres horas, que no duerme mucho por las noches, que siempre está manchado, que llora y no sabes exactamente por qué... Tú intentas multiplicarte y abarcarlo todo: la casa, tu pareja, tus amigos, tu hijo... No sólo quieres hacerlo todo, sino hacerlo todo bien, con ese grado de autoexigencia típico de las mujeres de hoy en día. Resultado: tres días después de llegar a casa estás agotada, con ojeras, tus puntos se resienten y la depresión te acecha.

Hay, pues, que intentar que tu vuelta a casa no sea una carrera de obstáculos:

1. La casa

—En la lista de prioridades, la casa no ocupa, desde luego, ningún lugar preferente. Si no está todo perfecto, no importa; si se echa mano de los congelados unos días, perfecto... Busca ayuda en la familia, entre las amigas o en otra persona que pueda venir unas horas a ocuparse de esas tareas domésticas que tú NO debes hacer durante un tiempo.

2. Las visitas

—Hay que tener bien claro cuál es el papel de las personas que vienen a verte después de un parto. Acompañarte un rato, ver a tu hijo, manifestarte su cariño y luego irse, pero desgraciadamente no todos tienen esa idea presente. Muchos, incluso, se «instalan» durante horas, dando por hecho que les vas a servir una merienda exquisita. ¡Recuerda!: te tienen que servir a *ti*, eres *tú* la que se está recuperando del gran esfuerzo físico y psíquico que supone un parto. Tus puntos están cicatrizando, duermes poco... En ningún caso eres la persona adecuada para mimar a las visitas.

—Procura tener a alguien en casa estos primeros días durante las horas en las que vienen a visitarte: tu pareja, algún familiar o una amiga. Serán los encargados de entretener y atender a las visitas y, si es necesario, de disculparte ante ellas cuando debes dar de mamar al niño o quieres descansar un rato.

—Lo primero y más importante sois tu hijo y tú.

3. El sueño

—Con un recién nacido en casa, el dormir se convierte en algo «incierto». Duermes a intervalos, unas horas entre las tomas de la noche, y casi nunca todo lo que necesitas.

—Por ello es importante que encuentres un tiempo durante el día para complementar el sueño nocturno: después de comer, cuando tu hijo duerme a media mañana... Es decir, debes acoplarte relativamente al ritmo de sueño del niño. Si intentas aguantar con las horas que duermes por la noche, te agotarás en pocos días y eso repercutirá en el bebé.

4. Tus otros hijos

—Si tienes más niños, los periodos de descanso pueden ser más difíciles de encontrar. Pide ayuda a tu familia o a tus amigos para asegurarte unas horas para ti.

> **RESUMEN**
>
> Son días para cuidarte y para que te cuiden más que nunca. Toda tu energía se reserva para recuperarte y atender a tu hijo y, ¡créeme!, con eso tienes más que suficiente.

La dieta en el puerperio

Al volver a casa, ha llegado el momento de empezar otra vez a comer *bien*, es decir, a mantener una alimentación completa y nutritiva. No caigas en la tentación de alimentarte de «lo primero que encuentras en la nevera», porque no tienes tiempo de preparar algo en condiciones. Piensa que el parto ha sido un esfuerzo físico importante y que la crianza de tu hijo va a requerir toda tu energía.

En general, puedes seguir las indicaciones de nutrición dadas para la mujer embarazada en la pág. 116, pero si quieres una información más amplia, lee el capítulo del puerperio del libro *Nueve meses bien alimentados.*

1. Dieta en la lactancia materna

—El principio básico para la nutrición de una madre lactante es que «todo lo que se come pasa a la leche», es decir, que la alimentación del niño es la que decide su menú. Sigue, pues, la dieta que hacías antes de que naciera: tu niño se sigue alimentando de ti.

—Tu dieta debe incluir un extra de proteínas, de calcio y de líquidos, por lo que la mejor solución es tomar alrededor de 1 litro de leche diario. Si no te gusta la leche, recuerda los consejos dados en la pág. 117 para «esconderla» en otros alimentos, y bebe también agua, zumos, caldos... El líquido es necesario para la producción de leche, aunque no hace falta decírtelo: después de cada toma sentirás una sed terrible.

—Procura evitar el exceso de ciertos alimentos, como espárragos, fresas, ajo, cebollas crudas y picantes, porque en tal caso dan mal sabor a la leche y el niño puede rechazarla. Tampoco es recomendable comer ostras o almejas crudas durante la lactancia, como prevención de una posible intoxicación.

—Si el niño tiene algo de diarrea, evita durante ese tiempo los alimentos laxantes (naranja, kiwi, etc.).

—En cuanto al tabaco, el alcohol, el café y las colas, sigue las mismas recomendaciones que en el embarazo, pero más estrictamente si cabe.

* *Alcohol*: alcanza la misma concentración en la leche que en la sangre materna, y el peso del niño es veinte veces menor que el de la madre. No tomes alcohol si das de mamar, aunque un vasito de vino en la comida, ALGÚN DÍA AISLADO, no le va a afectar.

Tampoco tomes cerveza pensando que estimula la producción de leche. No es verdad y estarías dando al niño una dosis de alcohol realmente alta. Pero, al igual que con el vino, una cerveza ESPORÁDICA no va a afectar al niño.

* *Tabaco*: el tabaco reduce la producción de leche y la vitamina C que contiene ésta, aumentando la posibilidad de cólicos y diarrea en los niños. Si no puedes dejar de fumar totalmente, reduce el número de cigarrillos al máximo y procura fumar siempre *lo antes posible después de la toma*. Por supuesto, ni tú ni nadie puede hacerlo en la habitación donde está el niño.

* *Cafeína* (café, colas, chocolate): la cafeína se encuentra en la leche entre 1 y 2 horas y media tras su ingesta; por tanto, puedes beber un café en el desayuno y uno pequeño después de comer, pero hazlo justo antes o después de la toma. La ingesta de cafeína por la tarde puede interferir en el sueño nocturno del niño. Asimismo, debes limitar dichos alimentos porque los excitantes que contienen pueden favorecer la aparición de cólicos del recién nacido.

—Respecto a los medicamentos, consulta con el pediatra cualquier fármaco que debas tomar salvo los que te haya recomendado el ginecólogo a la salida de la maternidad. Aunque en principio se supone que todo pasa a la leche, existen medicamentos totalmente inocuos para el niño.

—Puedes tomar aspartamo como edulcorante artificial, ya que su paso a la leche materna es mínima y los estudios realizados demuestran que resulta inocuo para el niño. La única rara excepción a esto es si tu hijo padece *fenilcetonuria* (falta de fenilalanina, necesaria para la metabolización de determinadas sustancias, entre ellas el aspartamo).

—Si padeces alguna alergia, consulta con el pediatra. Puede recomendarte alguna modificación en tu dieta tanto para evitar los cólicos del recién nacido como porque dichos alimentos contengan sustancias que pueden sensibilizar al niño.

—Igualmente, pregunta al pediatra qué suplemento vitamínico-mineral tienes que tomar durante la lactancia. La naturaleza es muy sabia y la composición de la leche sufre pocas modificaciones en sus componentes, porque toma los elementos necesarios de la madre. En condiciones normales, la madre posee dichos elementos, pero los pierde al producir la leche, por lo que debe reponerlos en forma de suplemento.

2. Dieta para perder peso

—Si te pesas al llegar a casa, es posible que hayas perdido entre 5 y 7 kilos (niño, placenta, líquido amniótico y gran parte del peso del útero y del líquido retenido). En los días siguientes podrás seguir disminuyendo, pero *poco a poco*, y cuando tengas la primera regla después del parto (véase pág. 366), es posible que notes que la pérdida de peso y centímetros es más rápida.

—Dependiendo de los kilos ganados en el embarazo, te enfrentarás a la báscula de un modo u otro. Si quieres perder peso, sigue los mismos consejos para el embarazo dados en la pág. 126. Pero, en ningún caso, ni siquiera si no das de mamar, puedes hacer estas primeras semanas un régimen espartano que no incluya a diario todos los nutrientes necesarios (proteínas, hidratos de carbono, grasas...). Tu cuerpo no resistiría el esfuerzo.

—Esto no quiere decir que tengas que «aparcar» la decisión de empezar un régimen porque «estoy agotada». Precisamente, una alimentación correcta y equilibrada, aunque sea baja en calorías, va a proporcionarte más vitalidad que si llenas tu estómago de alimentos innecesarios que no producen otro efecto que engordar aún más. Por ejemplo, una ensalada puede estar compuesta de tomate, huevo duro, zanahoria rallada y queso fresco, lo que resulta nutritivo, al mismo tiempo que bueno para cuidar tu figura; pero si le añades pan frito, aguacate o queso de cabra, no habrás ganado nada para tu nutrición y, en cambio, habrás añadido unos gramos a tu cuerpo.

—Si das de mamar, es frecuente que no bajes de peso tan rápidamente. Hay varias razones para ello: retienes líquido, tienes un hambre constante, estás en casa todo el día picando... Por otro lado, tu dieta no podrá bajar de ciertas calorías para que no disminuya la cantidad de leche producida. ¡No te preocupes!, si eres constante, cuidas tu dieta y haces gimnasia, recobrarás tu peso y tu figura de nuevo, aunque es posible que lo logres más rápida y fácilmente cuando termines la lactancia materna.

¿Cuándo recuperaré mi figura?

Generalmente, si se trata de tu primer hijo, podrás recuperar pronto las medidas anteriores al embarazo, incluso es posible que salgas de la clínica con tu ropa habitual. Ahora bien, no te confíes por ello: tus medidas pueden ser las mismas que antes, pero tus músculos están más blandos y relajados, por lo que sigue siendo imprescindible que te cuides, haciendo gimnasia al menos durante unos meses.

Si no es tu primer hijo, es frecuente que no recobres tus medidas tan rápidamente; incluso pesando lo mismo que antes del embarazo, puedes notar que «no cabes» en tus faldas y pantalones. Ten en cuenta que la musculatura abdominal ya se ha distendido varias veces y, probablemente, su recuperación después del primer embarazo no haya sido perfecta. No desesperes, con perseverancia y mucha gimnasia seguro que recobrarás tu figura.

RESUMEN

Para recobrar el peso y la figura que tenías antes del embarazo:

—Vigila tu dieta.
—Haz gimnasia específica.

Ejercicios

1. Al llegar a casa

—Puedes añadir algún otro ejercicio a los que ya hayas empezado a practicar en la maternidad. Aunque pienses que no tienes ni un instante para hacer gimnasia, ¡seguro que encuentras un hueco! Ello te permitirá encontrarte mucho mejor.

* *Ejercicio del gato*: ya lo hemos explicado en la pág. 59. Es conveniente hacerlo diez veces por la mañana y diez por la noche, prolongando su práctica varios meses, porque el manejo del niño suele provocar molestias de espalda.

* *Ejercicio para el trapecio*: sentada al borde de una silla, con la espalda recta, espira juntando los brazos a la altura de la cara, poniendo en contacto manos y antebrazos. Luego inspira, separando los brazos y aproximando los omóplatos. Mantén unos segundos cada posición y relaja.

Este ejercicio fortalece los músculos de la zona superior de la espalda, que vas a emplear constantemente en el cuidado de tu hijo.

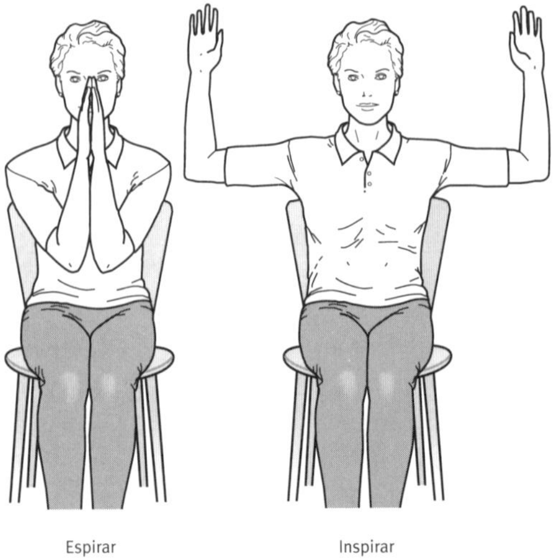

Fig. 33.

* *Ejercicio para los rectos del abdomen*: tumbada boca arriba con las piernas flexionadas, levanta la cabeza, mirando hacia el techo, unos 20 cm del suelo, metiendo la tripa y soplando el aire por la boca. A continuación inspira, apoyando la cabeza en el suelo. Repítelo diez veces.

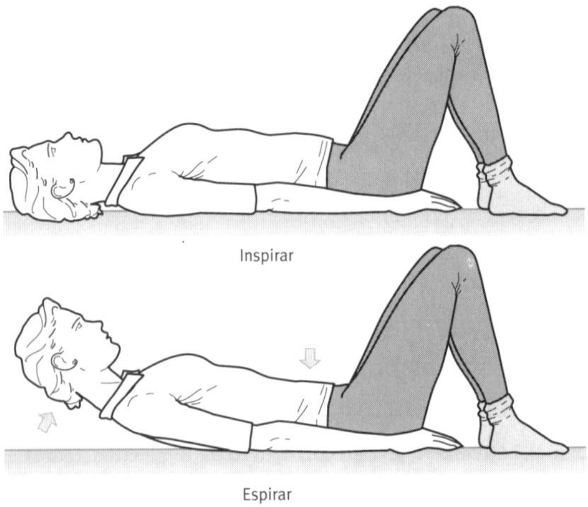

Fig. 34.

* *Ejercicio para los oblicuos del abdomen:* tumbada sobre tu espalda, con las piernas juntas y flexionadas sobre el abdo-

men, gira ambas piernas hacia un lado y hacia el otro, sin despegar, en lo posible, los glúteos del suelo.

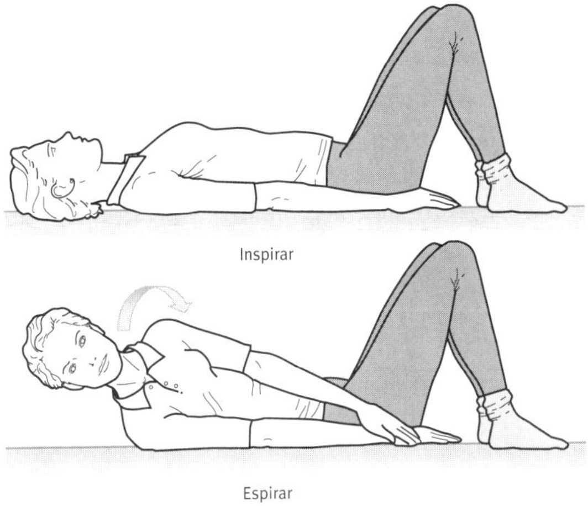

Fig. 35.

* *Ejercicio de mamas*: sentada, con las manos a la altura de la boca y las palmas juntas, aprieta fuertemente una contra la otra. Mantén unos segundos y relaja. Repite el ejercicio entre quince y veinte veces.

* *Ejercicio de transverso del abdomen*: esto ya no debe ser un ejercicio, sino una actitud constante. Hay que meter la tripa SIEMPRE, hagas lo que hagas.

2. En un centro especializado

—Puedes seguir practicando los ejercicios anteriormente descritos durante 30 días después del parto. Un mes más tarde, serán claramente insuficientes para la rehabilitación eficaz de la musculatura de abdomen, la cintura, los glúteos y las piernas.

—Si no existe contraindicación médica (consulta con tu ginecólogo previamente), acude a un centro especializado en gimnasia para estos meses. Allí te aconsejarán qué ejercicios realizar. Esto no quiere decir que los ejercicios sean menos fuertes y eficaces, simplemente que es preciso tener en cuenta que tu anatomía y circunstancias actuales requieren unos cuidados especiales, y algunos deben realizarse de forma diferente.

—No lo dudes: puedes quedarte *igual* que antes del embarazo o incluso *mejor*, pero para ello es necesario que no dejes de hacer con constancia una gimnasia eficaz. Desgraciadamente, el tiempo por sí solo no va a mejorar tu vientre. Puedes seguir las clases 1 o 2 días a la semana, y el resto del tiempo practicar en casa los ejercicios aprendidos. Sólo necesitas fuerza de voluntad y/o «mirarte en el espejo»; esto puede ser el estímulo que necesitas.

—En los ejercicios de postparto hay que considerar que:

* La sínfisis del pubis sigue siendo móvil (si sientes dolor en la zona, interrumpe el ejercicio).

* Los músculos del suelo de la pelvis no están enteramente rehabilitados.

* Los músculos rectos del abdomen tienen un cierto grado de separación (diástasis de los rectos).

* Tu espalda requiere una atención especial.

* Tus articulaciones están aún algo laxas e inestables.

* Los ligamentos de sujeción del útero pueden continuar sensibles.

—Estoy dando por supuesto que una madre que da de mamar a su bebé puede seguir el mismo ritmo de ejercicios que si no lo hace. Si el centro al que acudes tiene suficiente experiencia, las clases estarán orientadas a ello.

—En cualquier caso, debes interrumpir la práctica de estos ejercicios si:

* Sientes dolor en la espalda, la sínfisis del pubis o la cicatriz de la episiotomía o cesárea. Consulta con la persona que te dirige las clases si el ejercicio en cuestión no está indicado en tu caso todavía o no lo realizas correctamente.

* Notas desfallecimiento o sangras más después de hacer gimnasia; pregunta a tu médico, es posible que el ejercicio sea excesivo.

3. En tu gimnasio habitual

—Aproximadamente a los tres meses del parto estarás lista para acudir allí, aunque sería preferible que los ejercicios practicados no incluyeran saltos bruscos y repetidos. Ni tu suelo de la pelvis ni tu espalda te lo permiten.

La espalda

Es la gran «afectada» en el embarazo y sigue siendo protagonista del puerperio, no sólo porque se está recuperando del esfuerzo al que ha sido sometida durante la última fase del embarazo, sino porque ahora tienes al niño y debes cogerle, bañarle, alimentarle... Todo, absolutamente todo, repercute en la espalda, tanto en la zona lumbar como en la dorsal.

1. Cuidado de la postura

—Los cuidados del niño te obligan a agacharte repetidas veces a lo largo del día. En esos momentos ¡recuerda!: flexiona las rodillas y, con el niño cerca del cuerpo, baja o sube; nunca te inclines hacia delante con las piernas extendidas, ya que tus lumbares se resentirían.

—Procura cambiar a tu hijo sobre una superficie alta, que te permita estar erguida y no inclinada hacia delante forzando tu espalda.

—Cuando lo lleves en brazos, intenta cogerle apoyado sobre tu cadera, no sosteniendo todo el peso —cada vez mayor— en tus brazos y espalda.

—Si das de mamar, adopta una postura cómoda y correcta, utilizando todo el asiento de la silla si estás sentada (y una almohada bajo el brazo que sostiene al niño) o tumbándote en la cama o sofá durante la toma. Así, la parte cervical de tu espalda sufre mucho menos.

2. Ejercicios de gimnasia

—Si los ejercicios que hemos recomendado no son suficientes, y el dolor de espalda continúa, consulta con el centro en el que vas a realizar la rehabilitación postparto. Cuando ya puedas acudir, te enseñarán la tabla adecuada a tu problema (contracturas musculares, falta de tono, etc.).

3. Masajes

—También puedes recibir masajes en la espalda, incluso tumbada sobre tu abdomen, en cuanto vuelvas a casa, ya sea «casero» o dado por un profesional.

Episiotomía

Evidentemente al llegar a casa hay que seguir cuidando los puntos.

Lava los puntos dos veces al día con agua que hayas hervido con sal gorda; cuando esté tibia, derrámala sobre tu episiotomía y sécate bien con una gasa o pañuelo de papel, dando pequeños toques.

Sigue manteniendo la episiotomía al aire el tiempo que puedas. No es necesario ni conveniente utilizar ningún aparato para secar los puntos, simplemente aire. Asimismo, cambia la compresa o el salvaslip muy a menudo, en cuanto lo notes húmedo. Como hemos dicho, los puntos han de estar LIMPIOS y SECOS.

1. ¿Los puntos se caen solos? ¿Cuándo?

—Los puntos son de un material reabsorbible, por lo que no es necesario quitarlos. Se caerán poco a poco, entre 8 y 25 días después del parto, ya que el material utilizado actualmente para suturar la episiotomía no se reabsorbe de igual forma en todas las mujeres.

2. ¿Qué puede preocupar de una episiotomía? ¿Duele?

—Los puntos, al cicatrizar, pueden tirar o molestar; incluso es posible que, al empezar a secarse, los puntos (no sólo uno cerca del ano) sean dolorosos durante unos días. Consulta con tu médico el uso de analgésicos.

—Informa a tu ginecólogo si observas:

* Los puntos muy inflamados, enrojecidos, y a veces saliendo una secreción blanquecina. Puede tratarse de una *infección.*

* Los bordes de la herida muy separados y/o sangrantes. Puede haberse caído un punto antes de tiempo (*dehiscencia*).

—Para prevenir estas dos complicaciones:

* Hay que mantener una cuidada limpieza de la zona, como hemos comentado anteriormente.

* Al volver a casa, tu ritmo de vida, y salvo en lo que concierne al niño, debe ser el de una mujer que se está recuperando de un parto, con periodos de descanso y no moviéndote todo el día ni estando de pie largos periodos. Tus puntos pueden resentirse.

—Si tienes una infección en los puntos o una dehiscencia de la herida, el ginecólogo aplicará el tratamiento oportuno. La cicatrización puede ser algo más lenta, pero siguiendo sus indicaciones todo evolucionará bien.

Estreñimiento

En estos días resulta imprescindible que la deposición sea fácil para evitar la excesiva distensión y presión sobre la episiotomía. Si no vas al cuarto de baño todos los días, necesitas estimular tu intestino, pero el método empleado depende de si das o no de mamar al niño.

—*Sin lactancia materna*: todos los consejos de la pág. 86 dados para la prevención del estreñimiento en el embarazo son válidos en el puerperio, pero ahora ya puedes tomar cualquier laxante libremente.

—*Con lactancia materna*:

* Añade a tu dieta fibra y preparados lácteos bebibles con suplemento de *L. casei Inmunitass*.

* Utiliza supositorios de glicerina.

* Si realmente no consigues ir al cuarto de baño, consulta con tu pediatra la posibilidad de tomar algún laxante suave.

Hemorroides

Las hemorroides van a mejorar poco a poco. Manteniendo una higiene cuidadosa de la zona tras las deposiciones y previniendo el estreñimiento, lograrás una franca mejoría. Pero si las molestias (dolor, picor, sangrado...) persisten, consulta con un especialista (*proctólogo*) antes de una nueva gestación para evitar un empeoramiento.

Loquios. ¿Cuándo viene la primera regla?

Al llegar a casa seguirás manchando. Probablemente los loquios serán todavía rojos pero, en general, ya no van acompañados de coágulos como en los primeros días. Poco a poco serán predominantemente marrones y menos abundantes, incluso puedes estar horas sin manchar nada.

Tanto la cantidad como la duración del sangrado varían extraordinariamente. Hay mujeres que sangran sólo 13 o 15 días, y otras, en cambio, aunque poca cantidad, casi un mes.

Si das de mamar, se suele sangrar menos cantidad y menos días, pero si no das el pecho puedes seguir haciéndolo durante semanas, incluso hasta que aparezca la primera regla.

Si sangras algo más y de color rojo nuevamente después de la primera semana, no te preocupes; es posible que se deba a un exceso de actividad por tu parte, así que descansa un poco más y observa tu sangrado. No obstante, debes consultar con el ginecólogo si:

—Pierdes *abundantemente* sangre roja: hay que confirmar si existe algún pequeño resto de placenta o membranas en el útero, o si la involución uterina está siendo correcta.

—Los loquios tienen un olor fuerte y desagradable: puede significar una infección.

—Continúas manchando sangre roja, aunque no muy abundantemente, durante más de tres semanas.

Durante todo este tiempo debes continuar utilizando compresas, NUNCA tampones. Es preferible que sean pequeñas y cambiarlas muy frecuentemente.

—*Primera regla.* Sabes que estás teniendo la primera regla porque, después de un tiempo manchando poco y de color marrón, la sangre vuelve a ser roja y más abundante durante unos días.

No existe una regla fija para la aparición de la primera regla: si no das de mamar, suele ocurrir a los 30-40 días después del parto, y puede ser más larga y abundante de lo habitual; si das de mamar, todavía es más impreciso: algunas mujeres no tienen su primera regla hasta que pasan 3-5 semanas tras terminar la lactancia, mientras que otras la tienen incluso dando de mamar.

En general, y si no ha habido complicaciones con los puntos de la episiotomía, puedes utilizar tampones, si lo deseas, en esta primera regla.

Duchas y baños. La piscina y el mar

Debes continuar duchándote (no dándote baños) alrededor de un mes, aunque dos semanas después del parto tus puntos estarán ya cicatrizados y podrás prolongar la ducha si te apetece.

Usar la bañera o meterte en la piscina o en el mar es posible a partir de los 30-35 días tras el parto.

Si has tenido a tu niño en época de calor, consulta con tu ginecólogo para ver si en tu caso puedes sumergirte en agua antes de estos plazos.

Deportes

La reanudación de la práctica de los deportes se hará en un plazo u otro, dependiendo del tipo de actividad que quieras realizar y de tu recuperación. Al visitar a tu médico después del parto, pregúntale cuándo puedes practicar nuevamente tu deporte favorito.

Generalizando, se pueden dar las siguientes normas:

—Los primeros deportes que se pueden practicar son los que no requieren un gran esfuerzo o riesgo y, sobre todo, no implican grandes saltos ni botes bruscos. Esto forzaría excesivamente la musculatura del suelo de la pelvis, arriesgándote a complicaciones futuras (prolapso uterino, incontinencia...).

—A los 30-40 días puedes practicar: paddle, golf, tenis, natación, esquí (sin grandes saltos), equitación (si ya montabas bien antes), bicicleta... Pero todo ello practicado como *un juego*, no en plan de competición; es decir, sin cansarte demasiado, al menos al principio, incrementando el esfuerzo cada día... Si sientes que te fatigas demasiado, descansa algo y valora si puedes continuar. No vas a ganar ningún campeonato al mes de haber tenido a tu hijo.

—Calienta bien los músculos y las articulaciones antes de empezar el esfuerzo.

—Si notas algún dolor no habitual y fuerte en la espalda, las articulaciones, el abdomen o la pelvis, interrumpe su práctica y consulta con tu ginecólogo.

—Si saltas o corres procura contraer los músculos del suelo de la pelvis.

—Si sigues dando de mamar al bebé, procura hacer ejercicio después de las tomas, hidratándote bien si sudas y protegiendo las mamas con un buen sujetador.

—Cuando termines, bebe preferentemente agua, toma algo de alimento y descansa.

—Más adelante, a los 3-4 meses, podrás volver a correr, bucear, jugar al squash y practicar otros deportes más agresivos pero, como siempre, cuidando los músculos del suelo de la pelvis.

Modificaciones de la piel

Casi todas las alteraciones que ha podido sufrir la piel durante el embarazo van a volver a su estado anterior paulatinamente:

—*Coloración del pezón y la areola*: desaparecerá tras la lactancia.

—*Línea nera del abdomen*: se despigmentará siempre que no expongas la piel al sol hasta que desaparezca totalmente.

—*Cloasma de la cara*: si ha aparecido a lo largo del embarazo, deberás consultar con tu dermatólogo si cree conveniente que utilices alguna crema para acelerar la despigmentación. Pídele también consejo de cómo tomar el sol de ahora en adelante.

—*Vello*: si ha crecido en el abdomen y/o en la cara, se irá cayendo poco a poco; por el contrario, el de las piernas volverá a crecer como antes del embarazo.

—*Estrías*: continúa utilizando en la piel del abdomen la crema antiestrías especial para el postparto, al menos durante dos meses. Las que han salido en el embarazo no van a desaparecer, pero su aspecto evolucionará; en pocos meses serán blanquecinas, más delgadas y menos visibles.

—*Cabello*: unas semanas después del parto, puedes notar que el número de cabellos que pierdes al día aumenta llamativamente. Esto es transitorio. No obstante, durante estas semanas puedes ayudarte:

* Siguiendo una dieta correcta y equilibrada.
* No lavándote el pelo a diario.
* No dándote tintes ni moldeados.

Si el problema permanece, no dudes en consultar con un dermatólogo.

Las relaciones sexuales

1. ¿Cuándo se pueden reanudar?

—Si no existe contraindicación médica (episiotomía infectada, mastitis...), las relaciones sexuales se pueden reanudar a los 30-40 días tras el parto o la cesárea. Conviene, no obstante, que en la consulta que tengas con tu ginecólogo unos días después del parto, comentes el tema para saber su opinión.

—Ésta es la respuesta médica a la pregunta, pero no contesta a cuándo os va a apetecer a los *dos* miembros de la pareja reanudarlas, y esto en muchos casos no coincide.

—Muchos son los factores que pueden influir en ello:

* Miedo al dolor en la zona donde está la cicatriz de la episiotomía, en la vagina o en las mamas lactantes.
* Reajustes hormonales sufridos en el puerperio.
* Cansancio de la madre: realmente no deseas otra cosa que dormir.
* Falta de tiempo: el bebé te absorbe totalmente, incluso por la noche.
* Falta de libido en uno o los dos miembros de la pareja.
* Miedo a un nuevo embarazo.
* Desconfianza en la propia figura, que no se ha recuperado del todo.
* Situaciones que se viven como poco agradables: por ejemplo, la secreción de algo de leche de los pezones durante la relación sexual.
* Tantos otros motivos psicológicos...

—No obstante, para que las relaciones sexuales puedan reanudarse con una mayor confianza, es conveniente que tengas en cuenta algunas indicaciones:

* No tengas prisa en volver a la misma actividad sexual que antes del parto. Puede no apetecerte el coito pero sí otro tipo de relación. Actuando con naturalidad, sin exigencias prematuras, lograrás que tus relaciones sexuales vuelvan a ser totalmente satisfactorias.

* Busca momentos tranquilos (aunque te parezca mentira los hay...) para comunicarte con tu pareja, compartir con él tus sentimientos y tu sexualidad, y así podrás sentirte otra vez mujer, no sólo madre.

* Utiliza un *gel lubricante*: durante un tiempo después del parto, especialmente si estás lactando, la vagina, por efecto hormonal, no va a lubricar eficazmente. El uso de un gel en el interior de la vagina puede ayudar a que los primeros coitos no sean molestos.

* Sigue practicando los ejercicios de Kegel: favorecen la rehabilitación muscular de la zona.

* Plantea el tema de la anticoncepción con el ginecólogo en la visita postparto, para así tener preparado el método escogido.

2. ¿Duele el coito?

—El coito no debe ser doloroso después del parto. Es verdad que las primeras veces puede ser diferente, incluso molesto, pero si realmente duele repetidamente, decimos que existe una *dispareunia*.

—Sus causas son de dos tipos:

* *Físicas*:

—Algún problema real en la episiotomía que produce dolor, por lo que en la próxima relación la mujer se defiende y contrae excesiva e inconscientemente la musculatura que rodea su vulva, por lo que se produce un mayor dolor.

* *Psíquicas*:

—Temor al dolor en la episiotomía.

—Sentirse «moralmente» obligada a mantener relaciones sexuales. La pareja lo desea, pero tú todavía no.

—Miedo a quedarte embarazada otra vez.

—Depresión puerperal más o menos manifiesta.

—Otras causas psicológicas.

—Si el problema es físico (dolor localizado en la episiotomía) y se repite en varias relaciones, es conveniente consultar con el ginecólogo. Confirmará si existe un problema en tu cicatriz y te orientará sobre su solución.

—Si se descarta una causa física y crees que tu problema es de origen psicológico, la solución pasa, en la mayoría de los casos, por una buena comunicación con tu pareja. Con paciencia, comprensión por ambas partes y tiempo, lograréis superar el problema. Pero si ves que la dispareunia o sus causas permanecen, no dudes en acudir a un profesional (psicólogo o psiquiatra) para que te ayude adecuadamente.

Anticoncepción

Resulta difícil y nada conveniente generalizar sobre el tema de la anticoncepción después del nacimiento. La elección del método va a depender de muchos factores; entre ellos:

—La vía del parto: si ha sido vaginal o cesárea.

—El tipo de lactancia: artificial o materna.

—Los condicionamientos religiosos y morales de la pareja.

—Las circunstancias médicas propias de cada mujer (circulación, analítica...).

Por tanto es conveniente que hables de ello con tu ginecólogo en la consulta que tendrás unos días después del parto. Te informará de los distintos métodos y te recomendará el mejor para ti.

Y ¡RECUERDA!: la lactancia materna NO es, en absoluto, un método anticonceptivo seguro. Efectivamente, muchas mujeres que están dando de mamar a sus hijos no ovulan (la prolactina que mantiene la lactancia inhibe la liberación de los factores que desencadenan la ovulación), pero esto dista mucho de ser una regla general. Se puede ovular durante la lactancia y te puedes quedar embarazada. Por tanto, tendrás que emplear algún método anticonceptivo permitido durante la misma.

¿Cuándo debo llamar al ginecólogo o acudir a un hospital?

En los días posteriores al parto debes avisar siempre que se presente uno de estos síntomas que resumimos a continuación:

RESUMEN

—Pérdida de sangre muy abundante: más de una compresa en una hora.

—Fiebre superior a 38º.

—Dolor, con o sin hinchazón, y calor en una pierna.

—Olor fuertemente desagradable de los loquios.

—Ausencia total de loquios en los primeros 10 días.

—Bulto doloroso y enrojecido en la mama, sobre todo si va acompañado de fiebre.

—Dolor o escozor al hacer pis y/o pequeñas y muy frecuentes micciones, así como sensación de no haber vaciado la vejiga al terminar.

—Dolor intenso en la episiotomía con enrojecimiento e inflamación de la herida, con o sin salida de líquido blanquecino.

Si no puedes localizar a tu ginecólogo en un plazo corto, convendría que acudieras a la clínica u hospital donde has tenido al niño. Allí valorarán los síntomas e instaurarán el tratamiento adecuado lo antes posible.

10. El puerperio en la cesárea

La recuperación de una cesárea puedes ser algo más lenta y dolorosa que la de un parto. Si es necesario, el ginecólogo te recetará analgésicos para paliar el dolor, que podrás tomar incluso si das de mamar a tu hijo.

Pasados los primeros días, en los que el ritmo de recuperación es distinto (te levantas más tarde, no te duchas tan pronto, vuelves a casa algo más tarde, etc.), el resto del puerperio de una cesárea es igual: se sangra prácticamente lo mismo (quizás algo menos), puedes dar de mamar igual (aunque suba la leche ligerísimamente más tarde), etc. Todos los consejos dados en el capítulo 9 pueden serte igualmente útiles. Vamos a ver, no obstante, algunos de los aspectos más relevantes.

En la maternidad

Las primeras horas

Tras una operación de cesárea, y dependiendo de la maternidad, puedes volver a la habitación en la que te quedarás el resto de tu estancia, o bien permanecer durante unas horas en una sala de reanimación. En ambos casos, las enfermeras controlarán tus constantes (presión arterial, temperatura, pulso...), el sangrado, el goteo, etc.

Permanecerás tumbada sobre tu espalda, con las piernas

extendidas, pero intenta mover algo los glúteos, ya que ayuda a prevenir los gases.

Durante 18-24 horas mantendrán el *goteo intravenoso* para nutrirte, hidratarte, administrarte la medicación necesaria y mantener el útero contraído. Asimismo, tendrás una *sonda vesical* durante ese tiempo para que la vejiga permanezca vacía y el útero involucione bien.

En ocasiones, verás un «tubito», unido a una botella de plástico, que sale de la cicatriz del abdomen. Se llama *redón* y por él van a drenar las secreciones del interior del abdomen. También va a ser retirado en 24 horas aproximadamente.

El puerperio inmediato de una cesárea debe ser considerado un postoperatorio. Efectivamente, has tenido un niño, pero has sufrido una intervención quirúrgica y debes cuidarte como tal. Es preferible que en la habitación haya sólo una persona para atender tus necesidades; el resto de la familia y los amigos tendrán que esperar, incluso al día siguiente, para verte.

Si te han puesto anestesia epidural, ¡aprovecha! En dos horas no va a doler nada. Es el momento de tocar a tu hijo si está contigo, de ver a tu familia más allegada... Más tarde, cuando el efecto de la anestesia se pase, la cicatriz empezará a molestar y no podrás hacerlo.

Si la intervención se ha realizado con anestesia general, la recuperación puede variar mucho de una mujer a otra, pero no te va a apetecer demasiado charlar ni atender a familiares y amigos. Descansa, ya habrá tiempo para las visitas.

¿Cuándo me levanto por primera vez?

Aproximadamente a las 18-24 horas de la cesárea, te retirarán el goteo y la sonda y te «obligarán» a levantarte. La movilización precoz tras una operación es importante. Por tanto, aunque los puntos te molesten, es necesario que te muevas; así evitarás problemas circulatorios y ayudarás a que el intestino se movilice, evitando, en lo posible, los tan temidos gases del postoperatorio de una cesárea.

La primera vez que te levantes, siempre necesitarás ayuda, generalmente de una enfermera, quien te indicará cómo girar lentamente en la cama, bajar las piernas quedando sentada en el borde y, suavemente, con las manos sujetando la tripa, ponerte de pie. Sujeta bien la cicatriz con las manos y camina hasta el sillón de la habitación. Después de esta «excursión», te sentarás otra vez.

No te asustes si te mareas al levantarte o si al llegar al sillón estás exhausta. Has sufrido una operación y, cuando pasen las primeras 24 horas, te encontrarás mejor.

¿Dolor después de una cesárea?

Como en cualquier postoperatorio, es frecuente que sientas dolor pero, siempre, aun si das de mamar, vas a poder tomar analgésicos en la dosis y frecuencia que prescriba el ginecólogo.

El abdomen puede doler por varias causas:

—La cicatriz en sí.

—Las contracciones necesarias para la involución del útero, que pueden resultar dolorosas (entuertos) incluso si es tu primer hijo.

—Los *gases*: es el gran inconveniente del postoperatorio de una cesárea. Son muy frecuentes en estos días y pueden llegar a ser muy dolorosos (piensa que distienden las cicatrices de la pared abdominal).

Para intentar prevenir y mejorar la aerofagia, tienes que:

* Moverte en la cama, *suavemente*, hasta que te levanten por primera vez.

* No comer *nada*, salvo los alimentos controlados que te den en la maternidad.

* Beber, cuando ya te permitan hacerlo, alguna infusión contra los gases.

No son útiles los analgésicos. Su abuso puede, incluso, empeorar los síntomas ya que enlentecen aún más el movimiento del intestino.

Debido al hecho de haber estado sondada durante unas horas, es posible que sientas escozor o molestias al hacer pis, incluso que la micción sea difícil. Si éste es tu caso, comunícaselo al ginecólogo, quien confirmará si existe una infección y la tratará adecuadamente.

En cualquier caso, no te desalientes: en 24-48 horas vas a estar mucho mejor. Mira, toca, alimenta a tu niño; eso te ayudará.

¿Cuándo puedo beber y comer?

No beberás ni comerás NADA durante unas horas. Puedes tener sensación de estómago vacío, pero te están alimentando mediante el suero del goteo. Piensa que esto te servirá para bajar algo del peso que, muy probablemente, habrás ganado.

A las 18-24 horas te darán un sorbito de agua; si lo toleras bien, te permitirán beber algo más, probablemente una infusión. El segundo día después de la operación seguirás una dieta líquida, es decir, tomarás caldos, zumos, etc. Y, al tercer día, empezarás a probar algo sólido (puré, yogur, flan...), lo que sin duda te parecerá ¡un manjar! Paulatinamente te darán una mayor variedad de alimentos, pero siempre de fácil digestión y no flatulentos.

Todo esto va encaminado a prevenir los ya mencionados gases. ¡Por favor!, no comas nada que no sea lo que te den en la maternidad.

La higiene después de una cesárea

El primer día después de la operación es frecuente que la enfermera te lave con una esponja, pero al día siguiente ya podrás asearte sentada delante del lavabo y ayudada por alguien. A veces, si tu evolución lo permite, te sugerirán en la maternidad que te levantes a darte tu primera ducha. Procura que haya alguien cerca, porque puedes marearte y necesitar ayuda.

Como en el caso de un parto, la ducha debe ser rápida y tendrás que lavarte la cabeza fuera del agua.

En cuanto a la higiene vaginal, se siguen las mismas pautas que para un parto.

Cuidados de la cicatriz

Los puntos de sutura (ya sean con seda o grapas) están cubiertos por un apósito. En ocasiones, éste se retira a las 24-36 horas, dejando la cicatriz al aire: otras, en cambio, se dejan los puntos cubiertos y sólo se cambia el apósito cuando te duches. Entonces recuerda mantener unos minutos la cicatriz al aire para que se seque bien.

En la maternidad, las enfermeras y/o el ginecólogo supervisarán la cicatrización de la herida aplicando, si lo creen conveniente, una solución antiséptica.

Los puntos de sutura de la piel tienen que retirarse, ya que no se reabsorben como los de la episiotomía. Esto suele hacerse en dos etapas, y realmente no duele, como mucho molesta.

Ejercicios de gimnasia

La rehabilitación tras una cesárea es más delicada que tras un parto vaginal. La recuperación, sobre todo en las primeras semanas, ha de realizarse a otro ritmo y con ejercicios diferentes. No obstante, debes empezar a practicar en la maternidad los siguientes:

1. Ejercicios circulatorios

—Estos ejercicios, ya descritos en la pág. 165, practícalos en cuanto salgas de la anestesia o puedas mover las piernas tras una epidural. Son más importantes, si cabe, que después de un parto vaginal para prevenir las complicaciones tromboembólicas de cualquier postoperatorio.

2. Ejercicios de Kegel

—Te resultará más fácil su práctica (véase pág. 71) que tras un parto al no tener episiotomía. Empieza a mover los músculos del suelo de la pelvis desde el día siguiente de la operación. No te relajes pensando que al no haber salido el niño por la vagina no has sufrido una gran distensión: esa musculatura se ha resentido, ya en el embarazo, por el enorme peso extra que sostiene.

3. Contracción del transverso del abdomen

—A partir del 3er día debes empezar nuevamente a meter la tripa. Evidentemente, este ejercicio tiene que ser practicado con suavidad y cuidado. No obstante, no dejes de hacerlo aunque te moleste algo porque:

* Mejora la circulación, favoreciendo la cicatrización de todas las incisiones abdominales.
* Favorece la movilidad intestinal ayudando a prevenir los gases.
* Empieza a tonificar tu pared abdominal.

En casa

Cuidados personales

Si la llegada a casa tras un parto supone un reto para tu resistencia física, después de una cesárea es casi imprescindible que busques ayuda. Recuerda que lo que has pasado es una intervención quirúrgica.

La gran diferencia entre la recuperación de una cesárea y la de cualquier otra operación es TU HIJO: un arma de dos filos. Por un lado, es una maravillosa y estimulante diferencia: te estás recobrando, pero no de una enfermedad; tu niño está ahí y constituye un magnífico motivo para mejorar pronto. Pero, por otro lado, al volver a casa no puedes dedicarte sólo a ti misma y a tu descanso, sino que, además, tienes que cuidar del bebé.

Así pues, tu única tarea insalvable es el niño; el resto, de momento, tendrás que delegarlo en alguien. Lo único importante sois tu hijo y tú.

Debes reposar y dormir algunas horas a lo largo del día. Procura tener alguien de tu confianza para que se ocupe del niño un rato, ya que necesitas relajarte y descansar de verdad, algo muy difícil si tienes que estar pendiente del bebé.

En cuanto a la higiene del cuerpo y los genitales, sigue los mismos consejos que hemos dado para después del parto. No tienes puntos, pero sangras igual y debes mantener bien limpia la zona vulvar. Utiliza para ello agua con sal o con algún antiséptico.

Tras la ducha, recuerda dejar la cicatriz al aire un rato para que se seque bien.

La cicatriz

La incisión va a cicatrizar en 10-15 días. No te preocupes por su aspecto, ya que en unos meses te va a resultar más estética y, si es horizontal (Pfannestiel), va a quedar cubierta por el vello del pubis.

Mantén una cuidada limpieza de la cicatriz, aunque no debes aplicar jabón directamente en la herida durante unas semanas. Basta el agua que resbala en la ducha y, si tu médico te lo ha recomendado, un antiséptico local. Asegúrate de que siempre esté lo más seca posible, pero sin utilizar ningún aparato para ello.

Es totalmente normal sentir molestias o tirantez en la cicatriz durante unas semanas, así como percibir una parte de la piel con una sensibilidad diferente, como si estuviera algo dormida. Pero si lo que notas es dolor, sobre todo al presionar una zona localizada y/o inflamada y enrojecida, consulta con el ginecólogo, ya que puede tratarse de un *seroma*, es decir, de una infección superficial de la herida que necesita ser tratada cuanto antes.

Gimnasia y deporte

1. Gimnasia

—Al llegar a casa, debes seguir practicando los ejercicios que hacías en la clínica, y a ellos puedes añadir:

* *Basculación de la pelvis* (véase pág. 166): puedes practicarlo desde el 7º día después de la operación, repitiéndolo diez veces cada día.

* *El gato* (véase pág. 59): empieza a hacerlo a los 15 días de la cesárea. Tu espalda lo estará necesitando.

* *Ejercicios de rectos del abdomen*: (véase pág. 360): puedes realizarlos a los 21 días de tener al niño.

—A partir de los 35-40 días de la operación, puedes acudir a clases de gimnasia, pero SIEMPRE con el visto bueno de tu ginecólogo. La rehabilitación muscular después de una cesárea es algo más específica, por lo que debes cuidar mucho la elección del centro. Procura que el personal que lo dirige tenga experiencia y conozca cuál es la musculatura que se ha visto afectada y cómo en la operación. Y, si sientes cualquier dolor, consulta con tu médico; quizás tengas que posponer unos días tus clases de gimnasia.

—Por último, 3 meses después de tu cesárea podrás acudir ya a tu gimnasio habitual.

2. Deporte

—Puedes volver a practicar deporte en la misma secuencia que tras un parto vaginal, pero siempre algo más tarde. En general, se suman 15 días a los plazos dados en la pág. 368.

—Si al hacer tu deporte favorito sientes dolor en algún punto de la cicatriz, interrumpe su práctica y consulta, cuando puedas, a tu ginecólogo, quien te indicará si debes aplazar la actividad un tiempo más.

Un nuevo embarazo. ¿Cuándo?

Se recomienda esperar unos meses para quedarte otra vez embarazada, de modo que entre los dos nacimientos hayan transcurrido 2 años. Si, por tus circunstancias personales (edad, trabajo, etc.), deseas una nueva gestación antes de ese plazo, consulta con tu ginecólogo, quien te indicará si ello resulta posible.

¿A qué obedece la espera? A que la cicatriz del útero va a distenderse nuevamente en el embarazo y necesita un tiempo mínimo para lograr una cicatrización perfecta que evite el riesgo de dehiscencia.

¿Mis próximos partos serán también por cesárea?

Depende. Efectivamente, la posibilidad de que una nueva gestación termine en una cesárea depende de muchos factores, que se pueden resumir en los siguientes:

1. De que la causa de la cesárea anterior se repita o no

—Por ejemplo, si el motivo de la cesárea ha sido que tu pelvis era demasiado estrecha para que tu hijo pudiera salir, y el peso —calculado por ecografía— del nuevo niño es igual o mayor, es obvio que el ginecólogo optará otra vez por hacer una cesárea. Igualmente, se repetirá la intervención quirúrgica si la causa ha sido una enfermedad materna y ésta permanece, o si se presenta el mismo problema que originó la primera operación (niño de nalgas, hipertensión grave del embarazo, etc.).

—Pero si la causa de la cesárea no se repite y las condiciones lo permiten, puedes tener la opción de un parto vaginal. Por ejemplo, si el motivo de la operación fue un sufrimiento fetal agudo cuando ya habías alcanzado, fácil y rápidamente, los 8-9 cm de dilatación, existen muchas posibilidades de que tengas un parto.

2. De las circunstancias de la cesárea anterior

—Por ejemplo, si habías dilatado hasta 8 cm rápidamente en el parto anterior, puedes tener la oportunidad de un parto vaginal; pero si la cesárea se decidió tras muchas horas de contracciones, habiendo dilatado sólo 2-3 cm, es muy poco probable que termines en un parto, ya que tu cuello no va a dilatar en pocas horas.

3. Del tiempo transcurrido entre la cesárea y el nuevo parto

—Si han pasado menos de 2 años, hay más posibilidades de una nueva cesárea: la cicatriz del útero puede no estar lo suficientemente sólida como para aguantar la tracción que supone las contracciones del parto, corriendo el riesgo de una rotura uterina.

La *causa principal* que hace que los siguientes embarazos terminen con mayor frecuencia en una cesárea es el riesgo de que la cicatriz uterina se rompa con las contracciones que se requieren para dilatar el cuello del útero en un parto vaginal. Por este motivo, es obvio que :

—El nuevo parto tiene que ser corto y controlado: no podemos dejar que la cicatriz sufra contracciones ni muy intensas ni durante mucho tiempo. El ginecólogo decidirá el plazo que se da a cada mujer para finalizar el parto por vía vaginal antes de recurrir de nuevo a la cesárea.

—Si los dos partos anteriores han sido cesáreas, el tercer embarazo va a terminar *siempre* en una nueva intervención.

¿Cuántas cesáreas puedo tener?

Éste es un punto sobre el que no existe consenso entre los profesionales. La opción más extendida es que, si se espera el tiempo necesario entre embarazos, y con el control médico adecuado, se pueden tener hasta 3-4 cesáreas, número que en la actualidad coincide —si no supera— en la mayoría de los casos con el número de hijos deseados por la pareja. Tal límite viene dado por el riesgo de dehiscencia de la cicatriz de las cesáreas anteriores durante el embarazo, que va en aumento con cada gestación.

Como siempre, es el ginecólogo quien te puede aconsejar sobre ello atendiendo a tu historia y condiciones médicas.

11. Aspectos psicológicos del puerperio

(Por la Dra. Mª Concepción Díez Rubio)

Generalidades

Vamos a hablar ahora de esa etapa esperada, soñada y anhelada durante el embarazo, y de forma especial en las últimas semanas, tan cargadas a veces de cansancio y casi siempre de impaciencia. En este periodo, la mujer tiene que adaptarse, por un lado, a una pérdida, la del embarazo, y, por otro, a lo nuevo adquirido, el niño. Entre estos dos polos opuestos, de pérdida y de adquisición, se va a ir desenvolviendo el equilibrio psíquico de la puérpera y de su hijo.

A lo largo del embarazo se ha ido desarrollando una relación con el hijo en la que la fantasía, tanto de la madre como del resto de la familia, ha jugado un papel muy importante. Una fantasía muy condicionada por un expectante: «¿Cómo será?», «¿será niño o niña?», «¿a quién se parecerá?», «¿estará sano?», etc. Parecería que las respuestas a todo esto vendrían dadas por ese acontecimiento que es el parto, acontecimiento que a veces es como si lo llenase todo y que de hecho supone la existencia de un antes y un después.

Es de ese después del que vamos a ocuparnos ahora; de ese después, en el cual, el hijo es ya una presencia real, y digo *real* para diferenciarlo de todo lo que la embarazada y el resto de la familia han podido imaginar que iba a ser. Como consecuencia, se establece una nueva relación con un, todavía, desconocido.

No obstante, a pesar de la dificultad que esta nueva situación supone, sabemos que el psiquismo de la embarazada, y no sólo su cuerpo, han ido preparándose para hacer frente a este nuevo estado de cosas. Hemos visto en capítulos anteriores cómo la embarazada va desarrollando una especial sensibilidad, sobre todo hacia sí misma, que no es solamente un mecanismo de protección del hijo que está gestando, sino también una preparación para eso que va a ocurrir en la etapa posterior al parto: el reconocimiento del hijo y el aprender a conocerle.

Para este proceso, como para tantas otras cosas importantes de la vida, la naturaleza supone una gran ayuda. Con mucha frecuencia, en los dos últimos meses de gestación la embarazada va disminuyendo sus expectativas y fantasías respecto al hijo, como intentando, de manera inconsciente, preparar su mente para hacer sitio en ella a ese hijo que va a nacer y que siempre es distinto de lo que se había soñado antes del nacimiento.

A partir del parto todo cambia, tanto a nivel biológico como psicológico, tanto para la madre como para el niño.

El hijo, antes unido físicamente a la madre, quien respiraba por él, lo alimentaba y formaba con él «casi» un único ser, tiene ahora que vivir en una situación de separación física de la madre. Esto supone hacerse cargo de estas funciones que antes cubría la madre, es decir, que el niño vaya desarrollando la conciencia de tener una vida propia, independiente de la de su madre. Vamos a ir viendo que esto no es un cambio instantáneo, sino un proceso; un largo proceso, el más importante de su vida, ya que de cómo se vaya desarrollando este proceso va a depender, en muy buena parte, su futuro como persona.

Otro tanto ocurre con la madre, que ha pasado nueve meses adaptándose al estado de embarazo habiendo incorporado la presencia del feto como parte de su esquema corporal, con los consiguientes cambios para ella de sus funciones metabólicas, hormonales, de ritmos de sueño, etc., y que tendrá que pasar, tras el parto, por un nuevo proceso de adaptación para volver a la situación más habitual de *no* embarazo. Y vuelvo a repetir la palabra «proceso» porque no debemos olvidarnos de que los cambios y las adaptaciones a esos cambios llevan tiempo. Ahora bien, también sabemos que esta situación ya no va a ser nunca la que había antes del embarazo, pues la existencia del hijo supone para la mujer, como dice Helen Deutsch —una psicoanalista estudiosa de la psicología femenina—, la existencia de un «cordón umbilical psíquico», que se va afinando con el tiempo, pero que no llega a desaparecer nunca, y que marca para la mujer un antes y un después de cada maternidad, y yo añadiría que, incluso, de cada embarazo.

Este proceso de separación del feto es también para la mujer un momento de una gran trascendencia desde el punto de vista psicológico, pues de cómo vaya organizando en su interior este cambio va a depender también su equilibrio psíquico posterior, así como la relación que vivirá con sus hijos.

De todas formas, y como telón de fondo general, lo más destacable en todas las puérperas es el hecho de que la mujer se encuentra por primera vez con su hijo tras muchos meses de imaginarle. Por fin puede sentirle, oírle, tocarle, verle, olerle... En fin, todo lo que va llevando a la madre, poco a poco, a reconocerle, en lo cual va a emplear mucho tiempo, muchos días, y para lo cual la mujer también se sirve de los que la rodean: todos esos comentarios en torno al niño, su aspecto, su carácter o la comparación con otros bebés de la familia ayudan a la madre en ese proceso que supone salir de la confusión que produce ese niño, que duerme ahí, a su lado, y que es su hijo.

Este proceso de reconocimiento que aparentemente es algo obvio y simple, despierta sin embargo en la mujer que acaba de dar a luz ansiedades muy profundas, ansiedades que, con frecuencia, no se expresan. Tendemos a idealizar el nacimiento de los niños, quizá porque es así como tendemos a vivir todos nuestro propio nacimiento y la relación inicial con nuestra propia madre. Esta idealización afecta lógicamente también a las mujeres embarazadas, que corren el peligro de convertir el nacimiento de un hijo en ese hecho perfecto y maravilloso soñado, sin dejar espacio para expresar la inevitable frustración que ello conlleva: el bebé recién nacido dista mucho de ser la hermosa criatura de los cuentos o de la publicidad. Para las mujeres que ya han estado en contacto antes con recién nacidos, es más fácil aceptar esta frustración que para las que no han tenido esa posibilidad, eso que es ahora tan frecuente en nuestro medio, en el que las familias suelen ser muy reducidas.

La preocupación maternal primaria

Ese cordón umbilical psíquico es el que condiciona y permite que se desarrolle en la madre puérpera un estado psicológico especial, una especie de sana «enajenación», necesaria para conectarse emocionalmente a las necesidades del hijo, aún muy inmaduro y dependiente de ella para sobrevivir.

D. W. Winnicott, un importante psicoanalista y pediatra, llamó «preocupación maternal primaria» a este estado psicológico tan especial. Consiste en un aumento de la sensibilidad materna durante el embarazo, sobre todo al final de éste, que dura varias semanas tras el nacimiento del hijo. Una característica de este estado es que no suele ser recordado por la madre una vez que se ha recuperado del mismo. Pese a ello, es fácilmente perceptible desde el exterior por personas sensibles próximas a ella.

Este estado psicológico de la madre, esta alteración de lo que sería su «normalidad psíquica», esta exaltación de su sensibilidad (casi patológica si no fuera por la existencia de un hijo al que acaba de dar a luz) es lo que permite a la madre comprender y manejarse adecuadamente en las primeras etapas de la vida del hijo. Esta «preocupación maternal primaria» es lo que permite a la mujer adaptarse sensible y delicadamente a las necesidades del hijo desde el comienzo, a mantenerlo en una especie de «incubadora psíquica materna» durante la primera etapa de su vida extrauterina. Durante este periodo, el equilibrio en las relaciones madre-hijo sigue siendo, como lo fue en el embarazo a nivel más marcadamente biológico, determinante de la evolución tanto del hijo como del proceso del puerperio de la madre. Alcanzar este estado psíquico requiere una buena salud mental previa en la madre, y que ésta tenga un ambiente adecuado que le facilite el abandonarse a vivirlo.

El poder «permitirse» vivir esta peculiar situación psíquica es algo a enfatizar, especialmente en esta época y en nuestro medio, en el que con frecuencia las mujeres estamos muy volcadas hacia otros intereses y responsabilidades, a veces de una gran importancia. Indudablemente, estos logros son de una enorme trascendencia, no sólo para la mujer, sino también para la sociedad. No obstante, no podemos olvidar el hecho de que estas actividades conllevan, en ocasiones, unos costes emocionales enormes, tanto para la mujer como para los hijos. Con cierta frecuencia nos encontramos que, incluso socialmente, parecería que hay que pasar por la maternidad como si de un proceso casi exclusivamente biológico se tratase. Las «manías», «antojos», «ascos» y otras manifestaciones psicológicas de este peculiar estado, y que hace años se interpretaban como propias de una embarazada, son ahora muchas veces tachadas alegremente de «neuróticas», sin darles el valor de su correspondencia con esta hipersensibilidad materna que tan importante va a ser para adaptarse a la hipersensibilidad del hijo recién nacido.

Esta hipersensibilidad, necesaria para el hijo, es más fácil de alcanzar por la madre biológica del bebé que por otros cuidadores, pero también lo logran muchas madres adoptivas, con sensibilidad y capacidad para identificarse con las necesidades del niño.

Cada recién nacido viene al mundo con una constitución propia, con unas tendencias innatas al desarrollo, y con su propia movilidad y sensibilidad. La madre, desde este estado psíquico particular que hemos descrito, aporta un marco para que su hijo pueda desarrollar adecuadamente su propia constitución. Si la madre ofrece esa adaptación que todo bebé reclama, las necesidades del niño encontrarán las vías que precisa su desarrollo tanto psíquico como físico.

La madre, sensible y sensibilizada, podrá ponerse en el lugar del hijo y así identificar y satisfacer sus necesidades. Al principio parecería que son sobre todo necesidades corporales, pero poco a poco se va poniendo en evidencia que son también necesidades psicológicas.

Todo esto son cosas que las madres sensibles han sabido siempre, sin necesidad de tener conocimientos especiales acerca de la crianza de los hijos. No obstante, conviene recordarlo y tenerlo muy en cuenta a la hora de pensar y hablar de la maternidad, pues nos lleva a considerar la importancia de un ambiente externo facilitador, que ayuda a la madre a vivir esta etapa de tanta trascendencia tanto para su vida como para la de su hijo.

Las dificultades para «permitirse» vivir este estado no solamente surgen del exterior. También en la mujer puede nacer la angustia al vivir esta situación como algo «agobiante» o como un peligro para sus otros intereses vitales. Durante el puerperio, el cuidado del hijo ocupa casi todo el tiempo de la madre, pasando a ser el centro de sus intereses vitales. En esta angustia hay un peligro potencial de «huida» de este estado, de una «normalización» precipitada de ese estado psíquico de la madre, lo que limitaría, a ella y al hijo, vivir ese contacto estrecho que, a pesar de que parece inicialmente como algo para toda la vida, va a durar sólo unas pocas semanas, únicas e irrepetibles, pero que, eso sí, suelen hacerse muy largas. Yo diría, incluso, que también para el padre, que en este momento es cuando puede por fin, tener un contacto directo con su hijo.

Éste es uno de los puntos en los que una buena preparación al parto y a la maternidad permite y facilita que este estado de ánimo pueda darse, aceptarse como «natural», para poder así ir organizando internamente la nueva situación en la que el bebé ya está en sus brazos y su cuerpo en un proceso que aún va a durar un tiempo, pero encaminado hacia la normalización del nuevo estado de *no* embarazo.

Fases del puerperio

Los días de permanencia en la maternidad

Los días siguientes al parto no son nada fáciles. Toda embarazada ha soñado con esos días como con un cuento de hadas, en que se verá feliz con su hijo en los brazos. Todos vendrán a visitarla y le traerán regalos. De hecho, la respuesta de los que rodean a la puérpera suele ser reflejo de una captación del entorno de lo que son las necesidades de ésta. Se llega incluso a la exageración, creándose a veces situaciones que llegan a agotarla o, incluso, a provocarle algún trastorno.

Sin embargo, a pesar de esto, cuando no se da esa respuesta solícita familiar y social, la depresión puede llegar a ser muy intensa: la madre reciente, cuyo bebé es sólo un bebé que llora y duerme a su lado, y que aún no se conecta apenas con ella, siente que eso tiene poco que ver con lo que ella esperaba. Por otra parte, se suma la preocupación por la lactancia, o por su recuperación física, o por confirmar si el bebé es normal o no, o por conocerlo. Todo esto en un medio, como es la clínica, que resulta extraño, con personas ajenas a ella y con unas reglas, en muchos casos, nuevas y desconocidas para ella.

Ante esta situación, tan nueva y complicada, no es de extrañar que aparezca en la mujer una necesidad de cuidados y de protección, agudizándose en esos momentos sus temores y ansiedades frente a la situación de soledad que vive. Es un momento en que los cambios físicos —sangrado, entuertos, molestias causadas por la episiotomía, etc.— y los cambios internos derivados del brusco cambio del equilibrio hormonal previo y de la instauración de la lactancia, generan siempre en la madre un estado de gran ansiedad que tiene manifestaciones muy variables de unas mujeres a otras, pero que en cualquier caso está siempre presente.

Los estados depresivos del puerperio

Bajo este término vamos a englobar tres entidades clínicas muy diferentes entre sí, tanto desde el punto de vista de sus manifestaciones, como del tratamiento y de las repercusiones que pueden tener para el futuro de la mujer.

De estos tres diferentes cuadros clínicos —el estado depresivo normal del puerperio, la depresión puerperal y la psicosis puerperal—, vamos a centrarnos aquí sobre todo en el primero, no sólo porque es el más frecuente, sino porque, además, corresponde, como su nombre indica, al puerperio «normal».

El *estado depresivo normal* es un cuadro clínico que suele presentarse alrededor del 3er día tras el parto y suele ser de breve duración. Se manifiesta como un estado de ánimo triste que, a veces, se acompaña de llanto, confusión, insomnio, irritabilidad, fatiga, inseguridad, etc. Aunque la forma de «vivir» este estado varía según la personalidad de cada mujer, también va a influir mucho en su evolución la respuesta que ella reciba de quienes la rodean.

En la aparición de este estado de ánimo depresivo entran en juego factores de diversa índole, que confluyen en estos días potenciándose entre sí. Aquí vamos a comentar algunos de ellos:

El parto supone, entre otras cosas, cambios físicos de primer orden para la mujer, quien sufre, de entrada, una ruptura del equilibrio hormonal previo: las alteraciones en los niveles en sangre de los estrógenos, progesterona, prolactina (que permanece elevada de 2 a 8 semanas, aunque no haya lactancia materna), cortisol, etc., sientan las bases para una mayor labilidad anímica. Además, otros problemas físicos —la pérdida de sangre, los entuertos, las molestias derivadas de la episiotomía, la fatiga al llegar a casa, etc.— generan siempre un estado de gran ansiedad.

Pero, además, la mujer que acaba de dar a luz tiene que digerir también lo que para ella supone la pérdida del embarazo. Éste es un momento de depresión importante, de depresión normal e inevitable, que en algunas ocasiones puede derivar en cuadros depresivos patológicos. Por ello es muy importante tener en cuenta y dar valor a toda la parte de pérdida que supone el dar a luz para la mujer. No sólo son las ilusiones puestas en el niño o en el parto, que pueden no haberse concretado; se trata, sobre todo, de lo que supone la pérdida del embarazo en sí, situación en la cual la mujer y su estado de gestación eran el centro de todo. Ahora, ese centro de atención se desplaza hacia el bebé quien, tanto para ella misma, como para los demás, pasa a ser el gran protagonista.

Juega un papel muy importante en la génesis del estado depresivo lo que haya podido ser la experiencia del parto, que no siempre se atiene a las expectativas puestas en él. Hemos visto que uno de los grandes temores durante el embarazo ha estado referido precisamente al momento del parto, y no sin razón. Hasta la época de nuestras abuelas, los problemas durante el parto eran muy frecuentes, e incluso fatales, tanto para la madre como para el hijo. Afortunadamente, hoy en día estos problemas, o más bien sus duras consecuencias, son una rareza. Pero en la mujer persiste, y no sin motivo, ese miedo atávico al momento de dar a luz como un momento crítico, desde el punto de vista vital, tanto para ella como para el niño que está naciendo.

Ahora bien, el que ahora, en la inmensa mayoría de los casos, el resultado final del parto sea feliz para ambos protagonistas, pasa por la mejoría de los cuidados obstétricos y pediátricos que reciben, y, lógicamente, por un intervencionismo médico sobre cuya posibilidad la madre debiera haber sido preparada y advertida en su curso de preparación a la maternidad.

No siempre es posible el parto normal por vía vaginal que toda mujer desea. En los casos en que esto no es posible y la desilusión de la madre resulta inevitable, queda esa frase, tan frecuente en los natalicios: «Lo importante es que todo haya salido bien.» Y aquí habría que completarla diciendo: «...aunque para ello haya sido necesario un parto instrumental, o un parto por cesárea, o que el recién nacido haya requerido unos cuidados pediátricos neonatales especiales, o incluso la posibilidad de una permanencia en el hospital más prolongada de la prevista».

Asimismo, haber tenido un parto instrumental o una cesárea también propicia el que este estado depresivo aparezca con más frecuencia.

Por otra parte, la cuestión de la alimentación del niño, de la que hablaremos más tarde, juega un papel importantísimo como preocupación en el establecimiento de este estado depresivo.

Hay, además, otra situación externa que contribuye a este estado depresivo y que proviene del propio bebé: no todos los bebés son iguales; hay unos que nada más nacer facilitan las cosas a su madre: succionan sin problemas, lo cual, si puede ser bien recibido por la madre, va a permitir el que se desarrolle una lactancia placentera para ambos. Pero es posible que esta misma actitud del bebé provoque en la mujer un «susto» ante la sorpresa por la aparición en el hijo de actitudes diferentes a las esperadas, lo que puede ser fuente de tensión y provocar una retracción en la madre a la que el niño puede reaccionar a su vez con llanto y pataleo. Esta reacción puede asustar aún más a la madre, organizándose así, en ocasiones, uno de esos círculos viciosos de angustia materna y ansiedad del niño que suelen dificultar enormemente la crianza.

También hay bebés que se quedan dormidos apenas han tomado un poco de leche. En algunas madres, ello representa una fuente de gran frustración, sobre todo si no han sido preparadas para esta eventualidad, pudiéndolo vivir como un rechazo hacia ella. Esta vivencia puede llevarla a apartar al niño o a intentar despertarle de manera forzada, provocando así su llanto, con el consiguiente entorpecimiento en su relación con el bebé.

Otros motivos se pueden añadir como desencadenantes de este estado depresivo. Uno de ellos es si el bebé tiene algún problema, o si la madre es dada de alta pero deja al niño ingresado en la clínica. Asimismo, hay que apuntar que, cuando la relación con el padre del niño presenta problemas importantes, el estado depresivo se puede agravar.

En fin, todas estas situaciones entran en juego y determinan el estado depresivo de la madre, que tiene su punto álgido alrededor del 3er día del puerperio, lo cual coincide generalmente, en el caso de la lactancia materna, con la subida de la leche.

Ante este estado depresivo, no todas las mujeres reaccionan de la misma manera. Muchas pueden sentir una importante desvalorización y necesidad que, a veces, compensan con conductas que intentan «resarcirlas» de esta desvalorización: se muestran eufóricas, parlanchinas, muy preocupadas por el aspecto externo, en una situación en la que «todo va bien». Cuando esta reacción es muy extrema, las mujeres pueden sufrir trastornos en el sueño, dificultades para la lactancia e, incluso, trastornos psicosomáticos importantes. Cuando se llega a este estado pueden terminar cayendo en una crisis depresiva más importante que requiera una ayuda más específica.

En algunas mujeres, la dificultad para vivir este «estado depresivo normal» puede dar lugar a reacciones distintas, como el desinterés, el retraimiento o el temor a dejar la clínica. A menudo, este temor se justifica por el bienestar del niño, aludiendo, por ejemplo, a que el personal sanitario le atiende mejor. En realidad, en la mayoría de estos casos lo que entra en juego es el miedo de la madre a no ser capaz de cuidar al niño por sí misma. Por el contrario, en otras mujeres puede producirse una reacción completamente opuesta. Ven la clínica como si fuese mala y dañina, y se empeñan en abandonarla antes de tiempo.

Fuera ya del ámbito del estado depresivo normal del puerperio se encuentran los otros dos cuadros clínicos citados anteriormente. De ellos, sólo haremos una descripción muy somera, ya que entran en del terreno de la psicopatología.

La *depresión puerperal* es una entidad clínica en la que aparecen síntomas depresivos francos hacia la 6ª semana del puerperio. Cursa con fatiga, tristeza, pesimismo, irritabilidad, etc. y suele empeorar al final del día. En esta «verdadera» depresión se requiere una ayuda profesional (psicológica o psiquiátrica) especial.

Por último, la *psicosis puerperal* es un cuadro psiquiátrico mucho más grave que llega a imposibilitar a la madre para atender a su hijo. Surge tras el parto, pero siempre se asienta en personalidades alteradas previamente.

Afortunadamente, en la actualidad estos dos últimos cuadros son muy poco frecuentes. Los especialistas relacionan esta disminución de la incidencia con el hecho de que no sólo los cuidados obstétricos en la actualidad están más extendidos y son mejores, sino, y sobre todo, por el hecho de que la preparación al parto y al puerperio van siendo cada vez más habituales.

El contacto con el recién nacido en la maternidad

Si tenemos en cuenta todo lo dicho anteriormente acerca de la importancia del reconocimiento del bebé y del estado de confusión y de desorientación que tiene la parturienta en los días siguientes al parto, podemos entender la importancia de mantener el contacto con el recién nacido. La presencia de éste ayuda a la madre a salir de su estado de confusión y perplejidad ante el nuevo hijo.

Además, este primer contacto es también fundamental para favorecer el desarrollo en la madre de ese estado que llamábamos de «preocupación maternal primaria» y, en el niño, de esa «relación primaria de amor», como lo dirían otros, que va a ser el fundamento del desarrollo de la personalidad del niño.

Es muy frecuente, además, observar en la clínica, y también cuando la madre ya está en casa, la ansiedad que provoca en la madre el alejamiento físico del hijo. Este alejamiento del niño interfiere en la relación y la perturba. Esto, como tantas otras cosas relacionadas con la maternidad, forma parte del saber de las madres sensibilizadas de todos los tiempos.

Se ha investigado mucho, y desde muchos puntos de vista, la necesidad de esta cercanía física, tanto para la madre como para el hijo. Éste es el caso de los etólogos —estudiosos de la conducta animal— que ya hace algunos años describieron un fenómeno al que llamaron *impronta* y que consiste en que, cuando una hembra recién parida toma contacto con una cría, aunque no sea la suya, la adopta como si fuese su hijo; otro tanto ocurre con la cría, que sigue a la «madre adoptiva» siempre que este contacto tenga lugar en las primeras horas tras el parto. Parece ser que la situación biológica tras el parto propicia esta relación, que no se daría con una hembra que no hubiese dado a luz recientemente.

Los seres humanos, aunque con unos sistemas de relaciones mucho más ricos y complejos, estamos también dotados en el fondo para establecer las relaciones básicas desde nuestra propia biología. Estas relaciones son básicas para la vida y constituyen un elemento fundamental en la crianza del ser humano que, como todos bien sabemos, nace siendo aún muy inmaduro y depende de los cuidados maternos para sobrevivir. Todos necesitamos una madre cercana cuando llegamos al mundo o, al menos, la presencia de alguien que cumpla esta función materna de manera estable.

La presencia cercana de la madre en las primeras etapas de nuestra vida permite que se genere el primer vínculo de dependencia y amor, que nadie como la propia madre biológica puede proporcionar. Pero ésta también necesita la presencia del hijo para dejar vía libre en su interior al desarrollo de la relación con él. Hablamos, pues, de una necesidad que tiene una doble vertiente, psicológica y corporal, pues la puérpera sigue vinculada corporalmente al hijo a través de la relación con él.

En este sentido, yo resaltaría la importancia de la proximidad física del niño y la madre durante el ingreso hospitalario como una norma general y, naturalmente, siempre que la situación de ambos lo permita. Esto tampoco excluye que la puérpera pueda ser ayudada por el personal sanitario en función de otras necesidades que puedan surgir.

Lactancia materna. Las primeras tomas

Con la lactancia, como con todos los demás aspectos de la crianza, hay que aprender. Aprender la madre y permitir que el niño se tome su tiempo para aprender él también. El único método de aprendizaje conocido es el de «ensayo y error»; con esto quiero decir que lo importante no es que todo salga bien desde el principio —algo que pocas veces ocurre—, sino que ambos se den el tiempo para encontrar la manera, particular en cada caso, de acoplarse y, así, poder ir desarrollando la lactancia.

Lógicamente, si en este aprendizaje existen dificultades, hay que pedir ayuda. Es preferible que ese consejo provenga de alguno de los profesionales que rodean a la puérpera, pues, al vivir la situación sin la carga de angustia y preocupaciones que pueden tener las personas cercanas (madre, suegra, hermanas, amigas...), van a poder ayudar a la mujer con más serenidad y eficacia.

La manera en que va a evolucionar la alimentación del bebé en estas primeras etapas va a facilitar o dificultar más la relación madre-hijo; relación que hay que ir creando entre dos personalidades —la de la madre y la del niño— que han de aprender a conocerse y a desarrollarse juntos. La madre como madre de cada hijo en particular y el hijo como individuo que, con el tiempo, va a ser autónomo e independiente de la madre.

Por último, quiero hacer mención del valor del calostro, a menudo despreciado y que, sin embargo, constituye un excelente alimento para el recién nacido.

Tras la llegada a casa

Cuando la madre regresa a su casa, normalmente recuperada sólo en parte del parto, pues suele continuar en el estado depresivo del que hemos hablado, no sólo llega con la carga de la experiencia vivida recientemente, sino también con un nuevo hijo al que, a partir de ahora, va a tener que criar teniendo que acoplar su crianza a la vida normal del hogar. A esto se suma la preocupación inevitable de qué va a pasar ahora, de qué se encontrará, de si podrá hacerse cargo ella sola de la crianza del bebé o no, de cómo compaginar su vida anterior al nacimiento con la crianza del niño, etc.

Pensando en esta situación, se entiende por qué este momento es tan delicado para la nueva madre. Un momento en el que va a necesitar mucha ayuda hasta poder ir desenvolviéndose sola. Es en esta etapa cuando puede servir de gran apoyo la respuesta de las mujeres cercanas a ella —madre, suegra, hermanas o amigas— y, por supuesto, del padre de su hijo. Este apoyo familiar es muy importante, sobre todo en los primeros días, en que la puérpera está aún muy cansada y con frecuencia deprimida. Las primíparas, cargadas con el peso y la angustia que produce la inexperiencia; las que tienen más hijos, con las complicaciones que supone la llegada de un nuevo hermano para los otros hijos y por supuesto para los padres.

En las dos o tres primeras semanas tras el parto, se mantiene el peligro de una mala evolución de la depresión puerperal. Cuando se da esta situación, es muy útil, no sólo ayudar psicoterapéuticamente a la puérpera, sino también, en muchos casos, prestar una ayuda al grupo familiar para favorecer, también desde ese frente, la buena evolución del cuadro.

En estas situaciones, la ayuda exclusivamente farmacológica tiene sus inconvenientes, pues aunque resuelve los síntomas momentáneamente, no permite solucionar los problemas de fondo que se han generado. Hay que ayudar a la familia a enfrentar una situación de crisis y así, con cariño y comprensión hacia las tensiones y el cansancio de la madre, contribuir a evitar el riesgo de evolución hacia una depresión cronificada.

La lactancia materna

Estos primeros días de estancia en casa son también un momento delicado para la buena continuación de la lactancia materna, pues la situación depresiva de esa etapa puede dificultarla. La mujer, muchas veces puede incluso desistir de ella con la idea de que «no sirvo para ello», «no tengo suficiente cantidad de leche» o «mi leche no es suficientemente buena». Poder ayudar a la mujer en estos momentos le va a permitir superar los baches depresivos y mantener la lactancia.

Para una madre que desea alimentar ella misma a su hijo, poder hacerlo es una fuente de enorme satisfacción, y verse privada de esta posibilidad supone en muchos casos una fuente de dolor y frustración muy importante.

Los otros hijos

Hablaba anteriormente de lo que supone para la mujer que ya tiene otros hijos el compaginar la crianza del bebé y el intentar seguir atendiéndoles como antes. También para ellos la llegada de un nuevo hermano constituye una fuente de inquietud y temor.

Las manifestaciones de celos por parte de los mayores son inevitables, aunque no siempre se expresen de la misma manera. Algunos niños pueden mostrarse caprichosos, exigentes con la madre o el padre, incluso manifestar abiertamente su hostilidad hacia ese «intruso» que entra en lo que hasta entonces era *su* mundo; otros muestran sus celos de una manera menos abierta: por ejemplo, cuántas veces se puede observar a niños que, ante la llegada de un hermanito, reaccionan «protectoramente», aparentando que la situación no les afecta, salvo para mostrarse como si, de repente, se hubieran vuelto mayores y más independientes de lo que en realidad son. En estos momentos, la sensibilidad de los padres ante el sufrimiento de sus otros hijos es necesaria para ayudarles a expresar y a ir adaptándose a la nueva situación, algo que, lógicamente, requiere un gran esfuerzo por parte de todos, pues exige el compaginar la atención a los hermanos mayores con la atención al bebé. Una tarea muy complicada para la puérpera al principio, en la que juega un papel decisivo el padre y en la que puede ser inestimable la ayuda del resto de la familia.

Las relaciones sexuales

A todo lo dicho hay que añadir y enfatizar lo que supone para la pareja la falta de relaciones sexuales, algo que también pesa en el estado depresivo y, cómo no, en las dificultades de comunicación que genera. Para el hombre puede ser muy difícil entender lo que su mujer está viviendo. Es posible que se sienta desconcertado, excluido o incluso maltratado, y esos sentimientos no ayudan precisamente a la comunicación. Asimismo, él también puede retirarse en cierta medida de la relación, lo cual no hace sino agudizar el problema.

A partir de la 3ª semana del puerperio, se observa cómo empiezan a reaparecer, tanto en el hombre como en la mujer, las preocupaciones derivadas del deseo sexual, las cuales pueden manifestarse como irritación, malestar, temores, etc. En la mujer empieza a manifestarse la necesidad de ir siendo rescatada poco a poco, por su compañero, de ese papel casi exclusivo de madre que ha tenido hasta entonces. Esto no significa que a partir de este momento salga ya completamente de ese estado de preocupación maternal primaria, pero sí que empieza a desear recuperar parcelas de su vida de mujer, para lo que siempre va a ser muy importante la ayuda de su pareja. Nunca hay que olvidar que la ayuda ha de ser recíproca: no es fácil para un hombre acercarse a una mujer que se recluye en el papel de madre, en una especie de regresión como si ella se hubiese vuelto una «mamá», también para su marido. Insisto en ello porque es en este periodo del puerperio en el que se gestan con mucha frecuencia conflictos conyugales. Conflictos derivados muchas veces del aislamiento y de los celos, de la falta de comunicación para poder compartir un proceso que se vive de forma diferente según se sea hombre o mujer, pero que es importante y difícil de encajar para ambos. La forma en que se vaya elaborando todo esto dentro de la pareja va a condicionar también la evolución de la recuperación de las relaciones sexuales.

Siempre que no haya complicaciones médicas que lo impidan y respetando el plazo indicado por el ginecólogo, la primera relación sexual tras un parto debe estar a criterio de la pareja. Pero siempre tendrá algo de nuevo y de desconocido, algo de revivir la primera relación sexual.

Con el parto es habitual haber sufrido una episiotomía, lo cual supone la presencia de una cicatriz a la que hay que adaptarse, pero sobre todo supone la presencia de un temor; un temor a haber quedado dañada en su cuerpo, del que participa también el hombre. Como consecuencia de todas estas ansiedades, no es infrecuente que las primeras relaciones sexuales tras un parto sean insatisfactorias y frustrantes. Puede incluso aparecer algún tipo de trastorno, como dolor en el coito, frigidez en la mujer o impotencia o eyaculación precoz en el hombre.

Conocer estos temores, poder hablar de ellos e ir resolviéndolos en la pareja va a ser una ayuda importante a la hora de incorporar ese cambio que supone para los nuevos padres la presencia de un nuevo hijo. Este cambio no sólo afecta a la vida familiar, sino también a la vida de pareja, que hay que «rescatar» del peligro que supone quedarse solamente en los roles de «papá» y «mamá». *Sostener una estructura familiar requiere, ante todo, de un hombre y una mujer que sean hombre y mujer en la relación entre ellos, tengan los hijos que tengan.*

Ante la reanudación de las relaciones sexuales surge además otro temor: el miedo a un nuevo embarazo. Este miedo puede guardar relación en muchos casos con el deseo inconsciente de repetir la experiencia cuando ésta ha sido buena y gratificante, por lo que este temor puede suponer una dificultad añadida en las relaciones sexuales. En este punto, como en tantos otros, es importantísima la ayuda que el ginecólogo pueda brindar a la pareja explicándoles la posibilidad de utilizar algún método anticonceptivo.

Tras las primeras semanas

En condiciones normales, a partir del 2º mes se produce un cambio en la situación depresiva de la mujer, que empieza a sentirse más desenvuelta con la crianza y esto la hace verse más libre, menos absorbida por el cuidado del bebé. Además, generalmente el niño ya ha comenzado a regularizar su alimentación y su sueño, permitiendo a la madre alguna hora más de descanso nocturno, lo que supone un importante alivio para ella y por lo tanto para su estado depresivo.

Este proceso de recuperación materna repercute además beneficiosamente en los otros hijos, que han sufrido con más agudeza los celos durante los dos primeros meses. Lógicamente, los celos persisten, pero con manifestaciones más atenuadas, al menos hasta que el hermano alcanza una edad en la que comienza a estar más despierto, y posteriormente, cuando comienza a desplazarse por su cuenta, lo que supone un peligro para las pertenencias de los hermanos. Cuando el pequeño llega a este punto, los conflictos entre hermanos empiezan a manifestarse más abiertamente, lo que pone a prueba a los padres en su capacidad para manejar los conflictos entre sus hijos, tanto de rivalidad como de competencia, celos, etc.

A las pocas semanas del parto, la madre ya es capaz de organizarse; no sólo tiene mas tiempo para sí misma y sus otras tareas, sino que también puede empezar a pensar en su cuerpo, en la recuperación de su figura, en la reaparición de las reglas, etc. Este proceso, que requiere ser vivido sin impaciencia, a menudo se precipita en nuestro medio por las presiones sociales e incluso laborales a las que se encuentra sometida la mujer.

La frecuente «urgencia» por adelgazar o por volver a la normalidad en las actividades previas al embarazo, tan valorada en muchas ocasiones, no sólo no es beneficiosa para el bebé, sino tampoco para la mujer, que se ve sometida a un exceso de presión en un momento vital que, ya de por sí, le exige un esfuerzo y un desgaste importante, aunque sea también una de las mayores fuentes de satisfacción que va a tener en la vida. Al fin y al cabo, *los bebés son bebés muy poco tiempo* en relación con lo que supone el resto de la vida.

El padre durante el puerperio

Vamos a tocar ahora un tema a menudo descuidado cuando hablamos de la maternidad y que, sin embargo, es un proceso paralelo y complementario al desarrollo de ésta. Nos referimos al desarrollo de la paternidad, un proceso diferente del que vive la mujer, pero no menos importante desde el punto de vista psicológico. Ambos se complementan y son necesarios para el buen desarrollo del hijo como individuo adulto y autónomo, así como para permitir la adaptación de la pareja a la nueva situación de padres.

Tradicionalmente, se ha hablado muy poco del papel del padre durante el puerperio de la mujer, como si todo lo relacionado con la maternidad fuese solamente un tema de mujeres. Sin embargo, la función paterna en esta época es de una gran importancia, pues él es quien permite y facilita el que se den las condiciones en las que la madre pueda vivir la relación con el hijo de la que hemos hablado antes. Al hablar de facilitar estas condiciones no me refiero únicamente a las condiciones materiales que, por supuesto, son importantes y necesarias; me refiero, sobre todo, a poder crear en torno a la pareja madre-hijo un clima de comprensión y protección en el que la madre pueda sentirse no sólo madre, sino también mujer, para así poder abandonarse con menos angustia y tensión a las necesidades de esta etapa de su vida.

Creo que habría que establecer una distinción entre los «nuevos padres», que creen, buscan y a veces consiguen establecer un cierto nivel de igualdad en los cuidados prodigados por ambos progenitores, y los padres más tradicionales, que valoran menos esta igualdad y por consiguiente son menos conscientes de ella. Sin embargo, creo que ambos tipos de padres, con estilos tan diferentes, pueden brindar el apoyo práctico que la madre necesita en la primera relación con el bebé. Es evidente, no obstante, que hay ciertas cosas que el padre no va a poder hacer, al igual que hay otras donde la mujer no puede llegar.

Su apreciación como marido, padre y hombre tiene una gran importancia, pero sólo va a poder cubrir una parte de la necesidad de sostenimiento de la madre, y yo diría que afortunadamente, pues si recayera sobre él todo el requerimiento de apoyo, consejo, ánimo, etc., el padre quedaría parcialmente «maternizado» y se convertiría en un sustituto materno fracasado e insuficiente, sin olvidar las consecuencias de esta maternización y de ese fracaso parcial para la evolución de la «nueva familia nuclear».

Asimismo, el hombre no va a poder (salvo excepciones) servir de ejemplo válido y experto para la madre en una amplia variedad de temas relativos a los cuidados infantiles, sobre todo en esa primera etapa en la que lo corporal de la mujer sigue estando en juego a pesar de que el hijo se encuentra ya fuera del útero.

Por otro lado, el padre es testigo de los cambios tan llamativos que van produciéndose en el cuerpo de la mujer. Primero con el embarazo, esos nueve meses en que día a día van cambiando las cosas a nivel físico y psicológico; luego por la percepción del hijo como algo que se desarrolla en su interior y más tarde en el parto con todo su realismo y la mitología en torno a él. También durante el puerperio y la lactancia, el padre verá los nuevos cambios corporales de la mujer así como el contacto del niño con el cuerpo materno. En fin, todo esto que las mujeres conocemos tan bien y en lo que, inevitablemente, el padre queda en un segundo plano ante la avalancha de cosas que vive la mujer.

Es fácilmente comprensible que el hombre, ante este estado de cosas, sienta, al menos inicialmente, un gran desconcierto: sabe que espera un hijo, pero lo sabe porque se le comunica, pues él no puede percibirlo. Lo que sí percibe, y en muchos casos sufre, son los cambios —psicológicos y físicos— de su compañera, que a veces producen serias molestias. No es de extrañar que ante esta situación un hombre pueda sentir cierto grado de perplejidad, aunque ésta se vea amortiguada por el conocimiento del embarazo y, seguramente, por la ilusión puesta en el nacimiento de un nuevo hijo, que espera le saque de la exclusión que ha vivido durante el embarazo.

Ahora bien, nace el niño y la situación en muchos casos se complica. Al padre le toca convivir, sobre todo en estas primeras etapas, con una pareja madre-hijo que, con frecuencia, al menos aparentemente, le excluye; una pareja que sitúa en un segundo plano cualquier otra relación, incluida la del padre o la de los demás hijos de la pareja.

Ante una situación de este tipo, no es de extrañar que el varón se sienta excluido, celoso incluso, pues vive en un triángulo en el que su mujer se ha convertido en «una mamá unida a un bebé» al que dedica casi toda su atención y cuidados, olvidándose con mucha frecuencia de la pareja. De alguna manera, puede llegar a sentirse, más que como un compañero de su mujer y un padre de su hijo, como una especie de hermano mayor desplazado por el que acaba de nacer y reducido, con frecuencia, a cubrir funciones de intendencia.

Ante esta situación, las cosas pueden resultar muy difíciles para el hombre. Dependiendo en buena parte de la actitud que tome la mujer, el padre podrá llegar a tener un acceso más cercano a su hijo y a compartir con ella la responsabilidad de la crianza del niño.

Sabemos que hay padres que en un principio experimentan una cierta timidez o torpeza y para los que resulta muy importante la actitud que tenga la madre, haciéndoles partícipes de las pequeñas cosas del cuidado del bebé. No obstante, no se puede afirmar que sea conveniente en todos los casos que el padre intervenga siempre desde el principio. Cada padre es diferente. Algunos hombres, incluso, piensan que serían mejores madres que sus esposas, actitud que puede terminar molestando y entorpeciendo la función materna y que cuenta con un agravante: colocándose en una posición materna, lo que el hombre no cubre es su propia función de padre.

El padre tiene que poder aceptar ese cierto grado de «exclusión» temporal y a la vez no excluirse. Sólo así va a poder sostener a esa madre que, aparentemente, lo tiene todo con el hijo y que, sin embargo, necesita en esos momentos más que nunca un compañero que la ayude a ser madre, sin perder de vista que sigue siendo una mujer. Es decir, integrarse en la relación con su mujer, por un lado, y con el nuevo hijo, por otro.

El primer encuentro visual con el hijo recién nacido y con su indefensión le puede ayudar a tomar conciencia de la importancia de su papel como constructor de esa «incubadora psicológica» que va a permitir a la madre cuidar al hijo, delicada y sensiblemente, en esas primeras etapas. Es él quien está en la mejor posición para ayudar a la mujer a neutralizar los temores que ésta puede tener a quedar «atrapada» en el papel de madre, recordándole que sigue siendo su mujer para él, su mujer como pareja. Una pareja ahora enriquecida, pero también cambiada por la llegada de un hijo. En definitiva, un proceso de adaptación que afecta a todos los miembros del grupo familiar.

Más adelante, cuando toquemos el tema de la alimentación del recién nacido, veremos también que en esa faceta de la crianza es importantísima la actitud paterna, de cara a la facilitación y el mantenimiento de la lactancia materna, cuando ésta es posible, o del acompañamiento y apoyo de la madre en los casos en los que es necesario recurrir a la alimentación artificial.

Las somatizaciones en el puerperio

El proceso del puerperio es físico, pero también psicológico, sin poderse separar lo uno de lo otro. Esto es importante de cara a comprender no sólo la peculiar situación física de la puérpera, que la hace más sensible, vulnerable y reactiva a las experiencias de sufrimiento psíquico, sino también sus vivencias psicológicas, que van a influir de forma muy llamativa en la evolución de su recuperación física.

Por otra parte, esta conexión entre la realidad psicológica y la corporal está siempre presente a lo largo de la vida y propicia que determinadas situaciones de mayor labilidad emocional, como pueden ser, por ejemplo, la primera infancia, el embarazo, el puerperio o simplemente los momentos de duelo en la vida corriente, faciliten la expresión de los conflictos psicológicos por la vía de la enfermedad o de los trastornos corporales.

Las somatizaciones en el puerperio pueden llegar a ser muy variadas e intensas: de la fiebre al estreñimiento, de las retenciones de orina al padecimiento por la episiotomía o los abscesos mamarios, etc. Casi nunca hay una única causa de origen físico, sino que el estado psíquico juega un importantísimo papel como desencadenante y como factor a tener en cuenta de cara al tratamiento y la evolución. Con esto no quiero decir, naturalmente, que el tratamiento de esos problemas deba ser diferente del obstétrico, sino que se deben incluir, tener en cuenta, las situaciones de ansiedad o de depresión larvada que pueden a veces pasar desapercibidas.

El médico en la evolución del puerperio

Para facilitar todo esto es muy importante el papel del pediatra en la asistencia a la madre, ayudándola desde el primer momento tras el parto, tanto en lo que se refiere a la alimentación como en lo que respecta a la crianza de su hijo en general. Un papel que tradicionalmente han tenido y siguen teniendo las abuelas a partir de su propia experiencia, pero que debe enriquecerse con los conocimientos científicos de la neonatología actual.

Por último, me gustaría resaltar el papel del ginecólogo en esta etapa del puerperio, no sólo en el seguimiento de la evolución del estado físico de la puérpera, sino también en el de la depresión puerperal, ya que está en la mejor posición para valorar si ésta toma otras características que puedan hacer necesaria una intervención psicológica o psiquiátrica.

Conclusión

Con todo lo expuesto hasta ahora, intento poner de manifiesto la importancia y sutileza de los procesos psicológicos que entran en juego en el puerperio. Es éste un proceso importantísimo para la mujer, pues dependiendo de cómo se desarrolle, se van a derivar consecuencias trascendentales para su salud tanto física como psíquica.

También querría resaltar la importancia de la depresión puerperal que he llamado «normal» o *estado depresivo normal*. Cuando puede ser procesada internamente de una forma adecuada, la mujer puede vivir y compartir esa etapa de la crianza de los hijos con placer y satisfacción. En esto juegan un papel primordial la familia y sobre todo el padre de su hijo.

Tampoco debemos olvidar que la evolución de los procesos no siempre es la más deseable y que, en ocasiones, la resolución de este estado depresivo no es la adecuada. Ello da lugar a cuadros más graves que requieren la ayuda del psiquiatra. A la larga, estos casos no resueltos adecuadamente generarían depresiones más serias, que se pueden poner de manifiesto meses o años más tarde. Sin embargo, cuando a la mujer se le brinda asistencia en el momento oportuno, no sólo se resuelve el conflicto más fácilmente, sino que se evita el riesgo de cronicidad que conllevan estas situaciones.

12. Aspectos psicológicos de la crianza del bebé

(Por la Dra. Mª Concepción Díez Rubio)

La relación madre-hijo

El recién nacido llega al mundo dotado de una serie de capacidades y cualidades que le permiten autorregularse y establecer relaciones humanas. Vamos a referirnos, fundamentalmente, al niño sano, al recién nacido que no sufre problemas en su integridad física o en sus sentidos, pues, en estos casos, habría que hacer otro tipo de consideraciones en función de la importancia del trastorno.

Esta *dotación para las relaciones* con la que el niño llega al mundo será su principal herramienta para la supervivencia. Son capacidades que se van a ir expresando y desarrollando a lo largo de la vida, y cuyo motor en las primeras etapas es la interacción con la madre. *El primer interés del bebé es su madre y sabemos que esto tiene una base biológica*, al igual que sabemos que la madre, dispuesta también biológicamente para centrarse en el bebé, recibe y reacciona a la mirada y al interés del niño. Esto a su vez la estimula para interesarse por el hijo creándose así esa primera relación que va a ir enriqueciéndose con la interacción mutua.

Dependiendo de cómo vaya desarrollándose esa primera relación básica y fundamental, el niño se irá interesando primero por otras personas cercanas y, más adelante, por los objetos que le rodean. Aunque estemos hablando de capacidades del bebé, de su equipo para la vida y para las relaciones, *lo funda-*

mental para el recién nacido es que su madre pueda establecer una relación plena y espontánea con él: ésta será la mejor «pauta» para manejarse en las distintas facetas de la crianza.

Entender estas capacidades puede ser útil a los padres, a fin de facilitar el conocimiento de sus hijos y favorecer así la relación con ellos. No podemos olvidar que hasta hace relativamente poco tiempo estaba muy extendida la creencia de que el primer año de vida de los bebés no tenía gran importancia para su futuro. Hoy en día, en cambio, conocemos bien la trascendental importancia de ese primer año y lo que ocurre durante él va a ser fundamental para su desarrollo posterior.

Vamos a detallar algunas de estas capacidades:

1. Oído

La capacidad de oír está ya presente en el feto en el interior del útero. Sabemos además que el recién nacido siente preferencia por los tonos agudos de las voces femeninas y que es capaz de diferenciar la voz de su madre de cualquier otra desde las primeras horas de haber nacido.

2. Vista

Una capacidad que se pone en marcha nada más nacer es la de la mirada. El recién nacido no sólo tiene la capacidad de ver (aunque sólo sean sombras), sino que, además, está dotado de una serie de reflejos que le permiten seguir y fijar la mirada en un objeto. Ahora bien, sabemos que hay una importante diferencia entre mirar y ver. Para el bebé que observa el mundo todo es nuevo, ya que no tiene experiencias acumuladas que le permitan reconocer los objetos. No obstante, está capacitado para ir ordenando sus experiencias cada vez más amplias, que le permitan crear en su mente imágenes del mundo y las personas que le rodean, a partir de las cuales podrá ir viendo y reconociendo los objetos. Este proceso de desarrollo de la visión es largo. Sin embargo, diversas experiencias han permitido descubrir un hecho notable: el recién nacido parece estar proyectado para encontrar «fascinante» el rostro humano, especialmente los ojos.

Este hecho tiene una enorme importancia. El niño se hace capaz en poco tiempo de fijar la mirada en los ojos de la madre, dándole la impresión de que el niño la mira a los ojos. El efecto de esto es trascendental: la madre empieza a percibir que su hijo y ella están conectados entre sí, que el bebé es un ser humano con el que ha establecido una relación, y ello determina la aparición de un juego en el que ya intervienen dos participantes.

3. Olfato

También el recién nacido es sensible al olor que desprende la leche de la madre. A las pocas horas de nacer ya se gira hacia la gasa empapada en leche de su madre, incluso si al otro lado hay otra gasa empapada en leche de otra mujer.

4. Capacidad de autocalmarse

Cada bebé tiene una capacidad, variable de unos a otros, para calmarse a sí mismo. Maniobras como, por ejemplo, chuparse el dedo, están al servicio de tranquilizarse más o menos eficazmente, sin la intervención del adulto que lo cuida. Esta capacidad de autoconsuelo varía de unos bebés a otros; algunos, más irritables, lloran con desconsuelo ante cualquier contrariedad; otros, en cambio, se alteran mucho menos y, cuando lo hacen, se les puede ayudar con más facilidad a recuperar la calma.

5. Capacidad de despertar ternura

Los bebés tienen además la capacidad de despertar y desarrollar la ternura en quien les observa. Esta capacidad, común a los cachorros de otras muchas especies animales, está básicamente al servicio de su supervivencia, pues les permite incitar a los adultos cercanos a prodigarles los cuidados que puedan necesitar.

Vemos, por tanto, una pequeña muestra de la capacidad que tienen los bebés de influir en quienes les rodean.

La mirada de un bebé lleva a quien la recibe a interactuar con él, a hablarle, a gesticular o a jugar con él; su llanto moviliza a su entorno, tanto que, en madres que estén criando al pecho a su hijo, al escuchar el llanto de un bebé, aunque no sea el suyo, puede provocar una subida de leche.

Todo esto es muy importante de cara a la crianza, pues los bebés que miran menos, que reclaman menos, de los que se dice a veces que son «muy buenos», tienden a recibir menos atención y estímulo. De hecho, los adultos no respondemos a los bebés solamente en función de nuestros deseos, sino también en función de lo que ellos nos estimulan.

Ante un bebé fuerte y vivaz, la madre se encontrará más segura de poder criarlo bien; ello facilitará la relación con él y, en consecuencia, favorecerá un desarrollo mejor. Sin embargo, en el caso de los bebés prematuros o más frágiles, que requieren más cuidados, maman menos, se cansan más y pasan menos tiempo despiertos, los padres suelen tener más dificultades para entenderles y estimularles, pues son niños que pueden hacer sentir más inseguridad en su crianza. En estas situaciones no es fácil encontrar un punto de equilibrio entre la necesidad de estimular al bebé, de jugar con él y de hablarle, sin caer en un exceso que pueda desbordar y agotar al niño.

Con todo esto intento expresar que, cuando todo sale bien, la relación con el hijo puede establecerse en muy poco tiempo, pero cuando se presenta alguna dificultad es posible que cueste más a la madre y al bebé entenderse entre sí. No es infrecuente, en cualquier caso, que ambos tengan dificultades al comienzo y sufran las consecuencias de ello durante mucho tiempo. Los bebés son individuos y las madres también, y no siempre el encuentro entre ambos es fácil, ni se da en el momento oportuno para la madre.

Para poder ir resolviendo poco a poco estas situaciones, es importante ayudar a la madre a que tenga la oportunidad de ser natural, de encontrar su propia forma de relación con su hijo; algo que nadie va a poder definir ni imponer *a priori* y que, además, nadie va a poder hacer mejor que ella, y a lo que el bebé la va a ir ayudando a medida que se va ampliando la relación con él.

La forma de contacto y de relación de la madre con el bebé, basada en la espontaneidad y naturalidad de la madre, que intenta comprender y responder a las necesidades y deseos del recién nacido, es importantísima de cara a la organización en el bebé de las diferentes experiencias vitales. Presta al niño la posibilidad de ir reconociendo sus sensaciones y de ir creando en su interior un marco de referencia que le va brindando progresivamente una mayor autonomía.

Todo esto juega un papel fundamental de cara a la organización de la crianza del recién nacido, que, como vemos, no se reduce, ni mucho menos, a la alimentación o a la organización del sueño, sino que ha de tener en cuenta, fundamentalmente, el aspecto relacional con el bebé, a partir del cual las cosas van a ser mucho más sencillas, tanto para el niño como para la madre.

En conclusión, la madre no es solamente alguien que provee de alimento y confort material al bebé; es, ante todo, quien le aporta contención, seguridad y amor. Lógicamente sin olvidar el alimento, la higiene, el reposo, etc. como expresiones físicas de la relación afectiva con el hijo.

La alimentación del bebé

El tema de la alimentación del niño es una preocupación central de la puérpera. Sabemos que el éxito en la misma va a depender del desarrollo satisfactorio de la relación con él. Esta cuestión resulta a menudo polémica y es siempre importante para la mujer que acaba de dar a luz.

La alimentación del niño es, como tantos otros aspectos de la crianza, un tema básico en el que confluyen las necesidades biológicas y psicológicas del bebé. Quizá por eso, instintivamente, las mujeres sienten tanta inquietud y preocupación por ella. Sabemos, por ejemplo, que en la alimentación del recién nacido no sólo es importante la calidad del alimento que recibe, sino que es igualmente importante la *forma* en que lo recibe. Al hablar de la forma me refiero a la manera de darle la toma, al contacto con la madre cuando lo alimente, a sus palabras, su entonación, su estado de ánimo... El hecho de que esté nerviosa o serena va a condicionar con frecuencia el que la toma vaya seguida o no de un sueño reparador, de un estado de nerviosismo en el bebé o incluso de un vómito de lo ingerido.

Lactancia materna

No cabe duda de que la lactancia materna sería, en teoría, el mejor método para alimentar al bebé; y digo «en teoría» porque sabemos que no siempre es posible hacerlo, a veces por causas físicas y en otras ocasiones por motivos psicológicos o sociales. En este sentido, creo que es muy pertinente una frase que la doctora Josefina Ruiz repite a menudo: «Mejor un biberón caliente que una mamá fría.»

En esta frase se condensan muchas de las cuestiones que hemos tocado hasta ahora y que demuestran que lo importante no es tanto el *tipo* de alimento que el niño recibe, como la *calidad* de la relación afectiva que la madre establece a lo largo de la crianza.

Desde luego, la lactancia materna permite y facilita, al bebé y a la madre, un contacto corporal mucho más estrecho e íntimo. Este contacto es muy importante para ambos, pues acaban de sufrir una brusca separación con el parto y precisan un tiempo para «digerirla» en un proceso en el que van a ayudarse mutuamente. Además, con la lactancia materna el destete se efectúa paulatinamente, en contraste con la separación repentina —y con cierta frecuencia traumática— que supone el nacimiento.

La lactancia materna permite, además, mantener por más tiempo el contacto físico, tan necesario para la madre y para el hijo. Asimismo, el bebé puede acceder desde el principio a un alimento perfectamente adaptado en cuanto a la calidad y sutilmente regulado en cuanto a la cantidad por finos mecanismos neurohormonales: la producción de leche materna se va adaptando a las demandas variables del bebé a través del mecanismo de succión que estimula, a su vez, la producción de leche. Todo esto permite y facilita que, sobre todo en las primeras semanas de vida, y hasta que se vaya regulando, el bebé pueda tener el alimento listo en el momento que lo necesite (sin hablar de las ventajas prácticas que esto supone para la madre).

Este alimento, que no es sólo leche, es también un alimento emocional y afectivo, básico para su desarrollo físico y psicológico, pues es este alimento afectivo y emocional que aporta la madre al bebé, el que ningún sistema de alimentación que no incorpore el «calor» materno va a poder dar.

La lactancia materna, cuando es posible, tiene también otra ventaja para la madre: la succión del pezón por parte del bebé estimula la contracción y retracción del útero dilatado tras el embarazo, favoreciendo así su vuelta a la normalidad.

Cuando hay problemas para la lactancia materna

Ahora bien, de esta ventaja pueden surgir también dificultades. Algunas mujeres viven conflictivamente la estimulación que la succión del bebé les hace sentir en sus órganos genitales, viviendo este proceso como si se tratara de algo «sexualizado» y, como tal, censurable.

Pero quizás, la mayor dificultad para la lactancia —o al menos la más frecuente— guarda relación con la angustia que siente la madre ante la extremada dependencia que tiene el bebé de ella. El nacimiento del hijo, sobre todo del primero, supone para la mujer un cambio vital importante: ya no va a poder ser más una niña, su hijo la ha convertido en madre y, por tanto, la obliga a adoptar una posición activa respecto a las necesidades de dependencia que otro ser tiene de ella. Ante esta angustia, algunas mujeres, bien dotadas por otra parte para la maternidad, pueden dejar la crianza de sus hijos en manos de otras personas, privándose ellas mismas —y privando también a su hijo— de un contacto que podría llegar a ser muy gratificante para ambos.

Las mujeres que viven este tipo de conflicto para la lactancia con un segundo hijo son capaces, a menudo, no sólo de alimentarlo, sino también de experimentar una profunda satisfacción en el hecho de hacerlo.

De todos modos, la lactancia materna no siempre es posible. Requiere de tiempo y, sobre todo, de una tranquilidad que no todas las mujeres tienen en esos momentos.

A veces, la mujer, por exigencias laborales o sociales, no puede disponer de las condiciones ambientales que la lactancia materna también precisa. En estos casos es necesario recurrir a la ayuda de las leches maternizadas, bien de forma exclusiva o combinando, en la fórmula que cada mujer considere oportuna, la lactancia artificial y la materna. Insisto en «la fórmula que cada mujer considere oportuna» pues creo que nadie, desde fuera, puede imponer a una madre una forma determinada de criar a su hijo. Tal imposición estaría enfrentada con la posibilidad de que se desarrolle una relación espontánea y única entre la mujer y cada uno de los hijos que pueda tener. Lógicamente, hay que hacer la salvedad de esos casos en los que, por razones médicas, se imponen unas u otras exigencias.

Otras consideraciones acerca de la crianza del niño

En cualquier caso, *lo importante es que la madre sea capaz de cubrir las necesidades físicas y emocionales de su hijo.* Ésta es para el hijo la única expresión de amor materno que va a poder apreciar: el amor como contacto y satisfacción de sus necesidades físicas. Para cubrir estas necesidades, la madre debe percibirlas y aprender a «traducirlas», para así poder ir adaptándose a ellas; adaptación que, lógicamente, nunca va a ser precisa ni perfecta, pero el bebé tampoco necesita que sea así.

Se trata, pues, de ir estableciendo un diálogo sin palabras entre dos seres humanos que están conociéndose; en este diálogo, la madre cumple el papel de intérprete de lo que el recién nacido transmite. Las expresiones del bebé, al principio más indiferenciadas, van siendo cada vez más fáciles de interpretar por la madre a medida que la relación progresa. Toda madre ha vivido esta experiencia con el llanto de un recién nacido, ese llanto angustioso pero que también hace sentir tanta angustia alrededor. Sin embargo, ya en los primeros días, a medida que se va desarrollando el intercambio con la madre, este llanto va a ir diferenciándose en formas distintas de llorar con las que el bebé empieza a poder comunicar que él también está aprendiendo a discriminar entre unas sensaciones y otras, entre unas necesidades y otras. En definitiva, está comenzando a desarrollar un «lenguaje» que, en general, sólo la madre o la persona que lo cuida muy directamente es capaz de «traducir» para así poder darle una respuesta adecuada.

Esto es quizá lo básico en relación con la crianza del recién nacido, un proceso en el que las diferentes culturas, e incluso las modas dentro de una misma cultura, siempre han tenido algo que aportar. De hecho, las pautas acerca de la crianza de los neonatos son muy variables de unos medios a otros. Conocer este hecho nos puede ayudar a desdramatizar, en líneas generales al menos, ciertas consignas que a lo largo del tiempo han pasado de ser casi dogmas a ser peculiaridades o simplemente costumbres.

No puedo menos que recordar aquí que, hasta hace no tanto tiempo, en las clases sociales más acomodadas era «de mal tono» que las madres criasen directamente a sus hijos, por lo que éstos pasaban al cuidado de las amas apenas nacían.

Más recientemente, hacia los años treinta, se impuso la rigidez de horarios en cuanto a la alimentación, así como la estricta higiene y aislamiento de los bebés; algo que, años más tarde, fue puesto en cuestión y sustituido por las pautas de la autodemanda en la alimentación. El peligro surge, sobre todo, cuando las consignas pasan a tener más importancia que la comunicación directa de la madre con su hijo; peligro del que las madres sensatas de todas las épocas han sabido ponerse a salvo, para rescatarse a sí mismas como madres y protagonistas, junto con sus hijos, de la crianza de éstos.

Otro tanto ha ocurrido con el uso, por ejemplo, del *chupete*. Nuestras abuelas sabían lo útil que era dar a los bebés algo para chupar cuando querían calmarlos. Posteriormente, incluso en la actualidad, se ha cuestionado su uso por diversas razones. Sabemos, sin embargo —como intuitivamente sabían nuestras abuelas— que la succión que facilita el chupete resulta útil para prevenir el llamado *cólico del tercer mes*: los «gases» que, con tanta frecuencia, perturban a los recién nacidos (y a sus padres), mejoran notablemente cuando el bebé tiene algo que chupar y succionar.

Durante las primeras semanas de vida, los niños descargan sus tensiones mediante la actividad oral y el peligro es precisamente intentar calmarles con la alimentación, como si toda inquietud respondiera a que tienen hambre. Cuando se hace esto, se corre el peligro de administrar una alimentación excesiva que, a su vez, produce un aumento de la actividad intestinal y por lo tanto del dolor. En estas situaciones, el chupete actúa como un buen aliado para proporcionar calma y bienestar al niño.

Otro tanto ocurre con la *cuna*, o con el *mecer al niño*, o con el hecho de tenerle más o menos tiempo *en brazos*. Estas actitudes son evaluadas de muy distintas maneras: unos rechazan los brazos y otros los ensalzan al extremo, con toda la variedad de posiciones intermedias posibles.

Ante todo esto, lo que hay que rescatar es el sentido común de la madre y su sensibilidad, porque ello le va a permitir ir traduciendo y dando respuesta a lo que percibe como necesidades de su hijo, valorando, asimismo, sus posibilidades en cada momento: a veces no podrá, por ejemplo, coger a su hijo cuando éste llora y tendrá que recurrir a hablarle o mecerle para hacerle sentir su presencia tranquilizadora.

Tenemos, pues, que asumir que ni la traducción ni la respuesta materna van a ser siempre perfectas. Estas pequeñas inadecuaciones de la respuesta materna van a servirle al niño para ir gestando en él la idea de que *su mamá es un ser humano*. Esto le va a permitir también a él ir aprendiendo a relacionarse, a diferenciar, con el tiempo, entre lo que él querría que su madre fuese y la persona que en realidad es.

En todo este proceso, el papel fundamental lo tiene el *afecto*. Es el afecto lo que va a permitir a la madre y también al bebé el ir conociéndose y adaptándose el uno al otro, como personas diferentes que son pero, también, en los inevitables cambios que van surgiendo día a día.

Como conclusión, yo diría que es precisamente el afecto, o mejor dicho el juego de afectos que se va estableciendo: madre-hijo, padre-madre, padre-hijo, lo que va a permitir, facilitar y ampliar la fascinante aventura de la maternidad y de la paternidad. Esa aventura en la que el objetivo es ayudar al hijo a desarrollar una vida lo más plena y feliz posible a lo largo de las etapas que ha de atravesar hasta convertirse en un individuo adulto.

Cuarta parte

Casos especiales

13. El embarazo gemelar

El embarazo gemeral es un *embarazo múltiple* en el que se desarrollan simultáneamente dos fetos.

Actualmente, y debido en gran medida a los tratamientos de fertilidad seguidos por algunas mujeres, son mucho más frecuentes los embarazos múltiples (gemelos, trillizos, etc.). Esto plantea una serie de problemas que deben ser vigilados cuidadosamente.

Hoy en día, el diagnóstico se hace mediante las ecografías realizadas en las primeras 5-6 semanas de embarazo. No es excepcional que, en un embarazo que empieza siendo doble, uno de los embriones se pierda precozmente y termine siendo una gestación de un único feto.

Tipos de embarazos gemelares

Existen dos tipos de embarazos gemelares:

1. Monocigóticos o univitelinos

—Un solo óvulo ha sido fecundado por un solo espermatozoide, y una vez formado el huevo, éste se divide en dos partes, originando cada una un embrión diferente.

—Ambos fetos comparten una misma placenta, pero pueden tener una bolsa amniótica común o cada uno la suya.

—Los gemelos serán idénticos y siempre del mismo sexo, grupo sanguíneo, etc.

2. Dicigóticos o bivitelinos

—Se dice que hay un embarazo dicigótico cuando 2 óvulos han sido fecundados por 2 espermatozoides diferentes (incluso en distinto coito, en cuyo caso se dice que es una *superfecundación*).

—Estos gemelos tienen cada uno su placenta y su bolsa.

—Los gemelos serán parecidos, como en el caso de dos hermanos, pero no idénticos, y pueden ser del mismo o distinto sexo.

—Éste es siempre el tipo de los embarazos gemelares que son consecuencia de los tratamientos de fertilidad.

Cuidados de la gestación gemelar

La actividad en la vida diaria

En los primeros meses, el embarazo gemelar puede no diferir en gran medida del de un feto único, aunque, por la mayor frecuencia de abortos en este tipo de gestaciones, se recomienda limitar algo la actividad y descansar más.

Según va avanzando el embarazo pueden ir apareciendo un mayor número de contracciones, que podrían incrementar el riesgo de parto prematuro. Por tanto, frecuentemente se recomienda bajar el ritmo de vida (trabajo, viajes, deportes, gimnasia...) desde el 5º-6º mes. Se suele recomendar un mayor número de horas de descanso en cama al día y se desaconsejan los viajes y el deporte desde principios del 2º trimestre, pudiendo algunas mujeres, sin embargo, mantener unas semanas más la práctica de una gimnasia especial en un centro especializado. A veces, incluso, se prescribe la baja laboral y se limita mucho la actividad de la embarazada.

En este tipo de embarazos es especialmente útil la práctica continuada de ejercicios de relajación, tanto para favorecer la relajación del músculo del útero, como la vasodilatación, que aumenta el flujo de sangre y oxígeno a los niños, ayudando así a su desarrollo y crecimiento intrauterino.

—*Reposo:* el reposo más o menos severo (desde simplemente la cama o el sillón en casa, hasta el ingreso en el hospital) suele ser muy frecuente en el último trimestre de los embarazos gemelares para:

* Prevenir las contracciones excesivas y conseguir que el embarazo se prolongue todo lo posible.
* Tratar otras complicaciones como el crecimiento intrauterino retardado (CIR), la hipertensión, etc.

—*Relaciones sexuales*: suele ser necesaria su interrupción cuando aparece cualquiera de los motivos que requieren reposo. En todo caso, se recomienda no mantenerlas a partir de la semana 32.

La dieta

Se suele recomendar incrementar algo la ingesta calórica en los embarazos gemelares, aproximadamente unas 300 calorías por día, pero su distribución es la misma que en un embarazo único.

Si, a lo largo del embarazo, se diagnostica un CIR (crecimiento intrauterino retardado, véase pág. 431), se puede incrementar aún más el número de calorías y fomentar una dieta hiperproteica, con un gran aporte de carne, pescado, pollo, huevos y leche.

Igualmente, se suele recomendar un suplemento de hierro y ácido fólico, no sólo porque las necesidades fetales aumentan, sino por la tendencia a la anemia materna en estos embarazos.

El incremento de peso esperado en la semana 40 es de 12-15 kg, pero muchas mujeres no lo alcanzan porque tienen a sus hijos antes de término. El reposo hace que sea más difícil el control del peso, pero no por ello debes tirar la toalla y dejarte llevar a un exceso de kilos que no favorecen, en absoluto, ni a los niños ni a ti.

Náuseas y vómitos

En estas gestaciones son más frecuentes las náuseas y los vómitos del primer trimestre, por lo que pueden ser útiles las indicaciones dadas en la pág. 29.

Asimismo, en el último trimestre, y debido a la gran presión que recibe el estómago, va a ser necesario fraccionar más las comidas del día, haciendo la digestión sentada y elevando algo la cabecera del colchón.

Los problemas derivados del mayor volumen uterino

En los embarazos gemelares suele ser más frecuente la aparición de trastornos como varices, hemorroides, estrías, dificultades respiratorias, lumbalgias, ciáticas, etc. Por ello es recomendable leer con más detenimiento, si cabe, lo que hemos comentado sobre ello en los capítulos dedicados al embarazo con feto único.

No obstante, vamos a hacer una mención especial al caso de la lumbalgia en estos embarazos. Como la acentuación de la lordosis lumbar es mayor y proviene, en parte, del gran peso que debe soportar la mujer en su abdomen, puede ser recomendable, en casos concretos, la utilización de una *faja maternal*. Su uso debe estar reservado para los momentos en los que la madre está de pie o andando, nunca si está sentada largo tiempo o tumbada, porque dificultaría aún más la circulación de retorno, ya suficientemente entorpecida en estas gestaciones.

Si utilizas una faja, ten en cuenta que la debes poner estando tumbada en la cama y levantándote luego. Así lograrás una mejor sujeción del abdomen.

Los riesgos en un embarazo gemelar

Por definición, se considera el embarazo gemelar un *embarazo de alto riesgo*, ya que se pueden presentar algunas complicaciones más frecuentemente que en el caso de un embarazo único. Por tanto, a lo largo de toda la gestación, especialmente en el último trimestre, la atención y los controles rutinarios que realiza el ginecólogo van a ser más estrechos y continuados. Vamos a ver qué problemas pueden aparecer, aunque, por supuesto, no son exclusivos del embarazo gemelar, pudiéndose presentar en cualquier gestación.

Aborto

La frecuencia de aborto es 2-3 veces mayor que en un embarazo de feto único. Excepcionalmente, se interrumpe precozmente el desarrollo de uno de los fetos, continuando la gestación del otro.

Como método de prevención, al principio del embarazo se recomienda descansar 9-10 horas al día, se prohíben los viajes largos, los deportes y las actividades muy fatigantes.

Si notas dolor en la parte baja del abdomen (como si fueras a tener la regla), avisa a tu ginecólogo cuanto antes. Te indicará qué debes hacer en cada caso.

Crecimiento intrauterino retardado (CIR)

Se habla de CIR cuando el desarrollo de uno o ambos fetos no evoluciona al ritmo deseado para su edad gestacional, es decir, resulta inferior a lo esperado.

Sus *causas* son variables, dependiendo del momento de la gestación en la que aparece el retraso de crecimiento:

—Si es en el primer trimestre, se denomina *CIR simétrico* (todas las medidas fetales se encuentran igual de afectadas), y suele deberse a una grave malnutrición de la madre o a alteraciones importantes en los fetos. Aquí hay también que incluir los fetos pequeños de tipo «hereditario», es decir, niños absolutamente normales pero, constitucionalmente, más pequeños que la media.

—Si aparece en la segunda mitad de la gestación, se llama *CIR asimétrico* (los diámetros del cráneo y la talla se corresponden mejor con la edad gestacional que el peso y las medidas abdominales). Se origina, en la mayoría de los casos, por una alteración en la circulación uteroplacentaria, como es el caso de los estados hipertensivos (preeclampsia) y otras patologías maternas.

—Por último, existe un tipo *mixto* que se origina por enfermedades de la madre durante la gestación (infecciones) o por el consumo de tabaco (una de las causas más frecuentes y evidentes del CIR) o drogas. Ambas sustancias producen un efecto vasoconstrictor, con la consiguiente disminución en la llegada de alimento y oxígeno al niño. Asimismo, la causa puede ser un gran estrés en la mujer, ya sea laboral o motivado por un exceso de actividad.

El CIR se diagnostica, preferentemente, vigilando el crecimiento de los niños mediante controles ecográficos seriados, en los que se miden diversos parámetros (diámetro biparietal, diámetro abdominal transverso y longitud del fémur) con los que se puede controlar la evolución de los niños (*biometría fetal*). Asimismo, en algunos tipos de CIR es fundamental el empleo del *Doppler* (una variante ecográfica que permite estudiar las resistencias vasculares) para conocer los flujos sanguíneos en los vasos del útero, placenta, cordón y feto.

Como medidas de prevención, aunque en ningún caso te puedes sentir culpable de la aparición de un CIR en tus hijos, puedes intentar:

—Limitar la actividad diaria, descansando a lo largo del día.

—Seguir una dieta correcta y equilibrada.

—Practicar ejercicios de relajación que favorecen el riego y la nutrición de los niños.

En cuanto al tratamiento, si se detecta el problema te recomendarán reposo (tumbada preferentemente del lado izquierdo), dieta con suplemento proteico y algo más calórica, y en ocasiones algún medicamento para favorecer la circulación placentaria. En algunos casos, incluso, y valorando la edad y maduración del feto, se puede optar por terminar el embarazo (por cesárea o induciendo el parto) para que el o los niños prosigan su crecimiento fuera de la madre, donde sus condiciones de alimentación van a ser, evidentemente, mejores.

Preeclampsia o gestosis

Es una alteración propia del embarazo (véase pág. 108), no sólo de los gemelares, en la que se presentan hipertensión arterial (inducida por el embarazo), edemas (posibles) y proteínas en orina.

Debes avisar al ginecólogo o acudir lo antes posible a un centro médico si sientes:

—Hinchazón de manos y cara, o de pies que no ceden con el reposo.

—Dolor de cabeza fuerte y persistente, sobre todo si va acompañado de alteraciones de la visión.

—Aumento brusco de peso (más de 1 kg por semana).

—Dolor agudo en la parte superior del abdomen

El médico, valorando los síntomas, aconsejará el tratamiento adecuado, pudiendo ser necesario el ingreso en el hospital o la clínica, o incluso terminar el embarazo, si las circunstancias maternas y fetales lo permiten y requieren.

Anemia

Es más frecuente en los embarazos gemelares ya que hay un mayor requerimiento de hierro y ácido fólico, por lo que el ginecólogo puede recetar un suplemento de dichas sustancias.

Sangrado en el tercer trimestre

Puedes sangrar en los últimos meses de gestación por problemas en la placenta. En tal caso debes avisar *inmediatamente* a tu ginecólogo o acudir a un centro médico para que adopten las medidas necesarias lo antes posible.

Parto prematuro

El 80 por ciento de las primíparas y el 55 por ciento de las multíparas con embarazos gemelares no terminan las 40 semanas de gestación, ya sea por rotura prematura de las membranas o porque se desencadenan las contracciones de parto.

Toda mujer embarazada de gemelos ha sido advertida del riesgo de tener un parto prematuro. Para algunas, incluso, supone una presión añadida el «tener que llegar» a determinada semana de gestación. La hiperdistensión de las fibras musculares uterinas va a favorecer que el parto se desencadene, en muchas ocasiones, unas semanas antes. Para intentar prevenir este problema se puede:

—Limitar la actividad y descansar más, limitando al máximo o suprimiendo los viajes y esfuerzos, a veces incluso el trabajo, en el último trimestre.

—Avisar al ginecólogo o acudir al hospital o clínica si se presentan contracciones en exceso (véase pág. 145), especialmente si éstas tienen ritmo durante una hora y no ceden con el reposo. En estos embarazos es más importante que nunca que la embarazada reciba una buena información sobre lo que es una contracción, enseñándole a diferenciarlas claramente de las otras sensaciones que se pueden percibir en la tripa durante el embarazo. Acudiendo al médico con prontitud, pueden tratarse muchas de las amenazas de parto prematuro.

—Reposo total si las contracciones persisten.

—Tratamiento médico: se puede administrar un medicamento en pastillas, incluso con un goteo intravenoso en el hospital, para frenar las contracciones y prolongar el embarazo todo lo posible. Frecuentemente, esta medicación tiene efectos secundarios no muy agradables para la mujer (taquicardia, sofocos, ardor de estómago, etc.) pero, en algunos casos, es la única solución para que los niños maduren unos días o semanas más dentro del útero (que, no nos engañemos, sigue siendo la mejor incubadora que se conoce).

Otras complicaciones

El ginecólogo vigilará, y tratará adecuadamente, otros problemas como: hidramnios, sufrimiento fetal, insuficiencia placentaria, etc.

Es posible que, si estás embarazada de gemelos, te hayas asustado y preocupado al leer estos últimos apartados. No te agobies en exceso: hoy en día, el control médico consigue prevenir en gran medida estas complicaciones y los tratamientos farmacológicos con los que se cuenta son muy eficaces. Por tanto, aunque estos embarazos, evidentemente, implican un mayor riesgo, su pronóstico tanto para ti como para los niños es radicalmente diferente del de hace unos años, siendo, actualmente, un *caso habitual* en las consultas de los ginecólogos.

Todo ello es debido no sólo al seguimiento de la gestación, sino al tratamiento de los gemelos prematuros en las unidades de neonatología, sin cuya inestimable colaboración sería, en muchas ocasiones, inútil el trabajo del ginecólogo.

Asistencia al parto

La decisión de optar por un parto por vía vaginal o por cesárea corresponde por entero a tu ginecólogo, buscando siempre la máxima seguridad para ti y para tus hijos.

Parto vaginal

Aunque no existe un consenso total en los protocolos a seguir, se admite que para tener la opción de un parto vaginal se requiere:

—Que los fetos estén en situación longitudinal y presentación cefálica, es decir, los dos con la cabeza hacia abajo en el momento del parto.

—Que el parto pueda ser atendido por un equipo completo (ginecólogo, anestesista, pediatra...) en un centro bien equipado.

1. ¿Cuándo hay que ir a la maternidad?

—El ginecólogo te habrá dado instrucciones muy concretas sobre ello, dependiendo de las semanas de tu embarazo. Como norma general, se puede decir que en todo embarazo gemelar hay que estar atenta a la aparición de contracciones rítmicas antes de la semana 40. Es preciso acudir a la maternidad cuando las contracciones tengan un ritmo o no cedan con el reposo y/o la medicación durante una hora, tengan el ritmo que tengan.

—El parto gemelar requiere una vigilancia más estrecha y no se puede esperar en casa como en el caso de un feto único. Asimismo, si rompes la bolsa o sangras, acude de inmediato al hospital. Los *tres* necesitáis un control médico.

2. ¿Cómo es el parto?

—El proceso de dilatación es idéntico al de cualquier parto.

—El expulsivo del primer gemelo también es igual. A continuación, se pinza su cordón, se rompe la bolsa del segundo gemelo si ésta se encuentra intacta, y se espera unos minutos para que el útero reanude sus contracciones para la expulsión del segundo gemelo. En general, entre 10-30 minutos más tarde nace el otro niño. Entonces se pinza el otro cordón y se espera la salida de la, o las, placentas.

3. Episiotomía

—En los partos de los gemelos se suele hacer un episiotomía porque los niños son más pequeños y, generalmente, prematuros, por lo que se prefiere acortar el periodo expulsivo.

4. Anestesia

—La elección de anestesia no difiere de la de un parto o cesárea de un feto único.

Cesárea

Todo lo dicho en el capítulo dedicado a la cesárea es válido para un embarazo gemelar. Podemos añadir que:

—El embarazo gemelar es una de las causas para terminar un parto por cesárea, siempre que los niños no estén ambos en presentación cefálica (con la cabeza hacia abajo), o si, incluso en esta posición, el ginecólogo así lo decide.

—Cuando el primer gemelo ha salido, se pinza y se corta su cordón. A continuación se rompe la bolsa del segundo gemelo (si hay dos bolsas) y se le saca, pinzando el otro cordón. Luego se extrae la o las placentas, siguiendo el resto de la intervención de forma idéntica a la de un feto único.

Puerperio de un embarazo gemelar

El puerperio de un parto múltiple no es diferente del de un feto único, salvo que la involución uterina puede ser algo más lenta. En cambio, la vuelta a casa puede suponer un verdadero reto a la resistencia y la capacidad de organización de la madre: *todo* se multiplica por dos, el trabajo y la responsabilidad.

Además, para las mujeres que han tenido a sus hijos mediante una cesárea, el cansancio puede llegar a ser agotamiento. Por ello, si en algún momento resulta necesario que la madre reciba ayuda, es durante las primeras semanas en casa, no sólo para las tareas domésticas, sino para el cuidado de los gemelos.

En ocasiones, uno o los dos niños han de permanecer en la incubadora. Aprovecha al máximo estos días para recuperarte y descansar, aunque las constantes visitas al hospital para ver y alimentar a tus hijos no hagan muy fácil el reposo. De todos modos, y a pesar del cansancio, ¡estarás deseando que llegue el momento de ir a la clínica!

Si uno o ambos gemelos han regresado contigo a casa, empieza un auténtico *maratón*. El único consejo que cabe es que seas lo más práctica y realista posible, que centres tus fuerzas en los niños y que, durante unas semanas al menos, te olvides del resto de tus obligaciones por completo. Por supuesto, y ante todo, pide la ayuda de tu pareja, de tu familia, de las amigas o de una persona contratada. Todas las manos que puedan echarte serán bien recibidas porque son realmente necesarias, pero ¡recuerda!: la madre eres TÚ. Nadie puede sustituirte por completo en el trato con tus hijos.

En todo caso, durante los primeros meses de la vida de estos «personajitos», la madre, el padre y todo su entorno tendrán que hacer un esfuerzo táctico considerable, aunque también se verán recompensados doblemente.

Lactancia de gemelos

Es un punto a resaltar especialmente:

1. Lactancia artificial

—Si has optado por este método de alimentar a tus hijos, el problema puede ser, simplemente, conseguir un ritmo adecuado. Si los dos bebés comen al mismo tiempo, obviamente necesitarás la ayuda de otra persona. En tal caso es importante que alternes los niños en cada toma, para que los dos reciban el alimento de *tus manos* varias veces al día.

—Si das el biberón primero a uno y luego al otro, puedes emplear un gran número de horas al día en la alimentación de tus hijos. Por tanto, también vas a necesitar ayuda, aunque no será imprescindible en todas las tomas.

2. Lactancia materna

—Si vas a dar de mamar a tus hijos, puede haber tres posibilidades:

* Que tu producción de leche sea suficiente para alimentar a los dos en cada toma, algo posible en los primeros días, pero muy raro si prolongas mucho tiempo esta lactancia como única fuente de alimento.

* Que des un pecho a uno de los niños y que otra persona complete la toma con un biberón mientras tú le das el otro pecho al segundo gemelo. En este caso, se requiere ayuda en todas las tomas y que los niños coincidan perfectamente en el horario.

* Que des el pecho a un gemelo en una toma, mientras que el otro toma biberón, y en la siguiente lo hagas al contrario. Así, los dos niños recibirán tu leche, aunque en tomas alternas.

—¿Qué ocurre si los gemelos están ingresados? Si los niños se encuentran en la incubadora, en la maternidad te recomendarán el uso de un sacaleches durante tu estancia para que te extraigas el calostro cada tres horas, como si los bebés mamaran, ya que la estimulación es imprescindible para que suba la leche. Al llegar a casa, tendrás que seguir sacándote la leche cada tres horas durante el día y, dependiendo de si se la dan a los niños o no, acudir al centro médico para llevarla. En todo caso, debes procurar, si ello es posible, estar en contacto con tus hijos el mayor tiempo posible. Tocarlos y verlos es tan necesario o más que la estimulación de la mama para conservar la lactancia.

En cuanto te dejen dar de mamar a uno o a ambos gemelos, aunque estén todavía ingresados, acude regularmente al servicio de neonatología y podrás comprobar cómo se incrementa la producción de leche.

Gimnasia en el puerperio de un embarazo gemelar

Si en el embarazo de un solo niño la recuperación física es necesaria, tras un embarazo gemelar resulta verdaderamente imprescindible. No sólo porque la distensión abdominal ha sido mayor, sino porque todo tu cuerpo ha sido sometido a un mayor esfuerzo y, muy frecuentemente, en las últimas semanas de embarazo habrás tenido que guardar reposo, por lo que el tono de tu musculatura está muy bajo.

Hay que prestar una especial atención a la rehabilitación del abdomen, la espalda, el suelo de la pelvis, las piernas y los glúteos.

En la maternidad, puedes hacer los ejercicios descritos en la pág. 337 o en la pág. 379, dependiendo de si ha sido un parto o una cesárea. El problema surge al llegar a casa. ¿Cuándo ir a hacer gimnasia si no hay tiempo ni para dormir? Efectivamente, criando a unos gemelos no es fácil encontrar esos momentos para ti. Si realmente te es imposible salir de casa, pide ayuda al profesional de tu centro para que te enseñe una tabla básica de ejercicios que puedas practicar en casa, y acude allí sólo de vez en cuando para que te controle y corrija los ejercicios. Busca unos momentos para cuidarte; tu cuerpo y tu mente lo necesitan.

14. El embarazo a partir de los 35 años

En la mayoría de los libros de obstetricia se define a la mujer que se embaraza por primera vez a partir de los 35 años como «primípara añosa». ¡Terrible y trasnochada definición! En primer lugar, hoy en día no se puede calificar de *añosa* a una mujer de 35 años y, en segundo lugar, aproximadamente el 35 por ciento de las mujeres tienen su primer embarazo a partir de los 30, y el 9,5 por ciento a partir de los 35. Así pues, el embarazo de una mujer a partir de los 35 debe considerarse algo *habitual*.

Es obvio que, cada vez con más frecuencia, y debido a motivos económicos (compra de piso, falta de ingresos suficientes en la pareja...) o laborales (fin de los estudios, estabilidad laboral...), las parejas posponen la decisión de tener un hijo hasta el momento en que puedan ofrecerle una situación estable. Ello retrasa no sólo el nacimiento del primer hijo, sino, como consecuencia el del siguiente, con lo que son cada vez más frecuentes los embarazos a partir de los 35 años.

De hecho, en la actualidad se está abandonando el concepto de «embarazo de alto riesgo» para las mujeres mayores de 35 años porque, aunque es evidente que pueden presentar con mayor frecuencia ciertas complicaciones, la mayoría de estos embarazos cursan con total normalidad. Por ello, todo lo expuesto hasta ahora es igualmente válido para cualquier mujer, tenga la edad que tenga. Simplemente, hay que añadir algunas indicaciones concretas:

Complicaciones médicas

Puede aumentar la incidencia de abortos. El ginecólogo que te atiende tendrá en cuenta este factor y te vigilará desde el principio de tu embarazo.

También es más frecuente la aparición de hipertensión, diabetes gestacional y obesidad, tres patologías que pueden y deben ser controladas en el embarazo, por lo que, con los cuidados médicos adecuados, no tienen que suponer un riesgo grave ni para la madre ni para el niño.

Por otra parte, el útero, al ser menos joven, puede presentar algún mioma que vaya aumentando su tamaño durante el embarazo, ocasionando ciertos problemas (exceso de contracciones, partos prematuros, etc.). Los miomas son detectados mediante la exploración ecográfica, y el ginecólogo, si lo considera necesario, tomará las medidas oportunas.

En lo que se refiere al parto, éste se puede desarrollar con total normalidad, aunque es evidente que en algunas de las gestantes son más frecuentes los problemas de dilatación. Asimismo, la proporción de las presentaciones del feto en podálica (nalgas) o en transversa es mayor. Por todo ello, el tanto por ciento de cesáreas es algo más alto que en mujeres de menor edad.

Alteraciones genéticas. El diagnóstico prenatal

Una de las mayores y más evidentes preocupaciones de una futura madre al quedar embarazada a partir de los 35 años es si su niño será normal. Efectivamente, el riesgo de que se presenten anomalías genéticas en los fetos aumenta claramente con la edad materna y, en menor grado, con la paterna. De ellas, la más frecuente (supone el 50 por ciento de las alteraciones cromosómicas) es la *trisomía 21* o síndrome de Down, aunque, evidentemente, no es la única anomalía que se puede presentar.

Edad	Riesgo	Edad	Riesgo
›30	› 1:800	38	1:115
30	1:700	39	1:90
31	1:600	40	1:70
32	1:500	41	1:50
33	1:400	42	1:40
34	1:320	43	1:30
35	1:250	44	1:20
36	1:190	45	1:15
37	1:150		

Fig. 36. Evolución del riesgo de tener un hijo con síndrome de Down dependiendo de la edad de la madre. Hospital General Gregorio Marañón, Madrid.

Actualmente existen MÉTODOS DE DIAGNÓSTICO para detectar gran parte de las anomalías congénitas de un feto. Aunque la decisión última de efectuar dichas pruebas depende *siempre* de los padres, los médicos deben ofrecerles una información adecuada y realista en los casos de embarazos con mayor riesgo.

1. Métodos no invasivos

—Se denominan así los métodos que no obtienen una muestra directa del feto:

—*Ecografía*: es, posiblemente, uno de los grandes avances en la obstetricia actual. Permite, en manos de un especialista y con el equipo adecuado, el diagnóstico de gran parte de las malformaciones morfológicas o físicas del feto.

El mejor momento para realizar este diagnóstico es a las 18-20 semanas de gestación y siempre por un ecografista con experiencia. En estas fechas se pueden detectar ya la mayoría de las alteraciones estructurales importantes del feto, aunque, en algunos casos, se pueden observar algunas anomalías en una ecografía anterior (8-12 semanas). Más tarde (34-36 semanas), se efectuará otro examen ecográfico para determinar la evolución del feto en el último trimestre.

—*Marcadores bioquímicos*: mediante un análisis de sangre

en la madre, se determina la concentración de ciertas sustancias. Dependiendo de su nivel en sangre, cabe sospechar la existencia de ciertas anomalías fetales.

* *Alfafetoproteína* (AFP): es una proteína que se sintetiza en el hígado y el intestino fetal, pasando por la orina del feto al líquido amniótico y, de ahí, a la sangre de la madre. Su nivel, tanto en líquido amniótico, como en suero materno, depende de la semana de gestación, llegando al máximo, en este último, en la semana 30-32. Por tanto, y dado que la cifra considerada «normal» varía de una semana a otra, es muy importante saber la fecha exacta de embarazo en la que se halla la mujer al realizar la prueba.

También hay que tener en cuenta el peso de la madre. En mujeres obesas, los niveles de AFP pueden ser bajos, y si la madre es diabética, los resultados se podrían ver afectados.

El momento ideal para la determinación de AFP es el intervalo entre las semanas 13 y 18.

Si la concentración es *elevada*, puede significar un mayor riesgo de defectos del tubo neural (espina bífida, etc.) u otras alteraciones fetales. En este caso, se suele repetir el análisis una semana más tarde porque en el 30-60 por ciento de los casos el nivel de AFP se ha normalizado en esta segunda determinación. Si la concentración es *baja*, puede indicar una mayor posibilidad de que el feto padezca un síndrome de Down u otras alteraciones cromosómicas. En ambos casos, si se cree necesario, puede complementarse el estudio analizando el líquido amniótico (véase pág. 447).

* *Gonadotropina coriónica* (βHCG): es una hormona propia del embarazo cuya determinación, como en el caso anterior, varía dependiendo de la semana de embarazo que se trate, así como si se trata de la gestación de un feto único o múltiple.

Si la concentración en sangre materna es elevada, puede significar un mayor riesgo de que el feto presente una alteración cromosómica.

Combinando ambos datos y añadiendo el factor de la edad materna, se valora, mediante el llamado *Triple Test*, el riesgo de que el feto padezca alguna alteración cromosómica. En el caso de que se sospeche la existencia de alguna patología, el especialista ofrecerá a la pareja un *consejo genético*, explicándoles la posibilidad de realizar más pruebas para diagnosticar con mayor fiabilidad la existencia de la anomalía.

2. Métodos invasivos

—Se utilizan para acceder al interior del útero y extraer muestras fetales (sangre) o células de procedencia fetal o amniótica presentes en el líquido amniótico. Se emplean, siempre de acuerdo y previa información de la pareja, para un diagnóstico preciso del estado del feto.

—*Amniocentesis*: es la extracción de una pequeña cantidad de líquido amniótico mediante una punción a través de la pared del abdomen de la madre. Se realiza entre las semanas 15-18 de embarazo.

En el líquido extraído se estudian:

* Las células fetales: su análisis detecta cualquier anomalía de origen cromosómico (trisomías, entre ellas el síndrome de Down, etc.). Asimismo, se determina el *sexo fetal*: importante en el caso de enfermedades ligadas al sexo.

* *AFP en líquido amniótico*: complemento de la determinación de AFP en suero de la madre.

* *Acetilcolinesterasa*: útil en la determinación de alteraciones del tubo neural, junto a la determinación de AFP.

* *Bioquímica de las células cultivadas*: para el diagnóstico de las alteraciones del metabolismo en el feto.

La realización de la amniocentesis es prácticamente indolora y se recomienda un periodo de reposo relativo después de la punción. Asimismo, en caso de que la madre sea Rh–, se administra la gammaglobulina anti-D. El riesgo de aborto de la punción es del 0,8 por ciento.

Para conocer el *cariotipo* del feto (cromosomas de las células fetales), es necesario cultivar las células obtenidas en la amniocentesis, por lo que para obtener los resultados hay que esperar 2-3 semanas. Son unos días especialmente duros para la pareja y requieren un gran apoyo mutuo.

—*Biopsia corial o de corion*: se obtiene por punción, a través del abdomen o del cuello del útero de la madre, una pequeña muestra de las vellosidades coriónicas (placentarias). Con su estudio se detectan alteraciones cromosómicas o enzimáticas (defectos en el metabolismo del feto).

Se realiza entre las semanas 8-12 de gestación, dependiendo de la vía de la punción. El tiempo para obtener el diagnóstico es más corto, entre 3-8 días; sin embargo, el riesgo de aborto es mayor (3 por ciento).

—*Cordocentesis o funiculocentesis*: es la obtención de sangre fetal mediante punción, a través del abdomen de la madre, de los vasos del cordón umbilical.

Se requiere un profesional con experiencia para realizar la prueba, y el riesgo de aborto oscila del 2 al 6 por ciento. Los resultados se obtienen en 2-3 días y es el método diagnóstico utilizado menos frecuentemente.

La decisión de utilizar uno u otro método diagnóstico se toma dependiendo de las circunstancias personales de cada mujer (motivo del estudio, cantidad de líquido amniótico, urgencia del resultado, etc.), que deberían ser expuestas objetivamente por el médico, valorando con la pareja las posibles opciones con sus ventajas, riesgos y consecuencias.

Consejos para un embarazo a partir de los 35 años

Consejos médicos

En el plano *médico*, no hay muchos más consejos que los que se puede dar a cualquier embarazada. Acude a la consulta del ginecólogo lo antes posible para cuidar tu embarazo y recibirás la información y la medicación que requieras.

Orientación para los cuidados físicos

Respecto a los cuidados *físicos*, es evidente que la sobrecarga que supone un embarazo para el cuerpo de una mujer resulta más llamativa según se van cumpliendo años (como en todos los aspectos de la vida), así que, si vigilar el peso y las estrías, o hacer gimnasia, son siempre necesarios, ahora con más motivo.

Es muy importante cuidar la *dieta*, no sólo para vigilar el incremento de peso, sino porque son más frecuentes las alteraciones de los hidratos de carbono (diabetes gestacional, véase pág. 129).

En cuanto al *ejercicio*, y aunque ni la gimnasia ni el deporte van a mejorar tu capacidad de dilatación, es obvio que tu resistencia al esfuerzo el día del parto será mayor si acostumbras al cuerpo a desarrollar una actividad controlada durante la gestación. Asimismo, los problemas de circulación y de espalda son más frecuentes ahora. Unos ejercicios específicos pueden ayudarte mucho a prevenir y corregir estas alteraciones.

Especial mención requieren los ejercicios de Kegel, ya que resulta fundamental que trabajes con constancia una musculatura que, probablemente, no has trabajado nunca y que ya ha sufrido el paso del tiempo.

Cualquier embarazada en la treintena puede sentirse fatigada al final del día, especialmente en el último trimestre; pero si añadimos que en muchas ocasiones la gestación a partir de los 35 ya no es el primer embarazo, y que el, o los, otros niños son aún pequeños, se tiene una clara desventaja respecto a la mujer que espera su primer hijo. Al cansancio del embarazo y del trabajo fuera y/o en casa hay que añadir el cuidado de los niños. Un motivo más para pedir ayuda a tu pareja o buscar cualquier tipo de apoyo en las tareas que puedas delegar.

No olvides que el exceso físico puede producir un mayor número de contracciones y, aunque el reposo con un niño en casa es realmente difícil, valora lo que tu útero te deja hacer y no te extralimites en tu esfuerzo.

Aspectos psicológicos

Dada la especial atención que merece el tema, se habla de ello en la pág. 318.

RESUMEN

Hoy en día, el embarazo a partir de los 35 años está considerado habitual por cualquier ginecólogo. Simplemente, ¡cuídate bien!

ÍNDICE TEMÁTICO

Nota: Los números señalados en negrita corresponden a la referencia principal del término.